大学入試
英語長文 × 英作文

SPARK

頻出テーマ15を押さえて
英語長文と英作文が攻略できる

MUST-KNOW TOPICS FOR ENGLISH READING AND
WRITING ON UNIVERSITY ENTRANCE EXAMS

代々木ゼミナール

姜 昌和　蔭山克秀

Gakken

「英文は読めるのに、内容が理解できません！」
「自由英作文を書くのにネタが思い浮かびません！」

　生徒からこういう悩みをよく相談されます。近年の大学入試問題は、出題されるテーマが本当に多様になりました。さらに専門性の高い内容も出題されたりします。もちろん、英語力不足ではダメです。英文を読むため・書くための学習を積み重ねることはサボらないこと。しかし、英文を速く正確に理解するためには、自由英作文で筋の通った内容を書くために、「背景知識」を持っていることも重要になります。

　例えば、英文中にLatin（ラテン語）が出てきたときに、「古代ローマの公用語だった言語で、英語に大きな影響を与えた言語だ！」と分かる人と、「中南米をラテンアメリカなんて言ったりするし、中南米のどこかの国の言語かな？」（実は毎年のように出てくる珍回答です）と思う人とでは、天と地ほどの差がつくのは目に見えていますよね。「背景知識」があれば、英文の内容理解への解像度は格段によくなり、自由英作文のネタ出しで困ることもなくなります。

　この本の画期的なところは、背景知識の部分を英語講師である僕ではなく専門家が書いているところです。担当は僕の大先輩である代々木ゼミナールの大人気公民講師、蔭山先生です。英語講師が聞きかじった知識をひけらかすのではなく、専門家が書いていますから、内容の奥深さが桁違いです。しかも、蔭山先生のテンポよく歯切れの良い語り口調によって、難解な時事問題も驚くほど頭にすっと入ってきます（先輩！こんな感じでいいっすか？）。

　そして英語パートには、今の僕のすべてを注ぎ込みました。なんせ、共著者である先輩からのプレッシャーが半端なくって…。というのも否定しませんが、何よりも読者のみなさんの力になりたいという一心で書きました。

　実は、つい最近まで「内容が分からないのは、英文が読めてないだけでしょ！」とか、「ネタが思い浮かべば、本当に英作文が書けるの？」と、相談されても英語ができない言い訳だと思っていました。ごめんなさい。でもだからこそ、英語の力を高めつつ、背景知識も身につく。一冊で何度もおいしい。欲張りな一冊が書けたのだと思っています。本書を何度もじっくりと読み、味わい尽くしてください。「この本に出会って良かった」。読者のみなさんにそう思ってもらえれば、これほどうれしいことはありません。

英語担当・姜　昌和

『SPARK』を手にとっていただき、ありがとうございます。

本書は、他に類書のない画期的な参考書です。なぜ画期的かというと、本書が単なる「時事英語を扱う本」ではないからです。

では何なのか？──それは「英語部分を英語のプロが、時事部分を時事のプロが」それぞれ責任持って書いた本なのです。

私と姜君は、代々木ゼミナールで講師をしている「大学受験のプロ」です。担当科目は、私が政治・経済で、姜君が英語です。私たちは、仕事を通じて日々生徒たちと触れ合い、入試問題を精査していますから、二人とも受験生の苦手箇所や入試の頻出分野などの、いわゆる彼らの「かゆいところ」を把握しています。

そんな二人が、それぞれの担当パートを責任持って仕上げたのが、本書です。しかもそこに、互いの職業上のプライドと「共著者の名を汚してはいけない」というプレッシャーが乗っかったため、本書は当初の想定以上に充実した内容に仕上がりました。

特に共著者（というかメイン執筆者）である姜君の頑張りはすばらしく、日々「本に殺される〜」と泣き言をいいながらも一切妥協なく仕上げてくれたおかげで、英語部分の出来栄えは、専門家でない私から見ても、「これ、ちゃんと使えば、相当英語の得点が伸びるな」と思わせる仕上がりになっています。

もちろん私も、普段教えている政治・経済や倫理の知識だけでなく、一般入試や帰国生入試で超頻出の時事的テーマを精査して執筆しましたから、自分が担当する時事解説のパートに関しても、ホットなテーマ

を、かなり詳しく、しかも初めての人にもわかりやすく書いているものと自負しています。中には、あえて本書の英文からそれたテーマを解説しているものもありますが、それも最近の時事問題のトレンドで出題の可能性が高いと考えて書いたものですから、この機会にしっかり学んでください。

なお本書には、少々ふざけたコラムも、いくつか書かせていただきました。なぜかというと、英語パートが「すばらしい出来だけど遊びが少ない」作りのため、どこかで「脱力パート」が必要だと感じたからです。

いい内容のしっかりした参考書は、力を伸ばすための大きな武器です。でもそこに遊びがないと、皆さんが疲れてしまい、せっかくのいい内容も頭に入ってこなくなります。人間の集中力には限界がありますからね。

だから私たち講師は、授業中に「雑談」をします。雑談は皆さんの脳をリフレッシュさせるための、大事な作業なのです。というわけで、皆さんには、ふざけたコラムは「リフレッシュのためのもの」とご理解いただいて、そのふざけた内容にも、何とぞご容赦いただきたいと思います。

なおコラムは、「姜君の人となり」がわかるコラムにしています。英語パートだけだと堅苦しく見える姜君は、実はすごく人当たりのいい愛されキャラです。東京と大阪で週3日も一緒に仕事をしている私が言うのだから、間違いありません。ぜひ皆さんにも、私のコラムを通して、そんな「本当の姜君」を知ってもらいたいです。

時事解説担当・蔭山　克秀

CONTENTS

◎ 音声ダウンロードについて

本書の READING のセクションの英語長文を読み上げた無料音声をご用意しております。英文全文を通して読んだ音源とパラグラフごとに分けて読んだ音源の2種類を用意しています。音声は READING ページにある二次元コードをスマートフォンで読み込んで開けるほか、下記の2通りの方法でご利用いただけます。

(1) 音声再生アプリ『my-oto-mo』で再生する場合

① 右記の二次元コードをスマートフォンやタブレット端末から読み込むか、下記の URL にアクセスし、アプリをインストールします。

https://gakken-ep.jp/extra/myotomo/

② 「すべての書籍」からお手持ちの書籍を選択し、音声をダウンロードします。

(2) MP3 形式の音声ファイルで再生する場合

① 上記の URL、もしくは二次元コード（音声再生アプリのページと同じ）でページにアクセスします。

② アプリのインストールへ進まずに、ページ下方の【高校】から『英語長文×英作文 SPARK』を選択すると、音声ファイルがダウンロードされます。

※ iPhone からのご利用には Apple ID、Android からのご利用には Google アカウントが必要です。
※ アプリケーションは無料ですが、通信料は別途発生します。
※ その他の注意事項はダウンロードサイトをご参照ください。

◎ 本書で使用している記号について

文型の要素を表す記号

S：主語　　　**V**：(述語) 動詞　　　**O**：目的語　　　**C**：補語

※ 文型の要素についた数字（1, 2, 3…）は一文中に含まれる複数の文を区別するためのもの。数字がついている場合には、1のついた文構造が主節である。

句や節を表す記号

[　　　　　]：名詞の働きをするかたまり

(　　　　　)：形容詞の働きをするかたまり

〈　　　　　〉：副詞の働きをするかたまり

※ 複数のかたまりが入れ子構造になっている場合は、内側にある同じ記号から順にかたまりを作っていく。

その他の記号

□□□□□：ディスコース・マーカー

▨▨▨▨▨：文法や表現上のポイント

本書の使い方

本書は大学入試の長文読解と英作文でよく出題されるトピック・テーマに焦点をあてた参考書です。大学入試では、環境問題、技術革新、世界情勢など、私たち人間が直面する課題をテーマとする英語長文や英作文の出題が増加しています。蔭山克秀先生による日本語での時事テーマ解説と姜昌和先生による英語の徹底解説により、難関私大や国公立大入試を突破するために必要な背景知識と英語力が一気に身につく一冊です。ここでは本書の展開と使い方を解説します。

◯ TOPIC のトビラ

- **テーマ一覧**

1つの TOPIC について入試で頻出の3つの小テーマを扱います。本書では5つの TOPIC、計15のテーマを学習します。

- **TOPIC のポイント**

それぞれの TOPIC について時事問題としての注目ポイントを蔭山先生が、英語入試での出題傾向を姜先生が簡潔に解説します。ポイントと出題の傾向をつかみましょう。

◯ 各テーマの展開

❶ BACKGROUND

それぞれの小テーマについて、蔭山先生による日本語での時事解説を掲載しています。2ページ見開きにテーマのポイントを凝縮しています。まずは日本語で頻出テーマの背景知識をインプットしましょう。

❷ READING

❶でインプットした背景知識を基に、入試で実際に出題された英語長文の読解に挑戦します。長文のあとには内容一致問題を掲載しています。二次元コードを読み取ることで、スマートフォンやタブレットで音声を再生できます。

❸ ANSWERS

「設問」の解答とその根拠の解説を掲載しています。答え合わせだけで終わらせるのではなく、自分の解答根拠が正しかったかを解説で確認しましょう。

❹ EXPLANATIONS

英語長文のパラグラフごとにすべての英文の構造分析、語句リスト、パラグラフの要点などを掲載しています。

● 「構造分析」
ひとつひとつの英文を文法的に正確に読むための指針として参照しましょう。

● 「語句リスト」
テーマに紐付いた重要表現をインプットしましょう。長文読解にも英作文にも役立つ表現ばかりです。

● 「パラグラフの要点」
ディスコース・マーカーなどに注目して、パラグラフの要点をまとめています。概要をつかんで英文を速読するためのガイドとして参照しましょう。

❺ WRITING

各テーマの最後では「自由英作文」に挑戦します。❶〜❹の過程で得た背景知識や単語や熟語を活用して作文してみましょう。自由英作文への取り組み方は次ページからの「自由英作文問題へのアプローチ」を参照してください。

● 「設問」
実際の大学入試に出題され、今後も出題が予想される頻出テーマを厳選して収録しています。作文する際に使える表現もリストで紹介しています。

● 「解答例」
それぞれの問題には賛成・反対など立場の違う2通りの英文を掲載しています。解答例の英文や解答例で使われている表現をストックしておけば、みなさんが挑む入試に類似の問題が出題されたときにそのまま使えるものばかりです。

上記のほか、覚えておきたいキーワードまとめや蔭山先生によるColumn記事も掲載しています。本書を十分に活用して、みなさんの入試本番でのひらめき（SPARK）につながれば幸いです。

自由英作文問題へのアプローチ

与えられた日本語を英訳するのではなく、あるお題に対して自分の意見や考えを述べる英作文問題を、俗に「自由」英作文問題と呼びます。しかしそれほど「自由」ではありません。お題に沿っていなければ点数になりませんし、書き方にもある程度決まったテンプレートがあります。実はかなり「不自由」な問題なのです。ここでは、そのテンプレートと基本的な自由英作文問題へのアプローチをまとめたいと思います。

1. 設問の要求を正確につかむ

◎ テーマは何か?

答案を書く内に盛り上がってしまい、テーマからずれていく答案が毎年後を絶ちません。例えば、投票率を上げるための施策を問われているのに、政治家への不信を長々と語るなど。テーマがずれないように、自分が何について書くのかをまずつかむことが先決です。

◎ 何を書くのか?

自分の意見を書くのか。経験や事例を書くのか。また、何を書いてよくて何を書いてはいけないのか。設問は多種多様な注文をしてきます。自分の思い込みで見切り発車せず、相手の注文をよく考えてから内容を練り始めること。

◎ 内容に含めるべきものは何か?

具体例を含める必要はあるか、理由はいくつ書くかなど、内容面での指定を確認しよう。特に設問が英文の場合は、reason と example を and でつないでいるのか or でつないでいるのか。reason や example は単数形なのか複数形なのかに細心の注意を払おう。

2. ブレーンストーミング(brainstorming)をする

- ◎ どんなことが書けそうか、箇条書きなどで書き出してみよう。途中でネタ切れになるリスクを避けるために、複数の立場や視点を出してみることが重要です。
- ◎ 理由を書くときには、一言で終わるのではなく、それに対する原因や結果をさらにつけ加えるとより論理的になります。
- ◎ 具体例を書くときには、「抽象→具体」となるようにすること。具体例だけ並べても説明にはなりません。抽象的に意見・理由を述べてから、それに対する具体例を続けるように注意しよう。

3. テンプレートに当てはめて 全体をイメージしてから書き始める

自由英作文のテンプレート

Introduction（序論・導入）
- 主張（賛成 or 反対）を述べる
- 設問に対する自分の選択を表明する
- 話題の導入・問題提起をする

最初に主張を言う

Body（本論）
→ Introduction で述べた内容に対する
- 理由説明と具体例
- 選択する理由とメリット・デメリット を書く
- 問題点と解決策

Conclusion（結論）
- 全体を一般化してまとめる
- 全体をよりマクロな視点からまとめる
- 今後の展望や提案を述べる

制限語数が少ない 場合はなくてもOK!

Introduction の 単なる繰り返しはダメ!

4. 書いた答案は必ず見直す

○ ケアレスミスがないかダブルチェック!

スペルミス、大文字小文字の書き間違い、名詞の単数複数、三単現の -s など、つまらないことで減点されないように、自力で修正できるようにしよう。

○ 内容に矛盾はないか?

主張と結論で立場が変わっていないか確認することが重要です。特に結論に新しい話題を追加したことで矛盾してしまう人が多い印象です。身に覚えのある人は、ブレーンストーミングをする時に、主張と結論を先に決めるという方法が有効です。

○ 理由説明に論理的な飛躍はないか?

「A＝Bであり、B＝Cである。よってA＝Cだ。」と順を追って説明できているか考えること。「言わなくても分かる」と言葉足らずな説明をよく目にします。自由英作文は「言わないと分からない」を念頭に書きましょう。

01

グローバル化

The Globalization

トピックのポイントはここだ！

　グローバル化を学ぶ際、気をつけるべき点は二つあります。一つは「グローバリズムと反グローバリズムの意味を正確に理解する」こと、そしてもう一つは「長所と短所を理解する」ことです。

　私たちは、グローバル化で世界とつながりを持つことを、無条件で良いものと考えがちです。でも、本当に良いことばかりでしょうか？　途上国が先進国と同じルールで自由競争させられるのもグローバル化だし、四万十川の清流に外来種のブラックバスがいるのだってグローバル化です。そう考えると、グローバル化には「つながる」ではなく「巻き込まれる」の側面もあるのです。その視点からもグローバル化を見ていくと、見えるものが増えてくると思います。

英語入試ではこう出る！

　日本における英語教育は、グローバル化する世界において、日本が外国から後れを取らないようにと過熱し始めました。その背景から、このテーマについてはさまざまな視点で述べられる英文が例年たくさん出題されます。

　グローバル化によるメリット・デメリットは何かを知ること。また、グローバル化に紐づく移民などの国際問題について時事的知識を得ておくことは、英文を読む際の理解の下支えとなる知識になってくれます。

　また、グローバル化する国際社会の中での「日本のあるべき姿」や「日本の果たすべき責任」、「あなたが望む理想の世界」などを問う自由英作文が増えています。そのネタ集めとしても、典型的な話題の英文を読んでおくことはプラスになるはずです。

1 ｜ グローバリズム

BACKGROUND

グローバリズムと反グローバリズム

ボーダーレス化
経済のグローバリズム
反グローバリズム

　今日の世界は、移動手段やICT（情報通信技術）の進歩のおかげで、人・モノ・金・サービスなど多くの分野で国境を超えたつながりができました（＝ボーダーレス化）。このように、国家という枠組みを超えて、地球全体を一つの共同体ととらえる考え方を「グローバリズム（地球主義）」と言います。

　この言葉、もちろん本来の意味は、さまざまな分野における「地球規模でのつながり」なのですが、1990年代あたりから、非常に狭い意味で使われることが増えました。それは「グローバリズム＝経済のグローバリズム」というとらえ方です。

　その場合、この言葉は「自由競争の市場経済を世界的に拡大させる

考え方」という意味になり、しばしば途上国が先進国との自由競争に巻き込まれ、格差や貧困、環境破壊や資源の減少が起こっているという文脈で使われます。なので、その流れで「反グローバリズム」という言葉が出てきたら、「先進国の搾取に反発する途上国や環境保護団体の動き」という意味でとらえてください。

岐路に立たされるグローバリズム

リーマン・ショック
ギリシア通貨危機
BRICS諸国の躍進
パンデミック

　一方、本来の意味に対する「反グローバリズム」も、近年よく見かけます。これは「国際協調よりも国益優先」という意味で、最近の欧米先進諸国で見られる現象として出てきます。

　欧米諸国は2008〜9年、リーマン・ショック（アメリカのバブル崩壊）やギリシア通貨危機で、経済が停滞しました。そしてその頃、まるで世界の主役が入れ替わるかのように、中国を中心とするBRICS諸国（ブラジル・ロシア・インド・中国・南アフリカ）が躍進してきたのです。その頃から欧米は余裕がなくなり、彼らの視線が世界の発展のためという外向きから、自国を守るためという内向きへと変わってきたのです。

　さらに2020年から大流行（＝パンデミック）した「新型コロナウイルス感染症」は、世界に「他国との行き来＝感染拡大」という新たな問題をもたらしました。これらさまざまな意味から考えて、グローバリズムは今、再考の時期を迎えているのかもしれません。

READING

次の英文を読み、あとの問いに答えなさい。

1 ❶ Centuries ago, people around the world had limited contact with each other, so change happened very slowly. ❷ But nowadays, the situation is very different. ❸ Through globalization, humans can connect and share ideas, goods and services very easily. ❹ This phenomenon has rapidly changed our world, which many now refer to as a "global village."

2 ❶ One effect of globalization is that people have more knowledge about cultures other than their own. ❷ By way of modern technology such as the television, and more recently, the Internet, the world's population can instantly receive detailed information and dramatic images from any corner of the globe. ❸ Now we are more aware of changes that take place in other countries whether they are economic, environmental, political, religious or otherwise. ❹ Moreover, for vacations we often travel to distant locations introduced to us through our advanced technology and communication tools.

3 ❶ Another impact can be found in our daily diets. ❷ Before globalization, our choice of food was mainly restricted to plants and animals that were grown, gathered, raised or caught near our homes. ❸ Today, our choices are much wider as companies can organize and transport food, including fresh produce, over long distances. ❹ Maybe some of the food you have eaten today was imported from various parts of the world: eel from Taiwan, meat from Australia, or blueberries from the U.S. ❺ In addition, the growth of fast food chain restaurants has changed food culture in many regions of the world. ❻ For instance, some say they are slowly destroying traditional cooking and even causing health problems.

4 ❶One more consumer habit has changed, too. ❷In the past, nearly all companies were local or domestic, and usually only people of that region or country knew their names. ❸In contrast, many companies nowadays have become multi-national and are easily recognized by people everywhere. ❹These worldwide businesses are eager to advertise their brand names and expand sales of their goods to consumers around the world. ❺This has created and fed our desire to purchase a wider variety of goods. ❻Unfortunately, though, as companies increase their production of goods to satisfy consumer demands, the earth's natural resources are decreasing.

5 ❶In conclusion, globalization has influenced and changed our world in various ways. ❷We are more culturally aware, our eating habits are different, and we are consuming more. ❸While globalization cannot be stopped, people must think about the future: "Do we really want to live in one global village?"

eel: a long, thin, freshwater fish that looks like a snake

（小樽商科大学）

英文の内容に関する1〜4の質問に対して、最も適切なものを1〜4の中から一つ選びなさい。

1 **How does globalization enable rapid change?**

1 By getting rid of old beliefs and practices rather than maintaining them.

2 By limiting contact among people and making the world change gradually.

3 By making it possible for people to connect and share various things easily.

4 By referring to our world as a "global village" through globalization.

2 **What influence does globalization have on us?**

1 We can get more knowledge about what is happening around the world.

2 We can ignore our economic, environmental, political, or religious differences.

3 We can look at foreign cultures from a more objective point of view.

4 We can travel around the world more safely thanks to globalization.

3 **Which of the following can be a negative effect of globalization on our daily diets?**

1 Fast-food chains are stealing customers from local restaurants.

2 Our choice of food is limited to our native plants and animals.

3 Some of the imported food we eat is of poor quality.

4 Traditional cooking is now at risk of being destroyed.

4 **What characteristic do today's large companies have?**

1 They are trying to yield larger profits from a single item.

2 They are well-known to many people all over the world.

3 They make the most of their local or domestic resources.

4 They worry about complaints from their customers.

反グローバリズムとポピュリズム

　2010年前後から、世界は欧米を中心に「ポピュリズム」に傾斜しつつあります。ポピュリズムとは「大衆迎合主義」のことで、親しみやすく物分かりのいいリーダーが、官僚や政治家を敵に回してでも、大衆の望む自国中心の政治をしてくれる形です。アメリカのトランプ氏が典型的なポピュリストで、彼は自国利益優先（America first）を謳ってグローバル化に背を向け、メキシコとの国境に壁をつくる（不法移民対策）、イスラーム教徒の入国禁止（テロ対策）など過激な公約を次々と打ち出し、大統領になりました。

　ポピュリズムは、停滞する政治や経済に打開策が見えない、閉塞感ある時代に出現します。リーマン・ショックや中国の台頭が重なった2010年前後は、欧米人にとってそういう時代でした。彼らは世界の中心が欧米から非欧米になることに焦り、従来のエリート主導の政治に疑問を抱いた末、ついに非エリートで大衆寄りの指導者を求め始めたのです。ちなみに日本は、欧米よりも早い時期（1990年代）からバブル崩壊で閉塞感がありましたが、そんな中に登場したのが、2001年に誕生した小泉内閣でした。小泉氏も自分の進めたい改革に反対するエリート官僚や政治家たちを敵に回して大衆の支持を得ましたが、今考えればあれも日本のポピュリズムだったと思います。

　ポピュリストは、目線の高さが大衆と同じで、頭の固いエリート政治家を大衆同様「むかつく」と言ってくれます。だから、ポピュリストがリーダーである間、大衆は気分がよく、リーダーは人気者になります。

　でも、ポピュリズムは危険です。その政治は「理性よりも感情」で、敵をつくることで大衆の支持を呼びかけるという手段を取ります。敵を増やして社会の「分断」が至る所で起こります。しかもその分断は、政権が代わるぐらいでは収まりません。トランプ氏がつくった「メキシコとの・イスラーム教徒との・エリートとの」分断は、今もアメリカ社会に暗い影を落としています。

　ポピュリズムは「大衆主義」ですから、ある意味国民に寄り添った真の民主主義と言えますが、マイナス面が際立つと「衆愚政治」になります。官僚や政治家を敵に回し、国際社会に背を向ける（これも一種の反グローバリズム）リーダーに頼りきるのは簡単ですが、後遺症は大きいですから、皆さんもあまり耳障りのいいことばかり言うリーダー候補には、気をつけた方がいいかもしれませんね。

ANSWERS

1 どのようにしてグローバル化は急激な変化を可能にしたのか?

1 古い信仰や慣習を維持するのではなく取り去ることによって。

2 人と人との接触を制限し、世界を少しずつ変化させることによって。

3 人々がつながったり、さまざまなものを簡単に共有したりすることを可能にすることによって。

4 グローバル化を通して、私たちの世界を「地球村」と言うことによって。

1 の❹文中「This phenomenon」が急激な変化の原因であり、その指示内容である❸文の内容と一致するのは 3。

2 グローバル化は私たちにどのような影響を持っているか?

1 世界中で何が起こっているかについて、より多くの知識を手に入れることができる。

2 の❷・❸文の内容に一致。

2 経済、環境、政治、そして宗教における違いを無視することができる。

2 の❸文の内容に不一致。「変化を意識する」と書かれてあり、違いを無視できるとは書かれていない。

3 外国文化をより客観的な視点から見ることができる。

2 の❶文の内容に不一致。視点の客観性は言及されていない。

4 グローバル化のおかげで、より安全に世界中を旅行できる。

2 の❹文の内容に不一致。旅行の安全性は言及されていない。

3 次のうちのどれがグローバル化による私たちの日常の食事への悪影響になりうるか?

1 ファストフードのチェーン店が地元のレストランから客を奪っている。

2 私たちの食べ物の選択が、住んでいる地域の植物や動物に制限される。

3 私たちが食べている輸入食品の中には低品質のものがある。

4 伝統料理が今や破壊される危機にある。

3 の❻文に悪影響の具体例が述べられており、その内容と一致するのは 4。

4 今日の大企業にはどのような特徴があるか?

1 一つの商品からより多くの利益を生み出そうとしている。
　本文に言及なし。

2 世界中の多くの人々の間でよく知られている。
　4の❸文の内容に一致。

3 地域や国内の資源を最大限に活用している。
　本文に言及なし。

4 顧客からの不満を心配している。
　本文に言及なし。

SHORT COLUMN

姜ちゃんのいいところ① 代ゼミいちかわいい

　姜ちゃんは、代ゼミいちかわいい。これは、代ゼミ講師の誰もが認めるところだ。
　ただし日本語の「かわいい」は、とても懐が深い。特に女子はこの言葉を、異性へのギラつきを感じさせない嫌悪感少なめの物体に対し、ほぼ無差別に使う(「長州力かわいい」「ヨネダ2000かわいい」など)。その守備範囲の広さたるや、とても cute や pretty で収まるものではない。ちなみに僕は、彼のかわいさを「eccentric creature (風変わりな生物)」ぐらいの意味で使っている。
　なお「代ゼミいち」とは言ったが、世間一般の「かわいいものランキング」に混ぜ込むと案外大したことなく、だいたい「朝青龍>姜ちゃん>ふなっしー」ぐらいの位置にまで後退する。

EXPLANATIONS

○ **ここがポイント！❶** 　「ディスコース・マーカー」に注目せよ！

　ディスコース・マーカーは、日本語では「談話標識」と呼ばれ、その名の通り話の展開を示す「標識」の役割をしてくれるものです。

　「この道ブワー行ったら、でっかいビルがドーン立ってるから、その道グッって曲がるねん。」大阪の人にあるあるの道案内。僕は大好きですが、道案内としてはイマイチ。

　ディスコース・マーカーは、これとは真逆で、親身に寄りそって一つ一つ丁寧に案内してくれるイメージです。

　本文の流れや展開を読み進めやすくしてくれるだけでなく、時には「次はこんな内容が書かれるだろう」と、文章の内容を予測する助けにもなってくれる優れものです。今後、英文を読むときには、ディスコース・マーカーに注目してみてください。

1

❶〈Centuries ago〉, people around the world had limited contact with each other, so change happened 〈very slowly〉. ❷But 〈nowadays〉, the situation is very different. ❸〈Through globalization〉, humans can connect and share ideas, goods and services 〈very easily〉. ❹This phenomenon has rapidly changed our world, (which many 〈now〉 refer to 〈as a "global village"〉)."

［因果］so
［逆接］But
connectとshareを並列
refer toの目的語が関係代名詞に変形

❶何世紀も以前、世界中の人々は、互いに限られた接触しか持っておらず、そのため、変化が生じる速度は非常に遅かった。❷しかし、今日では、状況がかなり違っている。❸グローバル化により、人間同士がつながり、考えやモノ、サービスを共有することが非常に容易にできる。❹この現象によって、私たちの世界は急激に変化し、多くの人々が、今では世界を「地球村」と呼んでいる。

語句リスト globalization 名 グローバル化　goods and services 名 モノとサービス

○ パラグラフの要点

❶以前：人と人との接触は限られていた→変化はゆっくり

  ↕ But［→過去と現在の対比］

❷現在：状況は異なる
  どう異なる?

  →❸グローバル化により人と人とが容易に結びつけるようになる
  →❹この現象で世界が急激に変化した：「地球村」と呼ばれる世界

○ ここがポイント！❷　「対比」を意識せよ！

　筆者が自分の主張を強調したい時に、何かと対比をすることがよくあります。

　例えば、「あなたを愛してる！」よりも、「他の誰よりもあなたを愛してる！」と言われた方がより愛されているように感じませんか？（だいたいこういうセリフを言う輩は……以下自主規制）

　このように、自分の主張を強く相手に届けるために「対比」はとても有効な手段です。本文中に対比を見つけたら、①「何と何を」②「どう対比しているか」を意識すること。そして筆者の主張はどちらかをつかむことが大事です。

2 ❶One effect of globalization is [that people have more knowledge (about cultures other than their own)]. ❷⟨By way of modern technology such as the television, and more recently, the Internet⟩, the world's population can instantly receive detailed information and dramatic images ⟨from any corner of the globe⟩. ❸⟨Now⟩ we are more aware ⟨of changes (that take place ⟨in other countries⟩ ⟨whether they are economic, environmental, political, religious or otherwise⟩)⟩. ❹Moreover, ⟨for vacations⟩ we ⟨often⟩ travel ⟨to distant locations⟩ (introduced to us ⟨through our advanced technology and communication tools⟩)).

名詞節を導く接続詞の that
culture の省略
具体例を表す前置詞
the television と the Internet を並列
detailed information と dramatic images を並列
関係代名詞の that
譲歩を表す whether 節
［追加］
名詞修飾の分詞

❶グローバル化の影響の一つは、人々が自分たちの文化以外の文化について、より多くのことを知れるということだ。❷テレビや、最近ではインターネットといった現代の科学技術によって、世界中の人々が即座に地球の隅々から詳しい情報や印象的な映像を手に入れることができる。❸今では、それが経済に関するものであれ、環境に関するものであれ、政治に関するものであれ、宗教に関するものであれ、それ以外のものであれ、他の国々で起こる変化に、私たちはより気付くようになっている。❹さらに、進歩した科学技術やコミュニケーションの手段によって紹介される遠く離れた場所に、私たちは休暇で旅行に行くことも多い。

語句リスト ▶ by way of ～ 前 ～を通じて　technology 名 テクノロジー、科学技術
the Internet 名 インターネット　advanced 形 進歩した

○ パラグラフの要点

❶グローバル化の影響その1 ＝ 自国以外の文化に対する知識の増加
↓
具体化
❷テレビ・インターネットにより、世界中の情報を手に入れられる
❸外国で起こっているさまざまな出来事を知ることができる
❹[Moreover：追加] 科学技術に紹介される場所へ旅行に行く

3 ❶Another impact can be found 〈in our daily diets〉. ❷〈Before globalization〉, our choice of food was mainly restricted 〈to plants and animals (that were grown, gathered, raised or caught near our homes)〉. ❸〈Today〉, our choices are much wider 〈as companies can organize and transport food, (including fresh produce), 〈over long distances〉〉. ❹〈Maybe〉 some of the food (you have eaten today) was imported 〈from various parts of the world〉: eel from Taiwan, meat from Australia, or blueberries from the U.S. ❺In addition, the growth of fast food chain restaurants has changed food culture (in many regions of the world). ❻For instance, some say [they are slowly destroying traditional cooking and even causing health problems].

❶もう一つの影響は、私たちの日常の食事に見られる。❷グローバル化以前は、私たちが食べるものの選択は、主に住んでいる場所の近くで栽培、採集、畜養、もしくは捕獲された植物や動

物に限られていた。❸今日では企業が、生鮮食品を含む食品を、遠くから調達し輸送できるようになり、私たちの選択肢は以前よりもかなり広がっている。❹今日あなたが食べたものの中には、世界のさまざまな場所から輸入されたものもあったかもしれない。例えば、台湾産のウナギ、オーストラリア産の肉、アメリカ産のブルーベリーなど。❺加えて、ファストフードチェーンのレストランの拡大により、世界の多くの地域において、食文化が変化した。❻例えば、それらが伝統料理をゆっくりと破壊しており、健康上の問題を引き起こしてさえいる、と言う人もいる。

語句リスト diet 名 食事　transport 動 ～を輸送する　fresh produce 名 生鮮食品 import 動 ～を輸入する⇔export 動 ～を輸出する　fast food 名 ファストフード traditional cooking 名 伝統料理

○ パラグラフの要点

❶グローバル化の影響その2 ＝ 日常の食べ物の変化

　[Another impact … → 2 の『one』に対して『another』]

　　❷グローバル化以前：住んでいる場所の近くで手に入るものを食べていた

　　　　↕[→ 過去と現在の対比]（→p.021 ここがポイント！❷）

　　❸グローバル化以降：世界中からさまざまな食べ物が手に入る

　　　　　　→ 遠くから食べ物を調達・輸送できるようになった

　　　　　　→❹食卓に世界中から輸入された食べ物

　　❺[In addition：追加]ファストフードチェーンの広がり → 食文化の変化

　　　　　　❻[For instance：具体例]伝統料理の破壊と健康上の問題

EXPLANATIONS

4 ❶One more consumer habit has changed, too. ❷⟨In the past⟩, nearly all companies were local or domestic, and ⟨usually⟩ only people of that region or country knew their names. ❸In contrast, many companies ⟨nowadays⟩ have become multi-national and are easily recognized ⟨by people everywhere⟩. ❹These worldwide businesses are eager to advertise their brand names and expand sales of their goods ⟨to consumers around the world⟩. ❺This has created and fed our desire ⟨to purchase a wider variety of goods⟩. ❻⟨Unfortunately⟩, though, ⟨as companies increase their production of goods ⟨to satisfy consumer demands⟩⟩, the earth's natural resources are decreasing.

[追加]
文と文を並列
[対比]
VとVを並列
VとVを並列
VとVを並列
our desireを修飾する形容詞的用法
比例を表すas節
[逆接]
目的を表す副詞的用法

❶消費者の行動傾向が、さらにもう一つ変わった。❷以前は、ほぼすべての企業が地元の企業や国内の企業であり、その地域、もしくは国の人々しかその名前を知らないのが普通であった。❸対照的に、今日の企業の多くは、多国籍になり、どこにいる人でもすぐに分かる企業である。❹これらの世界規模の企業は、世界中の消費者に自分たちのブランド名を宣伝し、商品の販売を広げたいと思っている。❺このことにより、さまざまな種類の商品を購入したいという私たちの欲求が生み出され、増大させられてきた。❻しかし残念なことに、消費者の需要を満たそうと企業が商品の生産を増やすにつれ、地球の天然資源が減少している。

語句リスト▶ consumer 名 消費者　local 形 その土地の、現地の　domestic 形 国内の
multi-national 形 多国籍の　advertise 動 〜を宣伝する　feed 動 〜を助長する、増大させる

○ パラグラフの要点

❶グローバル化の影響その３ ＝ 消費者の性質の変化

　　[One more … →3 に対して 『One more（さらにもう一つ）』]

　❷以前：企業は地域密着 → その地域の人だけが名前を知っている

　　　↕ [In contrast →過去と現在の対比]（→p.021 ここがポイント！❷）

　❸現在：企業が多国籍化 → 世界中の人に簡単に名前を知ってもらえる

　　　　　→❹名前を宣伝し、販売を世界中の消費者に広げようとする

　　　　　　　　　↓

　❺より多様な商品を求める消費者の需要の高まり

　↔ [though：逆接] ❻需要を満たすために生産増加 → 地球の天然資源の減少

5 ❶In conclusion, globalization has influenced and changed our world ⟨in various
［結論］　　　　　S　　　　　　　V　　　　　　　　　　　　O

ways⟩. ❷We are more culturally aware, our eating habits are different, and we are
　　　　　S　V　C　　　　　　　　　　S　　　　　　　V　C　　　　3つの文を並列　S　V

consuming more. ❸⟨While globalization cannot be stopped⟩, people must think about
　　　　　O　　　　譲歩を表すwhile節　　　　　　　　　　S　　　V

the future: "Do we ⟨really⟩ want to live ⟨in one global village⟩?"
　　O　　　　S　　　　　　V

❶まとめれば、グローバル化はさまざまな点で私たちの世界に影響と変化を及ぼした。❷私たちは以前よりも文化を意識するようになり、食習慣が変わり、消費が増えている。❸グローバル化を止めることはできないが、人々は未来について考えなければならない。「私たちは本当に一つの地球村で暮らしたいのか」と。

　ウナギ：ヘビのような姿をした細長い淡水魚

語句リスト ▶ eating habit **名** 食習慣

○ パラグラフの要点

[In conclusion] ❶結論：グローバル化により世界は変化した

→ ❷ ┌ ● 文化を意識するようになった（→2のまとめ）
　　 ┤ ● 食習慣が変化した（→3のまとめ）
　　 └ ● 消費が増えた（→4のまとめ）

→ ❸グローバル化は止められない⇔本当に「地球村」で暮らしたいか？

○ さらに覚えておきたいキーワード＋10 〜グローバリズム〜

- bias **名** 偏見

- capital **名** 資本

- currency **名** 通貨

- deregulation **名** 規制緩和

- discord **名** 不和

- friction **名** 摩擦

- homogeneous **形** 同質の、均一の

- interdependence **名** 相互依存

- prejudice **名** 先入観

- stereotype **名** 固定観念

WRITING

次の英文を読み、英作文により解答しなさい。

Do you believe globalization is good for the world? Provide your own explanations and reasons to support your decision. Your response should be 100 to 120 words.

（九州大学）

○ 使えるキーワード

- trade 貿易
- natural resources 天然資源
- depend on A for B A に B のことで頼る、B を A に依存する
- import ～を輸入する ←→ export ～を輸出する
- standard of living 生活水準
- expand globally 世界規模で拡大する
- competition 競争
- goods and services モノとサービス
- intertwined 絡み合っている
- pandemic パンデミック、大流行
- trigger ～を引き起こす
- virus ウィルス
- border 国境
- cultural assimilation 文化的同化
- tradition 伝統

○ 設問の日本語訳

グローバル化は世界にとって良いことだと思うか？　判断の根拠となる自分なりの説明と理由を述べなさい。解答は100〜120語とすること。

○ 解答例❶

Introduction		グローバル化は世界にとって良いこと
Body	**理由❶**	**国同士の貿易がより容易で活発になる** → 資源の乏しい国は他国に頼らざるを得ない → グローバル化によって輸入が容易になる → 生活水準の維持
	理由❷	**企業が世界へと広がっていける** → 競争による、モノやサービスの向上 → その恩恵による、より豊かな生活

I believe that globalization is good for the world for two specific reasons.

The first reason is that globalization makes trade among nations easier and more active. Some countries with few natural resources like Japan are forced to depend on other countries for what they cannot obtain or produce in their own land. Thanks to globalization, such countries can easily import what they need and maintain their standard of living.

The other reason is that globalization allows companies to expand globally. This expansion results in healthier competition among companies, which will lead to improvements in goods and services. As a result, we can enjoy these benefits and lead even richer lives.

(111 words)

　グローバル化は世界にとって良いことだと私は考えており、その理由は具体的に二つある。
　第一の理由は、グローバル化によって国家間の貿易がより容易に、より活発になることである。日本のように天然資源に乏しい国は、自国内で入手・生産できないものを他国に依存せざるを得ない。グローバル化のおかげで、そのような国が必要なものを容易に輸入することができるようになり、生活

水準を維持することができるのだ。

　もう一つの理由は、グローバル化によって企業が世界規模で拡大できるようになることだ。この進出の結果、企業間でのより健全な競争が起こり、モノやサービスの向上につながることになる。その結果、私たちはこれらの恩恵を享受し、より豊かな生活を送ることができるのだ。

○ 解答例❷

Introduction		グローバル化は世界にとって良いことではない
Body	理由❶	**世界中の国々が複雑に絡み合うことによるデメリット** → 一つの国における危機が他国へも波及する （例）コロナウィルスの感染拡大
	理由❷	**文化的同化が進んでしまう** → 西洋文化的な価値観が浸透してしまう → 各国独自の文化や伝統が失われる可能性

I don't think that globalization is good for the world, for two main reasons.

The first reason is that, as the world becomes more complex and intertwined, harmful effects will also be shared among nations. A crisis in one country can spread to other countries. For example, the global pandemic caused by the new coronavirus was triggered by the spread of the virus as people moved across borders.

Another reason is the danger of increasing cultural assimilation. In today's world, the influence of Western culture is so powerful that it may come to dominate the values of all nations. As a result, the unique local cultures and traditions of various countries could be lost.

(114 words)

　私は、二つの主な理由から、グローバル化が世界にとって良いことだとは思わない。

　第一の理由は、世界がより複雑でより絡み合うようになると、有害な影響も国家間で共有されるようになることだ。ある国の危機が他の国々にも波及する可能性がある。例えば、新型コロナウイルスによる世界的な大流行は、人々が国境を越えて移動することでウイルスが蔓延したことが引き金と

なった。

　もう一つの理由は、文化の同化が進む危険性である。現代社会では、西洋文化の影響力が非常に強く、あらゆる国の価値観を支配するようになる可能性がある。その結果、各国独自の文化や伝統が失われる可能性がある。

姜ちゃんのいいところ② よくすべる

　姜ちゃんは、よくすべる。特に狙って笑いを取りに行った時のすべり芸は天下一品で、その精度と破壊力たるや、殺傷力の高い兵器レベルだ。その証拠に、自らの兵器で傷を受け、授業後心を血まみれにして講師室でうなだれる姜ちゃんをよく見かける。

　でも受験生は、そんな姜ちゃんに感謝する。「先生、私のかわりにすべってくれてありがとう」—— 心を血まみれにしながらも、受験生たちのかわりに、歯を食いしばってすべり散らす姜ちゃん。彼のＡ代表クラスの献身的な自己犠牲に、感動しない者はいない。

WRITING

2 ｜ 日本社会と移民問題

BACKGROUND

日本における移民の現状と課題

移民の受け入れ
少子高齢化
労働力不足

　移民の受け入れは、日本にとって重要なテーマです。

　現在、日本は少子高齢化が進行し、人口は2011年以降、年々減少しています。2014年、内閣府は「現状の生産力を維持するには、少なくとも毎年20万人の移民の受け入れが必要」であると発表していますが、残念ながら「言葉が通じない・治安の悪化・雇用の圧迫」などを理由に、日本人の85%は移民の受け入れに消極的であるか、もしくは反対しています。

　しかし現実に、労働の現場で、人手不足の分野があるのは事実です。だから日本でも、労働力としての外国人の受け入れは、徐々に拡大しています。

例えば、1990年改正時の「出入国管理及び難民認定法（＝入管法）」では「単純労働者の入国は認めない」であったものが、1993年からは「技能実習」という新たな在留資格を設け、途上国の人材育成という建前の下、農業・漁業・建設業などで外国人を受け入れています。また2008年からは、フィリピン・インドネシア・ベトナムなどとのEPA（経済連携協定）に基づき、看護師・介護士の受け入れを開始しました。さらには2019年からは、人手不足の12分野（14業種）において、「特定技能」という新たな在留資格を設け、さらに受け入れ枠を拡大しています。このように、必要な労働者の受け入れという点では、門戸は着実に開かれてきていると言えます。

日 本 に お け る 「 難 民 」 の 現 状

「難民」の受け入れ
難民の地位に関する条約
UNHCR（国連難民高等弁務官事務所）

　しかし一方、「難民」の受け入れに関しては、日本は消極的です。「難民の地位に関する条約（＝難民条約。日本は1981年に批准）」では、人種・宗教・国籍・政治的理由から難民と認定される者の受け入れを義務づけ、追放や送還は禁止されています。しかし日本は、難民認定そのものが厳しすぎる（1981〜2021年の間に9万人を超える難民申請に対し、認定はわずか1,117人）ため、難民申請してきた人の大半を「不法入国者」として、本国へ強制送還しています。日本はUNHCR（国連難民高等弁務官事務所）への拠出額が世界5位と多く、難民問題解決に向けての金銭的貢献度が高いだけに、この事実は何とも残念です。

READING

次の英文を読んで、設問に答えなさい。

1 ❶Humanity has always been on the move. ❷According to one influential theory, the first major human migration occurred when early humans moved out of Africa to spread out around the world. ❸In more recent times, Africa was again the source of a major population movement when possibly 12 million people were forcibly transported to the New World as slaves between the 16th and 19th centuries. ❹Greater than this, though, was the movement of 59 million people from Europe to North and South America, Australia and New Zealand between 1846 and 1939.

2 ❶While the mass migration and settlement that characterized the growth of the Americas in the 19th century has ended, modern migration is still considerable. ❷Around 3% of the world's population are currently classed as migrants – that is, people living outside their countries of birth. ❸This number is increasing as the globalization of the world proceeds, and is likely to increase further. ❹However, migration has also become more complex and the traditional image of a male migrant and his family leaving their homeland forever to start a new life in a foreign land is now a thing of the past.

3 ❶For one thing, migration is no longer a matter of one-way flows of people from one clearly defined region to another, as in the example above of Europeans leaving for America. ❷These days nearly all countries are part of networks of immigration and emigration linked to multiple destinations. ❸Moreover, many migrants take advantage of modern transportation and communications technology to maintain contact

with their homelands – migration is no longer necessarily a clean break with the past as it once was. ❹ Many migrants move repeatedly back and forth between countries in a phenomenon known as "circular migration" or "sojourning". ❺ And these days, more and more of these modern migrants are women.

4 ❶ International migration is no longer solely for economic reasons, though the desire to earn more money and have a better life is clearly still a major factor in the decision to migrate. ❷ Increasingly, millions of people are displaced by wars, persecution and natural disasters to become refugees, many of whom seek asylum and a new life away from danger. ❸ At the other extreme, wealthy people often migrate for lifestyle reasons such as retirement in a country with a better climate.

5 ❶ All these factors have led to migration becoming a major political issue, both at the international level where countries seek to admit or restrict certain types of migrant, and at the local level where immigration can cause social tension between newcomers and local people, especially when there are clear differences in culture or appearance. ❷ For instance, many countries in Europe that once encouraged immigration to fill labour shortages are now openly debating whether immigration should be restricted. ❸ The problems of social tension, poverty, lack of integration, even violence and terrorism, are seen by many ordinary people to be greater than the advantages that migrants bring to the economy and society as workers, taxpayers, and contributors to national cultural life. ❹ Some even fear a loss of national identity. ❺ While many of the negative consequences are exaggerated and, in general, often not the fault of immigrants, anti-immigration political parties are gaining ground in many countries.

6 ❶Japan, too, is part of this global network of migration. ❷Over a million Japanese have left Japan as emigrants since 1880, mostly to Hawaii and to North and South America. ❸It is estimated that there are currently around 2.6 million people of Japanese descent outside Japan. ❹Moreover, around 850,000 Japanese citizens live outside Japan for work, study or other forms of long-term travel. ❺On the other hand, immigration to Japan is increasing rapidly. ❻In 2008, legal long-term foreign residents numbered around 2.2 million, twice as many as in the 1980s.

7 ❶Some migrants are highly skilled workers such as professors or bankers. ❷Most, though, work in low skilled jobs, often as small factory, service or care workers. ❸Many have married Japanese and some are taking Japanese citizenship. ❹Although official policy does not encourage permanent migration to Japan, more and more migrants are in fact settling permanently. ❺As Japan's population declines and ages, leaving fewer Japanese workers and taxpayers to support the elderly population, this trend is likely to continue.

8 ❶Against the background of increasing globalization, it is therefore likely that immigration will become one of the most important issues for the Japanese government and society in the 21st century.

（北海道大学）

英文の内容に関する1〜4の質問に対して、最も適切なものを1〜
4の中から一つ選びなさい。

1 Which one of the following is a characteristic of past immigrants?

1 Only people from Africa were called immigrants.

2 Past immigrants did not include slaves.

3 People headed for Europe, not for America.

4 People left their home country permanently.

2 Which one of the following is a characteristic of modern immigrants?

1 Immigrants head for warmer, not colder, regions or countries.

2 Immigrants leave their homeland mainly for economic reasons.

3 Immigrants move in and out of almost every region and country.

4 Immigrants no longer stay in touch with their home country.

3 Which of the following is one of the problems caused by immigration?

1 Immigration can cause national identity to be lost.

2 Labour shortages can be worsened in certain regions.

3 Many political parties are in support of migration.

4 Poor immigrants cannot afford to pay their taxes.

4 Which of the following is Japan's situation regarding immigration?

1 A lot of immigrants encounter discrimination in their workplace.

2 Fewer immigrants are choosing Japan as their destination.

3 Foreign immigrants still cannot acquire Japanese citizenship.

4 More immigrants are making Japan their permanent home.

READING

ANSWERS

1 【4】 2 【3】 3 【1】 4 【4】

1 次のうちのどれが過去の移民の特徴か?

1 アフリカ出身の人々だけが移民と呼ばれた。
本文に言及なし。

2 過去の移民には奴隷は含まれていなかった。
1の❸文の内容と不一致。

3 人々はアメリカではなくヨーロッパを目指した。
1の❸・❹文より、アメリカへの移民はかなりいたと分かる。

4 人々は母国を永久に離れた。
2の❹文より、現代の移民には当てはまらない過去の移民の特徴であったと分かる。

2 次のうちのどれが現代の移民の特徴か?

1 移民はより寒い地域や国ではなく、より暖かい地域や国を目指す。
本文に言及なし。

2 移民は主に経済的理由で母国を離れる。
4の❶文の内容に不一致。

3 移民はほぼすべての地域や国へ移住するし、ほぼすべての地域や国から移住してくる。
3の❷文の内容に一致。

4 移民はもはや母国との接触を持ち続けることはない。
3の❸文の内容に不一致。

3 次のうちのどれが移民によって引き起こされる問題の一つか?

1 移民によって国のアイデンティティが失われる可能性がある。
5の❹文の内容に一致。

2 労働力不足が特定の地域でさらに進む可能性がある。
5の❷文より、かつて労働力不足を補うために移民を受け入れていたのであり移民による問題とは無関係。

3 多くの政党が移民を支持している。

5の❺文の内容に不一致。加えて、移民による問題とは無関係。

4 貧しい移民は税金を支払う余裕がない。

本文に言及なし。

4 次のうちのどれが移民に関する日本の状況か?

1 多くの移民が職場で差別にあっている。

本文に言及なし。

2 日本を目的地として選ぶ移民が減っている。

6の❺文の内容に不一致。

3 外国人の移民はまだ日本国籍を取得することはできない。

7の❸文の内容に不一致。

4 日本を永住地にする移民が増えている。

7の❹文の内容に一致。

○ さらに覚えておきたいキーワード+10 ～移民問題～

- alien 形 外国の
- citizenship 名 市民権
- deportation 名 強制送還
- economic gap 名 経済格差
- evacuation 名 避難
- hostile 形 敵意のある
- nationality 名 国籍
- negotiation 名 交渉
- partnership 名 提携、協調
- treaty 名 条約、協定

EXPLANATIONS

1

❶Humanity has always been ⟨on the move⟩. ❷⟨According to one influential theory⟩,
  S   V

the first major human migration occurred ⟨when early humans moved ⟨out of
  S₁   V₁   時を表すwhen節 S₂   V₂

Africa⟩ ⟨to spread out around the world⟩⟩. ❸⟨In more recent times⟩, Africa was ⟨again⟩
        結果を表す副詞的用法   S₁   V₁

the source of a major population movement ⟨when possibly 12 million people were forcibly
  C₁   時を表すwhen節   S₂   V₂

transported ⟨to the New World⟩ ⟨as slaves⟩ ⟨between the 16th and 19th centuries⟩⟩.

❹Greater than this, though, was the movement of 59 million people (from Europe to
  C   [逆接]   V   S   from A to B(AからBへ)

North and South America, Australia and New Zealand between 1846 and 1939).

❶人類はずっと移動し続けてきた。❷ある有力な説によれば、初の大規模な人類の移動は、初期の人類がアフリカを出て、世界中へと広がっていった時に起こった。❸さらに最近では、16世紀から19世紀にかけて、おそらく1,200万人の人々が奴隷として強制的に新世界へと送られた時に、アフリカは再び大規模な人口移動の発生源となった。❹しかし、これよりも大規模であったのは、1846年から1939年にかけて、5,900万人の人々がヨーロッパから南北アメリカ、オーストラリア、ニュージーランドへと移動したものであった。

語句リスト▶ humanity 名 人類　migration 名 移住　the New World 名 新世界(→アメリカ大陸を指す)

○ パラグラフの要点

┌─ ❶人類はずっと移動を続けてきた

│　┌ ❷最初の移動 ＝ 初期人類がアフリカから世界中へ

具│　❸16〜19世紀：アフリカから新世界へと奴隷として約1,200万人が移動
体│
化│　❹［though：逆接］もっと大規模な移動

│　　→1846年〜1939年：ヨーロッパから南北アメリカやオセアニアへ

└　　　5,900万人が移動

○ ここがポイント！❸　過去のエピソードと固有名詞が出てきたら具体例だと思え！

　筆者が過去のエピソードを話し始めたり、固有名詞を出してきたりしたら、「具体例が始まるぞ！」と思いましょう。例えば僕が「みんなはそんなに英語が苦手じゃないよ！」って言っても、「はいはい。どうせ気休めですよね。」って思いますよ

ね。でもこんなエピソードがあるんです。

　昔、公募推薦入試直前に千切（ちぎり）さんという高校3年生の女の子を短期集中で個別指導したことがあるんです。彼女に「mountainの意味は?」って聞くと、「ゴリラです!」って答えてました。僕の人生で忘れられないぶっちぎりの珍回答でした（千切さんだけに···）。

　でも彼女、短期大学部ながら、ある大学の「外国語学部」に合格しました。

　ね? このエピソードを聞いたら、「苦手じゃないかも!」って思えますよね。

EXPLANATIONS

2

❶ ⟨While the mass migration and settlement (that characterized the growth of the Americas in the 19th century) has ended⟩, modern migration is ⟨still⟩ considerable. ❷ Around 3% of the world's population are currently classed ⟨as migrants⟩ — that is, people living outside their countries of birth. ❸ This number is increasing ⟨as the globalization of the world proceeds⟩, and is likely to increase ⟨further⟩. ❹ However, migration has also become more complex and the traditional image (of a male migrant and his family leaving their homeland forever ⟨to start a new life in a foreign land⟩) is ⟨now⟩ a thing of the past.

❶19世紀におけるアメリカの成長を特徴づけた大規模な移住と入植は終わったが、現代の移民は依然として相当なものである。❷現在、世界の人口のおよそ3%は、移住者——つまり、自分の出生国の外に住む人々——として分類される。❸世界のグローバル化が進むにつれて、この数字は増えており、さらに増えていく可能性が高い。❹しかしまた、移住はさらに複雑になり、男性の移住者とその家族が、外国で新しい生活を始めるために母国を永遠に離れるという従来のイメージは、今や過去のものである。

語句リスト settlement 名 入植　migrant 名 移住者（≒ immigrant）
the country of birth 名 出生国　homeland 名 自国、母国（≒ motherland）

○ パラグラフの要点

❶ [While〈譲歩〉] 19世紀のアメリカの成長を特徴づけた移住は終わった
　　↔ 〈主張〉現代の移民はまだ相当のもの

❷ 世界の人口の3%は移住者

❸ グローバル化と共に増加傾向にある

↕ ［However：逆接］（→p.021 ここがポイント！❷）

❹移住の形が複雑化 →父親の移住先に家族がついていくという印象は
過去のもの

----

3 ❶〈For one thing〉, <u>migration</u> <u>is</u> 〈no longer〉 <u>a matter of one-way flows of people</u>
　　　　　　　　　　S　　　　V　　　　　　　　　C

(from one clearly defined region to another), 〈as in the example above of

<u>as ＋ 前置詞句（〜のように）</u>

Europeansを意味上の主語にする動名詞

Europeans **leaving** for America〉. ❷〈These days〉 <u>nearly all countries</u> <u>are</u> <u>part of networks</u>
　　　　　　　　　　　　　　　　　　　　　　　　　S　　　　　　V　　C

of immigration and emigration **linked** to multiple destinations. ❸<u>Moreover</u>, <u>many</u>

networksを修飾する分詞　　　　　　　　　［追加］　　　S

<u>migrants</u> <u>take advantage of</u> <u>modern transportation and communications technology</u> 〈**to**

S　　　　V　　　　　　　　　　O　　　　　　　　　　　　　　　　　　　　目的を表す副詞的用法

maintain contact with their homelands〉 – <u>migration</u> <u>is</u> 〈no longer necessarily〉 <u>a clean</u>
　　　　　　　　　　　　　　　　　　　S　　　　V　　　　　　　　　　　　C

<u>break with the past</u> 〈as it once was〉. ❹<u>Many migrants</u> <u>move</u> 〈repeatedly〉 〈back and

a clean break with the pastの省略　　　　　　S　　　　　V

様態を表すas節

forth〉 〈between countries〉 〈in a phenomenon (**known** as "circular migration" or

名詞修飾の分詞

"sojourning")〉. ❺And 〈these days〉, <u>more and more of these modern migrants</u> <u>are</u>
　　　　　　　　　　　　　　　　S　　　　　　　　　　　　　　　　　　V

<u>women</u>.
C

❶一つには、もはや移住は、上記のヨーロッパ人がアメリカへ向かう例のような、明確に限定された地域から別の地域へと人々が一方通行に流れるものではない。❷最近では、ほぼすべての国々が複数の目的地とつながる出入国ネットワークの一部である。❸さらに、多くの移住者は、現代の輸送や通信技術を利用して母国との接触を保っている――もはや移住は、かつてのような過去との完全な決別というわけではないのだ。❹多くの移住者は、「巡回移住」や「一時逗留」として知られる現象において、国と国を繰り返し行ったり来たりする。❺そして最近では、これらの現代の移住者に女性が増えている。

語句リスト region 名 地域　emigration 名 移住（immigration は「他国へ行く」ことに焦点がある一方、emigration は「自国を離れる」ことに焦点がある。）　transportation 名 輸送機関、乗り物　sojourning 名 一時逗留

○ パラグラフの要点

❶移住は特定の地域から特定の地域への一方向ではなくなった

[For one thing] → 2 の❹『移民の複雑化』の理由

具体化

❷複数の地域とつながり合った出入国のネットワークになっている

❸ [Moreover：追加] 現代の輸送・通信手段により祖国とのつながりを維持

❹国と国の間を行ったり来たりする：「巡回移住」「一時逗留」

❺女性の移民が増えてきている

4

❶<u>International migration</u> is ⟨no longer⟩ ⟨solely⟩ ⟨for economic reasons⟩,
S_1　　　　　　　　　　V_1

⟨though <u>the desire</u> (to earn more money and have a better life) <u>is</u> ⟨clearly⟩ ⟨still⟩
　譲歩を表す though 節 S_2　　形容詞的用法　　　　　　　　　　V_2

<u>a major factor</u> in the decision (to migrate)⟩. ❷⟨Increasingly⟩, <u>millions of people</u> <u>are</u>
C_2　　　　　　　　　　形容詞的用法　　　　　　　　　　　　　　S　　　　V

"many of them" の them が関係代名詞 whom になったもの

<u>displaced</u> ⟨by wars, persecution and natural disasters⟩ ⟨to become refugees, (many of
　　　　　　　　　　　　　　　　　　　　　　　　結果を表す副詞的用法

<u>whom</u> seek asylum and a new life away from danger)⟩. ❸⟨At the other extreme⟩, <u>wealthy</u>
　　　　asylum と a new life の並列　　　　　　　　　　　　　　　　　　　　　　　　　　S

<u>people</u> ⟨often⟩ <u>migrate</u> ⟨for lifestyle reasons (such as retirement in a country with a
　　　　　　　　　　V　　　　　　　　　　　　　　　具体例を表す前置詞

better climate)⟩.

❶より多くのお金を稼ぎ、より良い暮らしを送りたいという願望が、依然として移住を決意する際の大きな要因であることは確かだが、国家間の移住は、もはや経済的な理由によるものだけではない。❷何百万人という人々が戦争や迫害、自然災害によって行き場を失い、難民となることがますます増えてきており、その人々の多くが、危険を逃れた安全な場所と新たな生活を求める。❸それとは対極的に、裕福な人々は、より気候の良い国での隠居というような、ライフスタイルを理由に移住することが多い。

語句リスト migrate 動 移住する　displase 動 ～の居場所を失わせる　persecution 名 迫害
natural disaster 名 自然災害　refugee 名 難民　asylum 名 避難所、安全な場所
retirement 名 退職、引退

○ パラグラフの要点

❶ [though ...：譲歩]

　お金を稼ぎ、より良い生活を手に入れることは依然大きな要因

　⟺ ⟨主張⟩移住は経済的な理由だけではない

→ 2 の❹『移民の複雑化』の理由にさらに追加

❷戦争・迫害・自然災害などによる難民が新たな居住地を求めて移住する

↕ [At the other extreme：対比]（→p.021 ここがポイント！❷）

❸裕福な人がより良い生活を求めて移住する

---

both A and B（AとBの両方）

5

❶All these factors have led to migration becoming a major political issue, both ⟨at
migration を意味上の主語にする動名詞

the international level ⟨where countries seek to admit or restrict certain types of
関係副詞の where

migrant⟩⟩, and ⟨at the local level ⟨where immigration can cause social tension ⟨between
関係副詞の where

newcomers and local people⟩, ⟨especially⟩ ⟨when there are clear differences in culture or
時を表す when 節

appearance⟩⟩⟩. ❷For instance, many countries in Europe ⟨that once encouraged
[具体例]　　　　　　　　　　　　　　　　　　　　　　関係代名詞の that

immigration ⟨to fill labour shortages⟩⟩ are now openly debating whether immigration
目的を表す副詞的用法　　　　　　　　　　　　　　　　　名詞節を導く whether

should be restricted. ❸The problems ⟨of social tension, poverty, lack of integration, even

see O to be ...（Oが...と分かる）

violence and terrorism⟩, are seen ⟨by many ordinary people⟩ ⟨to be greater than the

関係代名詞の that　　bring の O が関係代名詞に変形

advantages ⟨that migrants bring ⟨to the economy and society⟩ ⟨as workers, taxpayers,

workers と taxpayers と contributors to ... を並列

and contributors to national cultural life⟩⟩⟩. ❹Some ⟨even⟩ fear a loss of national

exaggerated と not the fault ... を並列

identity. ❺⟨While many of the negative consequences are exaggerated and, ⟨in general⟩,
譲歩を表す while 節

⟨often⟩ not the fault of immigrants⟩, anti-immigration political parties are gaining

ground ⟨in many countries⟩.

---

❶これらすべての要因によって、移住は国際的・地域的両方において大きな政治問題となり、国際レベルでは、国がある種の移住者を受け入れたり、制限したりすることとなり、地域レベルでは、移民が新参者と地元住民の間の社会的緊張を引き起こしかねず、文化や外見に明確な違いがある場合は特にそうである。❷例えば、かつては労働力不足を埋めるために移民を奨励していたヨーロッパの国々の多くが、今では移民を制限すべきかどうかを公然と議論している。❸社会的緊張、貧困、一体感の欠如、さらに暴力とテロという問題は、労働者、納税者、国の文化的生活への貢献者として移住者が経済と社会にもたらす利点よりも重大であると、多くの一般の人々は見なしている。❹国のアイデンティティを失うことを恐れる人さえいる。❺否定的な結果の多くは

大げさなものであり、一般的に、移民のせいではないことが多いが、移民反対派の政党が、多く
の国々で支持を集め始めている。

語句リスト factor 名 要因　restrict 動 〜を規制する　tension 名 緊張状態
labour shortages 名 労働力不足　poverty 名 貧困　integration 名 統合　terrorism 名 テロリズム
taxpayer 名 納税者　national identity 名 国民性、国民意識　exaggerated 形 大げさな
political party 名 政党　gain ground 優勢になる

○ パラグラフの要点

❶ これらすべての要因 → ┌ 国際的な政治問題 ＝ 移住者をえり好みする
　　　　　　　　　　　　└ 地域的な政治問題 ＝ 移民と地元住民間の社会的緊張
　　［All these factors ＝ 4 で述べられていた要因］

❷ ［For instance：具体例］ヨーロッパ ＝ かつては労働力を移民で補っていた
　　　　　　　　　　　　　　　　　　　　↔ 今では移民の制限が議論されている

❸ 「移民がもたらす問題＞移民がもたらす利点」と考える人が多い

❹ ［even：前言の強調］国のアイデンティティの喪失への恐れ

❺ ［While：譲歩］否定的な結果は大げさ ＋ 移民のせいではないものもある
　　↔〈主張〉移民反対派の政党が多くの国で支持されている

6

❶ Japan, too, is part of this global network of migration. ❷ Over a million Japanese have left Japan 〈as emigrants〉〈since 1880〉, 〈mostly to Hawaii and to North and South America〉. ❸ It is estimated [that 〈there〉 are 〈currently〉 around 2.6 million people of Japanese descent 〈outside Japan〉]. ❹ Moreover, around 850,000 Japanese citizens live 〈outside Japan〉〈for work, study or other forms of long-term travel〉. ❺ On the other hand, immigration to Japan is increasing 〈rapidly〉. ❻〈In 2008〉, legal long-term foreign residents numbered around 2.2 million, twice as many as in the 1980s.

around 2.2 millionと同格

❶ 日本も、この地球規模の移住ネットワークの一部である。❷ 1880年以降、100万人以上の日本人が移住者として日本を離れ、大部分の人は、ハワイや南北アメリカへと移住した。❸ 現在では、日本の国外に約260万人の日系人がいると見積もられている。❹ さらに、約85万人の日本国民が、仕事や留学、あるいはその他の長期旅行といった理由で、日本の国外で暮らしてい

る。❺一方で、日本への移住者は急激に増加している。❻2008年、合法的な長期在留外国人の数は、約220万人に上り、1980年代の2倍となった。

語句リスト▶ descent 名 血統、家系　long-term 形 長期的な　resident 名 居住者

○ パラグラフの要点

❶ [too：追加] 日本 ＝ 移住ネットワークの一部

具体化
┌ ❷1880年以降、100万人以上の日本人が海外へ移住
│ ❸現在では日本国外に約260万人の日系人
│ ❹ [Moreover：追加]
└→ 　約85万人の日本人が日本の国外に一時的に滞在している
　　　↕ （→p.021 ここがポイント！❷）
　❺ [On the other hand：対比] 日本への移住者が急激に増加
→❻　2008年には長期在留外国人が約220万人に

○ ここがポイント！❹　実験、研究、調査、数値データが示されたら具体例のしるし！

　自分の言いたいことを「私はそう思うんだ！」と言うだけでは、相手はなかなか納得してくれません。そういうとき、数字やデータを例として示すと説得力がぐっと上がります。

　人は数字やデータに弱い生き物なんです。YouTubeの登録者数やSNSのフォロワー数はまさによい例です。プレゼントだって気持ちよりも値段でしょ？（そんなことないっていう人。その気持ちをずっと忘れないでおくれ！）

　なので、筆者が実験（experiment）、研究（research, study）、調査（survey）、または具体的な数字やデータを示してきたときは、「具体例だ！」と思えるようになろう。

7
❶Some migrants are highly skilled workers such as professors or bankers. ❷Most,
　　S　　　　　 V　　 C　　　　　　　[具体例を表す前置詞]　　　　　　　　　　　　 S

though, work 〈in low skilled jobs〉, 〈often as small factory, service or care
[逆接]　 V　　　　　　　　　　　　　　 文と文を並列

workers〉. ❸Many have married Japanese and some are taking Japanese citizenship.
　　　　　　 S　　 V　　　 O　　　 and　 S　　 V　　　　 O

譲歩を表すalthough節
❹〈Although official policy does not encourage permanent migration 〈to Japan〉〉, more
　　　　　　 S₂　　　 V₂　　　　　　 O₂　　　　　　　　　　　　 S

and more migrants are ⟨in fact⟩ settling ⟨permanently⟩. ❺⟨As Japan's population

declines and ages, ⟨leaving fewer Japanese workers and taxpayers to support the elderly

population⟩⟩, this trend is likely to continue.

❶移住者の中には、教授や銀行役員といった高度な技術を持つ労働者もいる。❷しかし、ほとんどの人々は、多くの場合、小さな工場やサービス業や介護分野の労働者などのような高い技術を必要としない仕事をしている。❸多くの人々は日本人と結婚し、中には日本国籍を取得している人もいる。❹表向きの政策としては、日本への永住は奨励していないが、実際には永住する移住者が増えている。❺日本の人口が減少し、また高齢化し、高齢者を支える日本人の労働者や納税者が減少するにつれて、この傾向は続く可能性が高い。

語句リスト highly skilled 形 高い能力のある　service worker 名 サービス業の労働者
care worker 名 介護士　citizenship 名 市民権　permanent 形 永続的な

○ パラグラフの要点
---
❶移住者には高い技術を持つ労働者もいる
　↕[though：逆接]（→p.021 ここがポイント！❷）
❷高い技術を必要としない仕事をする移住者が多い
　→❸日本人と結婚する人が多い＋中には日本国籍を取得する人もいる
　→❹[Although：譲歩]表向きの政策は永住を奨励していない
　　↔〈主張〉日本に永住する移住者が増えている
　→❺日本の人口の減少と高齢化により、この傾向は続く可能性が高い

8
❶⟨Against the background of increasing globalization⟩, it is therefore likely [that

immigration will become one of the most important issues (for the Japanese

government and society in the 21st century)].

❶したがって、グローバル化の拡大を背景に、移民は21世紀の日本の政府と社会にとって、最も重要な問題の一つとなる可能性が高い。

○ パラグラフの要点
---
❶[therefore：因果]
　移民 ＝ 21世紀の日本にとって重要な問題の一つとなるだろう

次の問いに150語程度の英語で答えなさい。

Recently, the population of Japan has been decreasing. Some people have suggested that Japan should significantly relax its immigration policy. Do you agree or disagree? Give at least two reasons to support your opinion.

(長崎大学　改)

○ 使えるキーワード

- immigration policy　移民政策
- immigrants　移民
- countermeasure against ～　～への対抗策
- population decline　人口減少
- labor shortages　労働力不足
- the declining birthrate　少子化
- halt　～に歯止めをかける
- international competitiveness　国際競争力
- human resources　人的資源、人材
- diverse society　多様性のある社会
- mono-ethnic country　単一民族国家
- cross-cultural exchange　異文化交流
- labor market　労働市場
- at lower wages　低賃金で
- job opportunities　就職口
- public safety　治安
- crime rate　犯罪率
- local governments　（地方）自治体

○ 設問の日本語訳

近年、日本の人口は減少している。一部の人は、日本が移民政策を大幅に緩和すべきだと提言している。あなたは賛成か反対か。意見の理由を2つ以上挙げなさい。

○ 解答例 ❶

Introduction		日本は移民政策を緩めてさらに移民を受け入れるべき
Body	**理由❶**	**人口減少対策**
		→ 少子化による今後の労働力不足への懸念
		> 世界における日本の経済力の弱体化
		↓
		→ 人口減少への歯止めと 労働力不足を補うメリット
		→ 外国人の人材を活用することによる 国際競争力の向上
	理由❷	**多様性のある社会の実現**
		→ 日本はまだまだ単一民族国家
		→ 多様化する現代社会に取り残される恐れ
		↓
		→ 移民の受け入れによる異文化交流の促進
		→ 多様性のある社会の実現
Conclusion		日本がグローバル化する社会で生き残るために必要な一歩

I think that Japan should significantly relax its immigration policy and accept more immigrants for two reasons.

The first reason is that immigration is a countermeasure against population decline. Currently, Japan is concerned about future labor shortages due to the declining birthrate. The shortages could lead to a weakening of Japan's economic power in the world. Accepting more immigrants would help halt the population decline and also improve Japan's international competitiveness through the use of foreign human resourccs.

Another reason is that an increase in immigration could contribute to the realization of a diverse society. Japan is a mono-ethnic country, and if this situation continues, it may not be able to keep up with the increasingly diverse modern society. Immigration will promote cross cultural exchange and help build a more diverse society.

Actively accepting immigrants is a necessary step for Japan to survive in an increasingly globalized society. (147 words)

私は、二つの理由で、日本が移民政策を大幅に緩和し、より多くの移民を受け入れるべきだと考える。

第一の理由は、移民は人口減少への対策になるということだ。現在、日本は少子化による将来的な労働力不足を懸念している。労働力不足は、世界における日本の経済力の弱体化につながる恐れがある。移民を受け入れれば、人口減少に歯止めがかかり、外国人人材の活用による日本の国際競争力の向上も期待できる。

もう一つの理由は、移民が増えることは多様性のある社会の実現に貢献しうるということだ。日本は単一民族国家であり、このままの状況が続けば、ますます多様化する現代社会についていけなくなる可能性がある。移民を受け入れることで、異文化交流が促進され、より多様な社会を築く一助となるだろう。

移民を積極的に受け入れることは、日本がますますグローバル化する社会で生き残るために必要な一歩なのだ。

○ 解答例❷

Introduction		日本は移民政策を緩めて移民を積極的に受け入れるべきではない
Body	理由❶	**労働市場への影響** → 移民は低賃金で雇える場合が多い → 日本人の若者の就職口が減る可能性 ↓ → 職に就けない若者の増加
	理由❷	**治安の悪化** → 移民による犯罪率の高まり → 文化の違いによるいざこざやトラブル ↓ → 問題が自治体が対応できる限界を超える可能性 → 住みにくい社会になる
Conclusion		移民政策を性急に押し進めるのではなく、 広い視野で議論を重ねるべき

I believe that Japan should not actively accept immigrants by relaxing its immigration policy for two reasons.

The first reason is that immigration might have a negative impact on the Japanese labor market. Immigrants can often be hired at lower wages. If companies become more willing to hire immigrants, it could shrink job opportunities for Japanese young people. This could lead to an increase in the number of young Japanese who are unable to find jobs.

Another reason is that immigration may worsen public safety in Japan. The crime rate will increase as more immigrants arrive in Japan. In addition, there will be many conflicts and problems caused by differences in culture and customs. As a result, local governments may no longer be able to cope with the situation, and the society may become more uncomfortable to live in.

For these reasons, Japan should first discuss immigration from a broad perspective, rather than hastily promoting immigration policy. (157 words)

　私は、二つの理由で、日本は移民政策を緩和して移民を積極的に受け入れるべきではないと考える。

　一つ目の理由は、移民が日本の労働市場に悪影響を与えるかもしれないからである。移民は低賃金で雇える場合が多い。企業が積極的に移民を雇うようになれば、日本人の若者の就職口が縮小する恐れがある。結果的に、職に就けない日本の若者が増加することになるかもしれない。

　もう一つの理由は、移民によって日本の治安が悪化するかもしれないということだ。多くの移民が日本にやってくることで、犯罪率が高まるだろう。また、文化や風習の違いが原因で起こる衝突やトラブルも増えるだろう。結果的に自治体がもはや対応しきれなくなり、住みにくい社会になっていくかもしれない。

　これらの理由から、日本は性急に移民政策を推し進めるのではなく、まずは広い視野で議論を重ねていくべきだ。

日本に「移民」は存在するのか？

日本では「出入国管理及び難民認定法」の改正により、2019年からは人手不足の12分野（14業種）に限り、「特定技能」という新しい在留資格で、外国人労働者は日本に滞在できるようになりました。

特定技能には1号と2号があります。1号は「特定分野の〝相当程度の〟知識・技能あり」の人用で、在留期間は最長5年間、2号は「特定分野の〝熟練した〟知識・技能あり」の人用で、こちらは在留期間の「制限なし」です。なお2023年、政府は従来わずか2分野だった特定技能2号を、11分野にまで拡大させる方針を発表しました。これで人手不足の業界は大助かりですが、永住資格を取れる人が増えることから、一部では「新たな移民政策だ」との批判の声も上がっています。

しかし、移民って何でしょう。よく考えたら、今まで日本政府が「移民の公式な定義」を示したことは、一度もありません。ただ、2016年の自民党政務調査会の文書で「移民＝入国時点で永住権をもつ者」との記述があることと、2018年の安倍首相（当時）の国会答弁で「人口に比して一定規模の外国人とその家族を、期限を設けずに受け入れて国家を維持する政策」という表現があることから、このあたりが政府のとらえ方と考えられます。

どちらにしても「永住権」がキーですが、日本の永住権は「10年以上の在留実績かつ、5年以上の〝就労資格・在留資格を持っての在留〟実績」を軸とするハードルの高いものですから、「一定期間だけ」働きに来ている外国人なら、移民扱いになりません。でも特定技能2号の枠が拡大すれば「一定期間だけ〝でない〟労働者」が増加しますから、これが移民の増加につながるのではという懸念になっているようです。

しかしそもそも、なぜ日本は、移民を明確に定義しないのでしょう？

これ、保守層などに言い訳するための逃げ道っぽい気がしますね。つまり、外国人とつき合うのが苦手だったり、「国が乗っ取られる」「民族の均一性が崩れる」と叫んだりする保守層から、「特定技能って、移民政策じゃないのか!?」と詰め寄られた時、「え？　日本に移民なんていませんよ」ととぼけるためです。

しかし、悲しい話ですね。島国である日本人の心が「鎖国マインド」になりがちなのはある程度理解できますが、グローバル化の時代に外国人との共生を頭から拒絶するのは、時代の拒絶です。まずは部分開放してみて、問題があれば考え直す。それでいいじゃないですか。あ、それが特定技能2号か。

3 ｜ EUと移民問題

BACKGROUND

EUとは？

市場統合

政治統合

通貨統合

　今回は「EUと移民問題」です。英文そのものは移民とはあまり関係なかったのですが、EUと移民はかなり大事なテーマなので、今後のために概要を押さえておきましょう。

　EU（欧州連合）とは、大ざっぱに言うと、欧州の27か国（イギリスが離脱する前は28か国）が政治や経済で協力体制を取り、まるで単一国家同様の巨大で強靭な経済エリアをつくるための試みです。ドイツとフランスが中心となり、これまでに市場統合（人・モノ・金・サービスの域内自由移動）や政治統合（共通の議会や司法、安全保障）、通貨統合（単一通貨ユーロの導入）などを実現してきました。

経済的メリット
ギリシア通貨危機
イギリスのEU離脱

そのおかげでEU圏の人々は、現在パスポートなく他のほとんどの加盟国と行き来でき、どこへ行っても同じユーロで商品やサービスの取引が行えます。この状態はまるで「ヨーロッパ」という一つの巨大な国家があるのに等しく、その人口・面積・資源の規模などを考えれば、経済的メリットが大きいことは容易に想像できます。

しかし当然、デメリットもあります。例えば2009年のギリシア通貨危機の際には「ギリシアがやばい＝ユーロがやばい」となり、ユーロ圏のEU加盟国全体に迷惑が及びましたし、人の移動の自由化は、EU圏内で貧しい国から豊かな国への移民の増加をもたらし、豊かな国での雇用の圧迫や社会保障負担の増大を招きました。

また、欧州は地理的にアラブ諸国やアフリカと近いため、そういう地域からの難民の増加も、近年のEUの抱える頭の痛い問題です。

そういう「他の加盟国との腐れ縁」を嫌って、EUには当初から加盟したものの通貨ユーロを導入しなかった国が3つあります。イギリス、スウェーデン、デンマークです。その代表格がイギリスですが、イギリスにも当然「EUの負の側面」は及び、ついに2020年、イギリスは国民投票の末、EUを離脱しました。

移民は安価な労働力である半面、雇用の圧迫要因にもなり、国民の反発を招きます。各加盟国は国民感情を読み違えないようにしないと、第二、第三のイギリスを生むことにもつながりかねません。

次の英文を読み、問いに答えなさい。

1 ❶Let us turn now to the question 'is the division of one member state into two member states good, or bad, for the EU as such?' ❷The question here is not 'is a particular case of independence (such as Scotland, or Catalonia[1]) good for individual EU member states?' it is a question of a more general nature.

2 ❶It can be argued that any increase in the number of member states tends to make the functioning of the EU's institutions and their decision-making more complicated. ❷But successive enlargements of the EU have increased its membership from 6 to 28 states without paralysing[2] its decision-making. ❸Although it may be more complicated with additional members, it is not necessarily more difficult for the EU's decision-making institutions (Council[3] & Parliament[4]) to decide by majority vote, or by qualified majority[5]. ❹Some game-theorists even argue that with more actors it can be easier to find majority solutions. ❺Naturally, in areas where the EU decides by unanimity[6], there is a greater risk of paralysis, but experience has shown that it is the big member states who are tempted to exercise vetoes[7], while small and medium-size members use them rarely.

3 ❶In the scenario that we are considering – where one member state divides into two – the resulting increase in the number of member states is accompanied by no change in the population of the EU, or its economic size. ❷By definition, they remain the same. ❸Thus, the dimension of the internal market is not affected, and the EU's external influence in fields such as trade is not diminished. ❹Indeed, it can be

argued that the EU's weight in international affairs is marginally increased, since it gains an additional seat and votes in the United Nations and other international organisations.

4 ❶The EU expresses no preference for bigger or smaller states; it simply 'respects the equality of member states'. ❷However, its system of decision-making does have an inbuilt bias in favour of smaller states. ❸For seats in the European Parliament and votes in the Council by qualified majority, smaller states are over-represented in relation to their population, and have relatively more voting power than bigger ones. ❹This 'degressive proportionality[8]' is a constitutional principle of the EU, designed to reassure smaller states that they will not be dominated by the others.

READING

5 ❶In conclusion, the division of member states into smaller units cannot be considered good or bad for the EU as such. ❷It is, on balance, neutral. ❸Naturally, for individual member states, such a development may be good, or bad, and may be opposed for various reasons. ❹But it can hardly be opposed on the grounds that it weakens the EU, or is contrary to the EU's basic principles and interests.

［注］
[1]Catalonia：カタルーニャ（スペインの州）　[2]paralyse：麻痺させる
[3]Council：欧州連合理事会（＝European Council。EU の機関）
[4]Parliament：欧州議会（＝European Parliament。EU の機関）
[5]qualified majority：特定多数決（可決に際し過半数より多い数の賛成を要する特別
　　　　　　　　　　　な多数決のやり方）
[6]unanimity：全会一致　　　　　　　　[7]veto：拒否権
[8]degressive proportionality：逓減的比率（人口が多い国の方が人口当たりの議員
　　　　　　　　　　　　　　　や票の数が相対的に少なくなること）

（静岡県立大学）

英文の内容に関する1〜4の質問に対して、最も適切なものを1〜4の中から一つ選びなさい。

1 Which of the following might be the most likely effect of an increase in the EU's member states?

  1 Difficulty in making a decision by unanimity.
  2 Increased ease with which game theorists find majority solutions.
  3 Paralysis in its institutional decision-making.
  4 The possibility that no big countries can exercise vetoes.

2 If one member state divides into two, what would be the result?

  1 Expansion of the EU's conference hall.
  2 Greater power in international organisations.
  3 Growth of the EU's internal market size.
  4 An increase in the population of the EU.

3 What is the purpose of 'degressive proportionality'?

  1 To discourage bigger states from exerting their vetoes in the EU.
  2 To enable smaller states to have more voting power in the Council.
  3 To hide the fact that the EU prefers smaller states to bigger ones.
  4 To prevent smaller states from being dominated by the others.

4 According to the article, which of the following is the most suitable for the author's opinion about the division of member states into smaller units?

  1 He cannot say whether it is good or bad.
  2 He has no particular opinion about it.
  3 He strongly agrees with it.
  4 He strongly disagrees with it.

○ さらに覚えておきたいキーワード+10　〜EU〜

- alliance 名 同盟、提携
- deal 名 合意、協定
- diplomacy 名 外交
- imperialism 名 帝国主義
- individualistic 形 個人主義的な
- referendum 名 国民投票、住民投票
- resignation 名 辞職、辞任
- surveillance 名 監視、見張り
- sovereignty 名 主権、統治権
- tariff 名 （輸入品などにかかる）関税

ANSWERS

1 次のうち、EUの加盟国数が増加することによる最もあり得る影響はどれだろうか?

1 全会一致による意思決定が難しくなること。

2の❺文の内容に一致。

2 ゲーム理論家が過半数による解決策を見つけることが容易になること。

2の❹文の内容より、容易になるのは過半数による解決策であるため不一致。

3 組織としての意思決定が麻痺すること。

2の❷文の内容に不一致。

4 大国が拒否権を行使できなくなる可能性があること。

拒否権については2の❺文にあるが、加盟国数の増加は行使の可否に結びつかない。

2 もしある加盟国が二つに分裂すれば、その結果はどうなるだろうか?

1 EUの会議場の拡張。

本文に言及なし

2 国際機関における影響力の増大。

3の❹文の内容に一致。

3 EU内の市場規模の拡大。

3の❸文の内容に不一致。

4 EUの人口の増加。

3の❶文の内容に不一致。

3 『逓減的比率』の目的は何か?

1 大国にEUにおける拒否権を行使させないようにすること。

2 小国に議会においてより大きな投票力を持つことを可能にすること。

3 EUは大国よりも小国を好むという事実を隠すこと。

4 小国がその他の国々に優位に立たれるのを防ぐこと。

『逓減的比率』については4の❹文で述べられており、その内容と一致するのは4である。

4 本文によれば、次のうちのどれが、加盟国がより小さな国へと分裂することについての筆者の意見として最もふさわしいか?

1 筆者にはそれが良いとも悪いとも言うことができない。

2 筆者はそれについて特に意見はない。

3 筆者はそれに強く賛同をしている。

4 筆者はそれに強く反対をしている。

筆者の意見は5の❶・❷文で述べられており、その内容と一致するのは1である。

ANSWERS

SHORT COLUMN

姜ちゃんのいいところ③ 肉奉行 である

　姜ちゃんとはよく一緒に焼き肉屋に行くが、店にいる間、彼の右手からトングが離れることはない。彼は、参加するメンバーの人数・好み・空腹度などを見極めて肉を焼き、すべてのメンバーの皿に、絶妙なタイミングで、最適な量と焼き加減の肉を置いてゆく。彼の空間把握能力は非常に高い。

　誰かが「かわってやるから姜ちゃんも食いなよ」といってトングを奪おうとしても、彼はトングを手放さず、食べながら焼く。

　俺の肉以外、認めない —— 彼は孤高の肉アーティストなのだ。

EXPLANATIONS

1

❶ Let us turn ⟨now⟩ ⟨to the question⟩ [the question と同格] 'is the division (of one member state into
V₁ O₁ C₁   V₂ S₂

two member states) good, or bad, ⟨for the EU⟩ ⟨as such⟩?' ❷ The question here is
C₂   S₁   V₁

not ['is a particular case of independence (such as Scotland, or Catalonia) good ⟨for
   C₁ V₂ S₂   [具体例を表す前置詞]   C₂

individual EU member states⟩?'] it is a question of a more general nature.
                              S V C

❶ さて、「あるEU加盟国が分裂して、二つの加盟国になることは、EU自体にとっては良いことか、
それとも悪いことか」という疑問に目を向けてみよう。❷ ここでの疑問は、「独立という特定の事例
（例えば、スコットランドやカタルーニャなど）が、個々のEU加盟国にとって良いことか」というこ
とではない。もっと全体的な本質についての疑問である。

> **語句リスト▶** division 名 分割　state 名 国家　as such それ自体　independence 名 独立

○ パラグラフの要点

❶ あるEU加盟国が分裂して二つの加盟国になる

　　→ EUにとって＋か－か？ ［疑問 ＝ 筆者からの問題提起］
　　　　　↓

❷ 個々のEU加盟国にとっての問いではない。もっと全体的な本質についての問い

○ ここがポイント！❺　疑問文は筆者からの話題の提示

　疑問文というのは、答えがあって初めて成り立ちます。しかし、筆者が疑問文
を書くと、どこからか答えが聞こえてきたなんてホラーですよね。

　筆者は、誰も答えてくれないことを分かっていながら疑問文を使います。読者
に問いかけることで、「その答えは？」と関心を引くためです。ですから、文中で
疑問文を見たら、筆者からの話題の提示だと考えましょう。そして「その答え
は？」と、筆者からの答えを探してください。疑問文に対する筆者の答えが、「筆
者の主張」になります

2

❶ It can be argued [that any increase (in the number of member states) tends to
   仮S₁ V₁   真S₁ S₂   V₂

make the functioning of the EU's institutions and their decision-making more
     O₂

complicated]. ❷But successive enlargements (of the EU) have increased its membership
〈from 6 to 28 states〉〈without paralysing its decision-making〉. ❸〈Although it may be
more complicated 〈with additional members〉〉, it is 〈not necessarily〉 more difficult
[for the EU's decision-making institutions (Council & Parliament) to decide 〈by
majority vote〉, or 〈by qualified majority〉]. ❹Some game-theorists 〈even〉 argue [that
〈with more actors〉 it can be easier [to find majority solutions]]. ❺〈Naturally〉, 〈in
areas (where the EU decides by unanimity)〉, 〈there〉 is a greater risk of paralysis, but
experience has shown [that it is the big member states who are tempted to exercise
vetoes, [while small and medium-size members use them 〈rarely〉]].

❶加盟国数のいかなる増加も、EUの組織の機能と意思決定をより複雑にする傾向があると論じられることがある。❷しかし、EUが拡大し続けたことによって、加盟国は6か国から28か国へと増加したが、意思決定が麻痺することはなかった。❸加盟国が増えることでより複雑にはなるかもしれないが、EUの意思決定機関（欧州連合理事会と欧州議会）が多数決や特定多数決によって決定をすることがより難しくなるとは必ずしも限らない。❹ゲーム理論家の中には、行為者が多いほど、過半数による解決策を見つけることがより容易になりうると論じる者もいる。❺当然、EUが全会一致によって決定をする分野では、麻痺状態に陥る危険性がより大きいが、経験によって示されていることは、拒否権を行使しようとするのは大国とされる加盟国であり、一方で、それ以外の中小加盟国が拒否権を行使することはめったにない。

語句リスト institution 名 組織、機構　decision-making 名 意思決定
majority vote 名 多数決　paralysis 名 麻痺（状態）

○ パラグラフの要点

❶ [can：譲歩] 加盟国数の増加→EUの機能と意思決定の複雑化
⇕
❷ [But：主張] 加盟国数が6から28になった→意思決定は麻痺しなかった
↓
❸ [Although：譲歩] 加盟国の増加で複雑になる
　↔〈主張〉特定多数決による意思決定が難しくなるとは必ずしも限らない

❹［even：強調］数が多ければ多数決による意思決定が容易　byゲーム理論家
❺［Naturally：譲歩］全会一致が必要な場合→麻痺する可能性はある
　　　　　　　　⇕
　　［but：主張］拒否権を行使するのは大国であることが多い（小人が増えても影響はない）

3

❶ 〈In the scenario (<u>that</u> we are considering) – (where one member state divides

関係代名詞の that

into two) 〉 – the resulting <u>increase</u> (in the number of member states) <u>is</u>

the scenario を先行詞にする関係副詞の where 節

S　　　　　　　　　　　　　　　　　　　　　　　　　　　　　V

<u>accompanied</u> 〈 by no change in the population of the EU, <u>or</u> its economic size 〉. ❷ 〈 By

the population of the EU と its economic size を並列

definition 〉, <u>they</u> <u>remain</u> <u>the same</u>. ❸ <u>Thus</u>, the <u>dimension</u> (of the internal market) <u>is not</u>

S　　V　　C　　［因果］　S　　　　　　　　　　　　　　　V

<u>affected</u>, <u>and</u> the <u>EU's external influence</u> (in fields <u>such as</u> trade) <u>is not diminished</u>.

文と文を並列　　S　　　　　　　　具体例を表す前置詞　　　　　V

❹ <u>Indeed</u>, <u>it</u> <u>can be argued</u> [<u>that</u> the <u>EU's weight</u> (in international affairs) <u>is marginally</u>

［前言の強調］　仮S₁ V₁　　真S₁ S₂　　　　　　　　　　　　　　V₂

<u>increased</u>, 〈 <u>since</u> <u>it</u> <u>gains</u> <u>an additional seat and votes</u> 〈 in the United Nations and other

理由を表す since 節　S₃ V₃　　O₃

international organizations 〉 〉].

❶私たちが考えているシナリオ ― ある加盟国が二つに分裂するシナリオ ― では、その結果として加盟国の数が増加しても、EUにおける人口やその経済規模における変化にはつながらない。❷定義上は、同じままなのである。❸したがって、（EUの）内部市場の規模には影響はなく、貿易などの分野におけるEUの外部への影響力が弱まったりはしない。❹それどころか、国連やその他の国際機関における議席や投票権などが増えるため、国際情勢におけるEUの影響力はわずかに増すと論じることができる。

<u>語句リスト</u>▶ dimension 名 大きさ、規模　internal 形 内部の（⇔external 外部の）
diminish 動 〜を減少させる　international affairs 名 国際情勢　marginally 副 わずかに

○ パラグラフの要点

❶あるEU加盟国が分裂して二つの加盟国になる
　→EUの人口と経済規模に変化はない→❷定義上は同じまま
❸［Thus：因果］EUの内部市場の規模や外部への影響力が小さくはならない

❹ [Indeed：強調] 国際機関における議席や投票権が増える
   →   国際情勢における影響力はわずかに増すと言える

4

❶The EU expresses no preference (for bigger or smaller states); it ⟨simply⟩
S   V   O   S

'respects the equality of member states'. ❷However, its system of decision-making
V   O   [逆接]   S

強調の助動詞
does have an inbuilt bias (in favor of smaller states). ❸⟨For seats in the European
V   O

Parliament and votes in the Council by qualified majority⟩, smaller states are over-
                                                        S   V

are over-represented と have を並列
represented ⟨in relation to their population⟩, **and** have relatively more voting power
                                                    V   O

⟨than bigger ones⟩. ❹This 'degressive proportionality' is a constitutional principle of the
                        S   V C

a constitutional principle を修飾する分詞
EU, (designed ⟨to reassure smaller states [that they will not be dominated by the
      V   V   O₁   O₂
                         副詞的用法の不定詞

others⟩⟩).

❶EUは大国寄りとも、小国寄りとも表明してはいない。ただ、「加盟国の平等を尊重する」だけである。❷しかし、EUの意思決定の仕組みには、元々備わった小国に有利になるような傾向が実際にある。❸欧州議会における議席や特定多数決による欧州連合理事会における投票では、小国は、その国の人口に対して大きな比率を占めており、大国に比べると、比較的より大きな議決力を持っている。❹この 『逓減的比率』 は、EUの憲法上の原則であり、小国が他国から優位に立たれないように意図されているものである。

EXPLANATIONS

語句リスト▶ equality 名 平等　inbuilt 形 元々備わった、本質的な　bias 名 偏り、偏重
constitutional 形 憲法上の　principle 名 原理、原則

○ パラグラフの要点

---

❶EUは加盟国の平等を尊重する
   ⇕ [However：逆接]（→p.021 ここがポイント！❷）
❷意思決定のシステム→小国が有利になる傾向
↓
❸EU内での議決力→小国の方が人口に対する比率が大きい
  = ❹逓減的比率→小国の議決権を優先するEUの憲法上の原則

5

❶ [In conclusion], the division of member states into smaller units cannot be
　　[結論]　　　S　　　　　　　　　　　　　　　　　　　　　　　　　　V
considered good or bad 〈for the EU as such〉. **❷** It is, 〈on balance〉, neutral.
　　　　　C　　　　　　　　　　　　　　　　　　　　S　V　　　　　　　　　　C

❸ 〈Naturally〉, 〈for individual member states〉, such a development may be good, or bad,
　　　　　　　　　　　　　　　　　　　　　　　S　　　　　　　　　V

may be と may be opposed を並列　　　　　　　　　　　*on the grounds that S+V（S が V するという理由で）*

and may be opposed 〈for various reasons〉. **❹** [But] it can hardly be opposed 〈on the
　　V　　　　　　　　　　　　　　　　　　　[逆接]　S₁　　V₁

　　　　　　　　　　weakens... と is... を並列

grounds that it weakens the EU, or is contrary to the EU's basic principles and interests〉.
　　　　　　S₂　V₂　　O₂　　　　V₂　C₂

❶ 結論として、加盟国がより小さな国へと分裂することは、EU それ自体にとっては、良いとも悪いとも考えることはできない。**❷** あらゆる点から見て、どちらとも言えないのである。**❸** 当然ながら、個々の加盟国にとっては、そのような進展は、良いことかもしれないし、悪いことかもしれない。そして、さまざまな理由で反対をされるかもしれない。**❹** しかし、そのことが EU を弱体化させるとか、EU の基本原理や利益に反するという根拠で反対をすることはほぼできないのである。

語句リスト▶ on balance あらゆる点から見て、結局　neutral 形 どっちつかずの
contrary to 〜　〜に反して

○ パラグラフの要点

- -

❶ [In conclusion：結論] ある EU 加盟国が分裂して二つの加盟国になる

　→ EU にとって＋とも－とも言えない [答え ＝ 筆者の意見・言いたいこと]

　→ **❷** どちらとも言えない [答え ＝ 筆者の意見・言いたいこと]

（→ p.060 ここがポイント！**❺**）

❸ [Naturally：譲歩] 個々の加盟国にとっては＋も－もある

　　　⇕

❹ [But：主張]〔EU の弱体化につながるとは言えない
　　　　　　　　〔EU の原理や利益に反するとは言えない

- -

移民にうんざりするEU!?

「ドイツのための選択肢」「国民連合」「イタリアの同胞」「スウェーデン民主党」「オーストリア自由党」—— これらが何か、わかりますか？ これらはすべて、EU諸国の中にある「反移民政策を掲げる政党」です。

これらは決して小政党ではありません。その多くは議会の大勢力になり、中にはイタリアのように、与党になっている政党まであります（※イタリアのメローニ首相は「イタリアの同胞」党首）。つまり欧州は現在、全体的に「移民にうんざり」し始めているのです。

反移民政策のような、保守的で民族主義的な傾向をもつ政党を「右派政党」と言いますが、最近の欧州では、ユダヤ人排斥を訴えるようなレイシスト（人種差別主義者）丸出しの極右路線よりも、少し抑えた反移民の方が国民の支持を得やすいので、本気で政権を狙う右派政党は「極右よりもやや丸め」の主張をすることが多いです。逆に言えば、その程度の軌道修正で与党の座が狙えるほど、EU市民の心情は反移民に傾いているのです。

しかも、どうやらここに問題の本質があるようなのですが、ここに挙げた全政党が「反イスラーム」も主張しているのです。つまり今欧州は、より正確には、アラブ系移民・難民の急増からくる「欧州のイスラーム化」に危機感を覚えているようなのです。

欧州は、中東・アフリカと地理的に近いうえ、これらの地域には政情不安を抱える国が多いです。そうすると、中東情勢が緊迫化するたびに、欧州には難民・移民が殺到してしまいます。

そしてそのせいで、欧州の多くの都市では非キリスト教的なコミュニティが広がり、いつの間にか「うちの市でいちばん人数が多いのはイスラーム教徒」みたいな都市が増加し、文化的危機意識が高まります。加えて、難民・移民のふりをしたテロリスト（特にシリア難民を装ったISILのメンバー）も紛れ込んできて、欧州各地でテロを仕掛ける。こうなると、これまで積極的に移民を受け入れてきたEU市民も、さすがに「もう移民はたくさんだ！」となってしまいます。

そして2024年、EUはついに「移民の受け入れ厳格化」に舵を切りました。今後移民政策は、各国の独自判断だけでなく、「EU全体の方針」として、審査の厳格化や強制送還の迅速化を進めていくことになります。移民には寛大だと思っていたEUがこうなるとは…。キャパを超えるって、恐ろしいですね。

EXPLANATIONS

WRITING

次の設問を読み、英作文により解答しなさい。

　国や地域を超えたグローバルな視点での協力を行うにあたって、言語はもちろんのこと、国・地域間のさまざまな「違い」が障壁となることが少なくありません。グローバルな協力を行うにあたっての支障となる「違い」を<u>言語以外</u>から一つ選び、それがどんな問題を生じさせるのかを説明した上で、その問題をどのように解決したらよいかまでを、150語程度の英語で具体的に述べなさい。

（琉球大学）

○ 使えるキーワード

- barrier　障壁
- global cooperation　国際協力
- misunderstanding　誤解
- conflict　対立、紛争
- punctuality　時間厳守
- negotiate　交渉する
- mistrust　不信感
- hinder　〜を妨げる
- cultural exchange　文化交流
- foster　〜を育む
- economic disparity　経済格差
- friction　摩擦
- undertake　（仕事など）を引き受ける
- economic strength　経済力
- infrastructure　インフラ
- international organizations　国際機関
- NGOs[＝ non-governmental organizations]　非政府組織

○ 解答例 ❶

> **Introduction** グローバルな協力への障壁の一つ ＝ 文化の違い
>
> **Body** 　問題点　　**文化の違いによる誤解や対立**
> 　　　　　　（例）　ビジネスにおける時間の感覚の違い
> 　　　　　　　　　　→ 時間厳守の文化とそうでない文化
> 　　　　　　（例）　ビジネスにおけるコミュニケーションスタイル
> 　　　　　　　　　　の違い
> 　　　　　　　　　　→ 直接的な物言いを好む文化と
> 　　　　　　　　　　　そうでない文化
>
> 　　　　解決策　　**互いの文化への理解を深める**
> 　　　　　　　　　→ 異文化コミュニケーションの研修や
> 　　　　　　　　　　文化交流プログラム
> 　　　　　　　　　→ 異なる文化や価値観を尊重しようとする姿勢

　One of the highest barriers to global cooperation is differences in culture. Cultures differ from region to region, and these differences can be a source of misunderstanding or even conflict. For example, people in different parts of the world have different senses of time in business. Some cultures consider punctuality to be important, while others consider being late to be polite. There may also be differences in business communication styles. Some cultures prefer to negotiate in a direct manner, while others prefer to use indirect language. These differences can create mistrust and misunderstandings, which could hinder the smooth conduct of business.

　For people from different cultures, it is important to cooperate is to deepen their understanding of each other's culture. One way would be to learn about cultural differences through cross-cultural communication training and cultural exchange programs. It is necessary to foster respect and acceptance of different cultures and values.

(151 words)

グローバルな協力関係を築く上で、最も大きな障壁の一つとなるのが文化の違いだ。文化は地域によって異なり、この違いが誤解や対立のもとになることがある。例えば、ビジネスにおける時間に対する感覚は、世界のさまざまな地域に住む人によって異なる。時間を守ることを重要視する文化もあれば、遅刻することを礼儀と考える文化もある。また、ビジネス上のコミュニケーションスタイルにも違いがあるかもしれない。ある文化では直接的な交渉を好むが、ある文化では間接的な物言いをすることを好むこともある。こうした違いは、不信感や誤解を生み、ビジネスの円滑な遂行に支障をきたす可能性がある。

　異なる文化を持つ人々が協力し合うために大切なことは、お互いの文化に対する理解を深めることだ。異文化コミュニケーション研修や文化交流プログラムを通じて、文化の違いを学ぶのも一つの方法だろう。異なる文化や価値観を尊重し、受け入れる心を育むことが必要だ。

○ 解答例❷

Introduction		グローバルな協力への障壁の一つ ＝ 国家間の経済格差
Body	**問題点**	**経済的発展レベルや市場規模の違いにより起きる摩擦**
	（例）	経済力に大きな違いのある二国間での国際プロジェクト
		→ 技術やインフラの発展度合いに大きな違いがある
		→ プロジェクトの遅延や成果の質の悪化につながるかもしれない
	解決策	**国際機関やNGOが役割を果たさなければならない**
		→ これらの組織による国家間の協力の促進と適切な仕組みの構築
		→ 国家間の障壁を乗り越えることができるはず

One of the most significant barriers to global cooperation is the economic disparity between nations. Different countries and regions may have different levels of economic development and market sizes. This can cause friction in economic cooperation between nations. For example, suppose an international project is undertaken between two countries with very different economic strengths. There will be significant differences in the level of technological and infrastructural development between the countries. This might lead to delays in the project or lead to a deterioration in the quality of the results. This could cause these countries to back away from undertaking major international projects.

In situations like this, international organizations and NGOs must play a role. These organizations should be able to overcome these barriers by promoting cooperation among nations toward common goals and establishing appropriate mechanisms. It is important to seek a world in which these organizations function well.

(148 words)

グローバルな協力関係を築く上で、最も大きな障壁の一つとなるのが国家間の経済格差だ。国や地域によって、経済的な発展レベルや市場の大きさは異なるかもしれない。これは、国家間の経済協力における摩擦を引き起こすことがある。例えば、経済力に大きな違いのある二国間で国際的なプロジェクトを行うとしよう。国家間で、技術やインフラの発展度合いに大きな違いがあるだろう。そのことでプロジェクトの遅延につながったり、成果の質の悪化につながったりするかもしれない。このことが原因で、これらの国は、今後国際的な大きな事業を行うことに後ろ向きになってしまいかねない。

このような状況においては、国際機関やNGOなどが役割を果たさなければならない。これらの組織が、共通の目標に向けた国家間の協力を促進し、適切な仕組みを構築することで、これらの障壁を乗り越えることができるはずだ。これらの組織がうまく機能する世界を模索していくことが重要だ。

SHORT COLUMN

姜ちゃんのいいところ④ 先輩思いである

姜ちゃんは先輩思いだ。先日一緒になんばのもんじゃ焼き屋さんにご飯を食べに行った時、僕が「ここトッピングにカレー粉ないのか〜」と残念がったら、彼は次の回、ポケットにこっそりカレー粉を忍ばせてきてくれた。そして周囲をきょろきょろ窺いながら、僕に小声で「『振れ!』言われたら、いつでも振りますよ」と耳打ちしてくれた。

社会問題

Various Issues in Modern World

Challenging Our Society

トピックのポイントはここだ！

「社会問題」——なんとも漠然としたテーマですが、ここでは「機械に仕事を奪われる日はやってくるのか」「どうすれば父親は育休を取るようになるのか」「若者と高齢者の格差はなぜ生まれるのか」など、他のテーマに収まらなかっただけで、時事的にとてもホットで重要な文章の数々を見ていきましょう。

特に1では「AI（人工知能）」、2では「女性活躍社会」、3では「若者の投票率」などに注目しておくと、今後のために役立つでしょう。なお2の「女性活躍社会」は、本文中に入りきらなかったので、p.113のコラムで詳しく解説しています。すべて皆さんの将来に関わってくるテーマですから、真剣に学んでください。

英語入試ではこう出る！

人間社会には、その社会独特の問題があり、また時代によってその問題は形を変えます。過去における社会問題が述べられた英文が決して出題されないとは言いませんが、圧倒的に出題率が高いテーマは「現代社会」が抱える問題です。

特にここで扱う雇用や若年層の労働力についての問題、またそれに関連したAIの進歩や女性の社会参画などの話題は、英文読解問題で今まさにホットな話題です。

自由英作文でも、2016年から投票権が18歳以上になったことや、少子高齢化を背景とした出産休暇や育児休暇の奨励などに絡めて、若者や女性が活躍できる社会づくりについて問うものが増えてきています。問題意識を持って臨んでいきましょう。

1 ｜ 機械化の進展と 雇用・失業問題

BACKGROUND

AIと人間の未来

ディープ・ラーニング

代替

拡張

　優れた機械の発明は、人間から仕事を奪うのか!? ―― 産業革命期からあるこの議論、ここでは、今後頻出になると思われる「AI（人工知能）」に関して話を進めていきましょう。

　AIは、人間同様の知能を実現させる試みで、人間の知的ふるまいを人工的に再現するだけでなく、自ら学習して進歩する順応性と柔軟性を備えています。その可能性を飛躍的に高めた技術が「ディープ・ラーニング（深層学習）」で、これによりAIは、生き物以外にはできないとされていた対象の「認識・特定・予測」などが可能となったとされます。

　AIに求められる機能は二つあります。一つは「代替」で、これは「人間の代わりに働く」こと、そしてもう一つは「拡張」、これは「人間の

能力を超える」ことです。前者は労働力不足の解消に、後者は新たな価値の創造にと、どちらも非常に有益な機能です。近年では、ChatGPTのような「自然な会話や文章を作れるAI」が出てきたり、絵画や音楽で新アイデアを提供するAIも出てきました。こういうクリエイティブな能力を持つAIを「生成AI」といいます。

AIが人間の仕事を奪う日？

AIによる労働力代替
シンギュラリティ
AI時代の人間の役割

　しかし、ここまで有能だと、やはり冒頭の議論の話が出てきます。労働力不足の解消も、行き過ぎると雇用を圧迫しますし、有能さも度を過ぎると、人間不要論につながりかねません。AIの能力が、すべての面で人間を上回る転換点を「シンギュラリティ（技術的特異点）」と言いますが、発明家カーツワイルは、それが2045年頃になるだろうと指摘しています。また、日本の野村総合研究所は2015年に、10〜20年後には、日本の労働力人口の49％はAIやロボットで代替可能になるだろうと発表しています。

　今後の対策として指摘されているのは、コミュニケーションや交渉術、想像力など「AIが苦手とするスキルを身につける」ことや、AIに関する知識を身につけ、AIを「使う側の人間」になることなどです。つまりは「人間ならではの能力を磨け」ということですが、容赦なく進歩し続けるAIが、今後どのくらい人間ならではの分野を残してくれるのかは分かりません。ひょっとすると私たちよりも話芸の達者な「カリスマAI予備校講師」だって誕生するかもしれません。嫌な時代になったものです。

次の英文を読み、あとの問いに答えなさい。

1 ❶ The debate over how technology influences jobs is as old as the industrial era itself. ❷ In the second decade of the nineteenth century, a group of English textile workers protested the introduction of spinning frames* and power looms**, machines of the early Industrial Revolution that threatened to leave them without jobs. ❸ Since then, each new burst of technological progress has brought another wave of concern about a possible mass displacement of human labor.

2 ❶ On one side of the debate are those who believe that new technologies are likely to replace workers. ❷ In 1930, after the spread of electricity and the motor car engine, one economist predicted that such innovations would lead to an increase in material prosperity but also to widespread unemployment. ❸ At the beginning of the computer era, in 1964, a group of scientists and social theorists warned that automation results in improving the productive capacity, requiring progressively less human labor. ❹ On the other side are those who say that workers will be just fine. ❺ They point out that real wages and the number of jobs have increased relatively steadily throughout the industrialized world even as technology has advanced like never before.

3 ❶ In 1983, the Nobel Prize-winning economist Wassily Leontief highlighted the debate through a clever comparison of humans and horses. ❷ For many decades, horse labor appeared unaffected by technological change. ❸ Even as railroads replaced the stagecoach and the Conestoga wagon***, the U.S. horse population grew seemingly without end. ❹ The animals were vital not only on farms but also in the

country's rapidly growing urban centers. ❺But then, with the introduction and spread of the powerful and efficient engine, the trend was rapidly reversed. ❻As engines found their way into automobiles in the city and tractors in the countryside, horses became largely irrelevant. ❼Then, the question is whether a similar outcome is possible for human labor. ❽Are autonomous machines and supercomputers indicating a coming wave of technological progress that will finally sweep humans out of the economy? ❾For Leontief, the answer was yes. ❿However, he missed a number of important points. ⓫Humans, fortunately, are not horses and remain an important part of the economy.

4 ❶Alfred Marshall, a British economist, in his foundational 1890 book, *Principles of Economics*, said, "Human wants and desires are countless in number and very various in kind." ❷Ever since Marshall, people have linked unlimited wants to full employment. ❸After all, who else but workers will be able to fulfill all those wants and desires? ❹We humans are a deeply social species, and the desire for human connections carries over to our economic lives. ❺We come together to appreciate human expression or ability when we attend plays and sporting events. ❻Regular customers often visit particular restaurants, not only because of the food and drink, but because of the hospitality offered. ❼In these cases, human interaction is central to the economic transaction, not incidental to it. ❽Humans have economic wants that can be satisfied only by other humans, and that makes us deny that we will go the way of the horse.

*spinning frames：紡績機 　　　　**power looms：動力織機
***Conestoga wagon：大型幌馬車

（関西学院大学）

英文の内容に関する1〜4の質問に対して、最も適切なものを1〜4の中から一つ選びなさい。

1 Which of the following is true regarding the impact of technology on employment?

1 It began in the late 19th century in England, when textile workers opposed the Industrial Revolution.

2 It was a major cause of the emergence of various machines of the early Industrial Revolution.

3 That argument had been made over and over again even before the Industrial Revolution took place.

4 With each new technological advancement, there has been a recurring debate about technology replacing humans.

2 Which of the following opinions is true about the debate over the impact of technology on employment?

1 No matter how much new technology advances, no experts believes it will replace human labor.

2 Some believe that no matter how much progress is made in technology, there will be no significant change in the number of jobs.

3 Some predict that employment will be maintained because there is a limit to how much automation can increase productivity.

4 Some think that technology, such as electricity and automobile engines, will make life better and increase employment.

3 For what purpose did Wassily Leontief compare humans with horses?

1 To show that horse labor was affected by technological progress, but that human labor was unlikely to be affected.

2 To show that human labor would be affected by technological progress, while horse labor was not.

3 To show that it was inconceivable that horse labor and human labor would suffer the same fate.

4 To show that technological progress might lead to the same fate for human labor as it did for horses.

4 **According to the text, why do we suppose that human labor will not disappear in the future?**

1 Because humans have economic needs that can only be met by other humans.

2 Because human beings have unlimited desires that cannot be automated by machines.

3 Because in the hospitality industry, such as restaurants, food must be prepared by human hands.

4 Because we can only be moved by the power of human expression, not by that of machines.

○ **さらに覚えておきたいキーワード＋10　～雇用・失業問題～**

- AI (artificial intelligence) 名 人口知能
- logistics 名 物流
- machine learning 名 機械学習
- manual labor 名 単純労働
- mass production 名 大量生産
- occupation 名 職業
- overwork 名 過労
- retail 名 小売り
- robotics 名 ロボット工学
- standardization 名 標準化、規格化

ANSWERS

1 ④ 2 ② 3 ④ 4 ①

1 科学技術が雇用に与える影響の議論について、次のうち正しいものはどれか?

1 19世紀後半、イギリスで繊維労働者が産業革命に反対した時に始まった。

1の❷文より、繊維労働者が反対したのは紡績機や動力織機の導入であり、かつ議論の始まりとなったとも読み取れない。

2 産業革命初期のさまざまな機械が登場する大きな原因となった。

1の❷文より、繊維労働者たちが機械の導入に抗議したのであって、機械が登場するきっかけになったわけではない。

3 産業革命が起こる以前から、その議論は何度も繰り返されてきた。

1の❶文より、産業革命と同じくらい昔からあるものとは分かるが、それ以前に繰り返されていたとは書かれていない。

4 新しい科学技術の進歩のたびに、科学技術が人間を代替するという議論は繰り返されてきた。

1の❸文の内容と一致。

2 科学技術が雇用に与える影響の議論について、次の意見のうち正しいものはどれか?

1 新たな科学技術がどれだけ進歩しても、人の労働力に取って代わると考えている専門家はいない。

2の❶文より、一部の専門家はそう思っているため、正しくない。

2 科学技術がどれだけ進歩をしても、雇用数に大きな変化はないだろうと考えている人もいる。

2の❹・❺文の内容に一致する。

3 自動化による生産力の向上には限界があるので、雇用は維持されると予測している人がいる。

2の❸文に、自動化による生産力の向上が雇用の減少につながるという予測が紹介されている。加えて、生産力の向上の限界については言及されていない。

4 電気や自動車エンジンなどの科学技術によって、暮らしが豊かになり、雇用が
増えると考える人がいる。

2の**❷**文で、電気や自動車エンジンなどの科学技術は、暮らしを豊かにするものであり、また雇用を減少さ
せる原因として述べられているため、正しくない。

3 ワシーリー・レオンチェフが人間と馬を比較した目的は何か?

1 馬の労働力は科学技術の進歩の影響を受けたが、人間の労働力は影響を受ける
可能性は低いと示すこと。

3の**❼**・**❽**・**❾**文より、人間の労働力も影響を受けると彼は考えているので、本文と不一致。

2 人間の労働力は科学技術の進歩の影響を受けるだろうが、馬の労働力は影響を
受けなかったことを示すこと。

3の**❺**・**❻**文に、馬の労働力が科学技術の進歩によって影響を受けたとあることと不一致。

3 馬の労働力と人間の労働力が同じ運命をたどるとは考えられないことを示すこ
と。

3の**❾**文にあるyesが「馬と人間が同じ運命をたどるかどうか」へのレオンチェフの答えなので不一致。
inconceivableは「想定できない、考えられない」の意。

4 科学技術の進歩が、人間の労働力にも馬と同じ運命をもたらす可能性があると
示すこと。

3の**❺**~**❾**文の内容に一致。

ANSWERS

4 本文によると、なぜ人間の労働力が今後もなくなることはないと考えられるの
か?

1 人間には、他の人間によってしか満たされることのない経済的欲求があるから。

4の**❽**文の内容と一致。

2 人間には、機械では自動化できない無限の欲望があるから。

欲望を自動化することについては述べられていない。

3 レストランなどの接客業では、料理は人の手によって作られなければならない
から。

4の**❻**文に、接客にこそ人が必要と述べられているが、料理を作る側については言及されていない。

4 私たちが感動できるのは、機械の力ではなく、人間の表現力によってだけだか
ら。

4の**❺**文に人間の表現力についての言及はあるが、内容がまったく無関係。

1

❶The debate (over how technology influences jobs) is as old 〈as the industrial era
itself〉. ❷〈In the second decade of the nineteenth century〉, a group of English
textile workers protested the introduction (of spinning frames* and power looms**),
machines of the early Industrial Revolution (that threatened to leave them without
spinning frames and power loomsと同格　　　関係代名詞のthat
jobs). ❸〈Since then〉, each new burst (of technological progress) has brought another
wave of concern (about a possible mass displacement of human labor).

同等比較

❶科学技術が雇用にどのように影響するかという議論は、産業革命の時代と同じくらい古くからある。❷1810年代、イギリスの繊維労働者たちが、彼らを失業させる恐れのあった産業革命初期の機械である紡績機や動力織機の導入に抗議した。❸それ以降、新たに科学技術の進歩が起こるたびに、人間の労働力が大量に解雇される可能性を懸念する声が上がった。

語句リスト　decade 名 10年間、（10年を区切りとする）〜年代　protest 動 〜に抗議する
the Industrial Revolution 名 産業革命　technological progress 名 技術的進歩
displacement 名 解雇、解職　labor 名 労働

○ パラグラフの要点

❶科学技術の雇用への影響についての議論　→　産業革命の時代から
　→　❷[具体例]1810年代の繊維労働者たちが機械の導入に抗議
　　　　　　　　　　　　　　　　　= 雇用喪失への恐れ
　↓
❸科学技術の進歩が起こるたび、雇用喪失への懸念の声

2

❶〈On one side of the debate〉 are those (who believe [that new technologies are
likely to replace workers]). ❷〈In 1930〉, 〈after the spread of electricity and the
motor car engine〉, one economist predicted [that such innovations would lead 〈to an
increase in material prosperity〉 but also 〈to widespread unemployment〉]. ❸〈At the
to an increase...とto widespread unemploymentを並列

beginning of the computer era⟩, ⟨in 1964⟩, a group of scientists and social theorists
S₁

warned [that automation results in improving the productive capacity, ⟨requiring
V₁   O₁   S₂   V₂   O₂

automation ... capacityを意味上の主語とする分詞構文

progressively less human labor⟩]. ❹⟨On the other side⟩ are those ⟨who say [that workers
V₁   S₁   V₂   O₃   S₃

will be just fine⟩). ❺They point out [that real wages and the number of jobs have
V₁   C₃   S₁   V₁   O₁   S₂   V₂

increased ⟨relatively steadily⟩ ⟨throughout the industrialized world⟩ ⟨even as

時を表すas節

technology has advanced like never before⟩].
S₃   V₃

❶議論の一方にいるのは、新たな科学技術が労働者に取って代わると考える人々だ。❷1930
年、電気や自動車エンジンが普及した後、そのような科学技術の革新によって物質的にはより豊
かになるだろうが、失業の拡大にもつながるだろうと、ある経済学者は予測した。❸コンピューター
時代が始まった1964年には、自動化によって生産能力は向上し、その結果、人間の労働力は
次第に減っていくだろうと、科学者や社会理論家のグループが警告した。❹もう一方にいるのは、
労働者は大丈夫だと言う人たちだ。❺科学技術がこれまでにないほど進歩したにもかかわらず、産
業界全体では、実質的な賃金も就職口の数も、比較的安定して増えていると彼らは指摘してい
る。

語句リスト▶ innovation 名 革新　prosperity 名 繁栄　unemployment 名 失業
automation 名 自動化　productive capacity 名 生産能力　wage 名 賃金
industrialized 形 産業化された

○ パラグラフの要点

❶[On one side of the debate] 新たな科学技術が人間の労働力に取って代わる

(→p.021 ここがポイント！❷)

→ ❷[具体例] 1930年のある経済学者の予測 (→p.038 ここがポイント！❸)

＝ 電気や自動車エンジンの普及で失業が拡大する

対比

→ ❸[具体例] 1964年の科学者や社会理論家の警告

＝ 自動化による生産能力の向上により、人間の労働力が減少する

❹[On the other side] 労働者は大丈夫

→ ❺ 産業界全体では賃金も就職口も安定して増えている

3

❶〈In 1983〉, the Nobel Prize-winning economist Wassily Leontief highlighted the debate 〈through a clever comparison of humans and horses〉. ❷〈For many decades〉, horse labor appeared unaffected 〈by technological change〉. ❸〈Even as railroads replaced the stagecoach and the Conestoga wagon***〉, the U.S. horse population grew seemingly 〈without end〉. ❹The animals were vital not only 〈on farms〉 but also 〈in the country's rapidly growing urban centers〉. ❺But 〈then〉, 〈with the introduction and spread of the powerful and efficient engine〉, the trend was rapidly reversed. ❻〈As engines found their way 〈into automobiles in the city and tractors in the countryside〉〉, horses became largely irrelevant. ❼〈Then〉, the question is [whether a similar outcome is possible for human labor]. ❽Are autonomous machines and supercomputers indicating a coming wave of technological progress 〈that will finally sweep humans out of the economy〉? ❾〈For Leontief〉, the answer was yes. ❿However, he missed a number of important points. ⓫Humans, 〈fortunately〉, are not horses and remain an important part of the economy.

❶1983年、ノーベル賞受賞者の経済学者ワシーリー・レオンチェフは、人間と馬を巧みに比較することで、この議論を浮き彫りにした。❷何十年もの間、馬の労働力は科学技術の変化に左右されないように見えた。❸鉄道が駅馬車や大型幌馬車に取って代わっても、米国の馬の数は際限なく増加しているように思えた。❹馬は農場だけでなく、急速に成長するアメリカの都市部でも欠かせない存在であった。❺しかしそれから、強力で効率的なエンジンの登場と普及により、その傾向は急激に逆転した。❻都市部では自動車に、田舎ではトラクターにエンジンが搭載されるようになり、馬の存在は大部分において不要になったのだ。❼そこで、問題は、人間の労働力についても同じような結果が得られるかどうかである。❽自律型機械やスーパーコンピューターは、いよいよ人間を経済から追い出す科学技術の進歩による波を示しているのだろうか。❾レオンチェフにとっては、その答えはイエスであった。❿しかし、彼はいくつかの重要な点を見落としていた。⓫幸いにも、人間は馬ではないため、経済の重要な担い手であり続けている。

語句リスト railroad 名 鉄道　efficient 形 効率的な　trend 名 傾向、風潮
automobile 名 自動車

◎ パラグラフの要点

❶［具体例］1983年のワシーリー・レオンチェフによる人間と馬の比較
　　　（→p.038 ここがポイント！❸）

→ 馬 ＝ ❷科学技術の変化に左右されないように見えた

　　　　❸鉄道が出現しても馬の数は増加しているように見えた
　　　　❹農場だけでなく都市部でも欠かせない存在だった
　　　　⇧
　　　　❺［But：逆接］強力で効率的なエンジンの普及で事態は逆転
↓　　　　→ ❻馬の労働力が不要になっていった

人間 ＝ ❼似た結末が人間にもありえるのか
　　　　❽コンピューターの進歩が人間を失業へ追いやるのか？
　　　　　　　　　　［疑問 ＝ 筆者からの話題の提示］
　　　　　　　　　　　　（→p.060 ここがポイント！❺）

　　　　❾レオンチェフの答えはイエス
　　　　❿［However：逆接］彼は重要な点を見落としている
　　　　　　→ ⓫人間は馬と違い、経済の重要な一部である
　　　　　　　　　　　［答え ＝ 筆者の意見・言いたいこと］

4　❶Alfred Marshall, a British economist, ⟨in his foundational 1890 book, *Principles*
　　S₁　　　　Alfred Marshallと同格　　　　　　　　his foundational 1890 bookと同格
of Economics⟩, said, [“Human wants and desires are countless ⟨in number⟩ and
　　　　　V₁　O₁　S₂　　　　　　　　V₂　C₂　　　　　　　　countless ...とvery various ...を並列
very various ⟨in kind⟩”]. ❷⟨Ever since Marshall⟩, people have linked unlimited wants
　C₂　　　　　　　　　　　　　　　　　　　S　　V　　O
⟨to full employment⟩. ❸After all, who else (but workers) will be able to fulfill all those
　　　　　　　　反語〈〜だろうか。いや、〜ない。〉　S　前置詞〈〜を除いて〉のbut　　V
　　　　　　　　　　　　　［根拠］
wants and desires? ❹We humans are a deeply social species, and the desire (for human
　　O　　　　　S　　V　　　　　C　　文と文を並列
connections) carries over ⟨to our economic lives⟩. ❺We come ⟨together⟩ ⟨to appreciate
　　　　　V　　　　　　　　　　　　　　　S₁　V₁　　　　　目的を表す副詞的用法
human expression or ability ⟨when we attend plays and sporting events⟩⟩. ❻Regular
　　　　　　　　時を表すwhen節　　　S₂　V₂　　O₂　　　　　　　S

customers ⟨often⟩ <u>visit</u> particular restaurants, <u>not only</u> ⟨because of the food and drink⟩,
　　　　　V　　 O
　　　　　　　　　　　　　　 not only A but (also) B（AだけでなくBも）
but ⟨because of the hospitality ⟨offered⟩⟩. ❼⟨In these cases⟩, <u>human interaction</u> <u>is</u>
　　　　　　　 the hospitalityを修飾する分詞　　　　　　　　　　 S　　　　　　 V
<u>central</u> ⟨to the economic transaction⟩, <u>not</u> <u>incidental</u> ⟨to it⟩. ❽<u>Humans</u> <u>have</u> <u>economic</u>
　C　　　　　　　　　　　　 B, not A（AではなくB）　 C　　　 S₁　　 V₁　　 O₂
<u>wants</u> (<u>that</u> <u>can be satisfied</u> ⟨only by other humans⟩), <u>and</u> (<u>that</u> makes us deny [that we
関係代名詞のthat V₂　　　　　　　　　　　　　　　　 文と文を並列　 denyの目的語になる名詞節を導くthat
will go the way of the horse]).

❶英国の経済学者、アルフレッド・マーシャルは、1890年に出版された彼の主著『経済学原理』の中で、「人間の欲求と欲望は数に限りがなく、種類も非常に多様である」と述べた。❷マーシャル以降ずっと、人々は無限の欲望と完全雇用を結びつけてきた。❸そもそも、労働者以外の誰が、それらの欲求や欲望を満たすことができるのだろうか？　❹私たち人間は根本的に社会的動物であり、人とつながりたいという欲求は、経済生活にも持ち込まれる。❺私たちが演劇やスポーツイベントに行く時には、人間の表現力や能力を鑑賞するために集まっている。❻常連客は、料理や飲み物だけでなく、そこで提供されるもてなしを理由に特定のレストランを訪れることが多い。❼このような場合、人と人との交流は経済取引の中心であり、副次的な事柄ではないのだ。❽人間には、他の人間によってしか満たされない経済的欲求があり、だからこそ、馬と同じ道はたどらないだろうと言えるのである。

語句リスト▶ species 名（生物の）種　 carry over 動 持ち越す、引き継ぐ
hospitality 名 もてなし、厚遇　 incidental 形 付随的な　 transaction 名 取引

○ パラグラフの要点

❶1890年のアルフレッド・マーシャルの著書『経済学原理』
　　→「人間の欲求と欲望は際限がなく多様である」（→p.038 ここがポイント！❸）
↓
❷人間の無限の欲望は完全雇用と結びつく
❸労働者以外にこの欲望を満たすことができるか？［反語 = 筆者の主張］
　　→ ❹人間の社会性 = 経済生活につながるもの
　　　　┌・❺演劇やスポーツイベント　→　人間の表現力や能力を鑑賞するもの
　　　　└・❻レストランの常連客　→　もてなしを期待して通う
　　→ ❼人間の交流は経済取引の中心となるもの
↓
❽人間には他の人間によってしか満たされない経済的欲求がある
　　→　馬と同じ道はたどらない

AIに負けるな！

日本の労働力不足やGDPの減少を抑えるためにも、これからはAI（人工知能）の時代だ、という話が出てきています。でもこれ、いやな流れですね。たぶん何でもできるようになりますよ、AI。AIには「学習能力と順応性」があるから、いつの間にか仕事も気配りも愛想笑いもこなすようになり、挨拶も「オハヨウゴザイマス」から「寒いっすね」になって、最終的には私たちの方が不要になるわけです。

こいつらを野放しにしとくのは危険です。労働力不足解消どころか、私たちから仕事を奪ってしまいます。できることなら闇に葬りたい。でもそうするとGDPが…。何かいい手はないでしょうか？

というわけで、「AIに奪われない仕事」は何か、考えてみましょう。

まずは姜君のやっている「予備校の英語講師」ですが、これはダメです。英語講師がChat GPTが進化したら、すぐ不要になります。というわけで、まず姜君が、人類で最初に瞬殺されました。

では私の「予備校の政経講師」はどうかというと、これもダメです。政経講師なんて新聞の代読屋みたいなもんですから、いい声のAIに情感たっぷりに時流を語られたら、私なんて即クビです。というわけで私も瞬殺。不本意ながら、姜君の隣に横たえられてしまいました。

では一体、どんな職種が生き残れるのかというと、それは「AIが苦手とするスキルを身につけた人」です。ちなみにAIの苦手とするスキルとは、「コミュニケーション・交渉・柔軟性・想像力」など。つまりAIの弱点は「心の領域」に集中しているのです。ならば皆さんは、そういう仕事をめざしましょう。例えばAIは「空気を読むのがヘタ」みたいですから、人間の感情変化や駆け引き、本音とタテマエの見極めが求められる職業（カウンセラーや弁護士、営業マン、看護師や介護士など）に就けば、その仕事は奪われにくいでしょう。

あるいは想像力という点なら、クリエイターや文学者、芸術家などになるのもありです。さらにはスポーツ選手や芸能人など、人間の営みでないと感動を生まないものも、代替されにくい職業でしょう。そういう仕事に就けば、皆さんは私と姜君の隣に横たえられずに済みます。

それよりも、私も姜君も、もっと生徒の「心に寄り添える」講師にならないと。皆さんから「AI先生最高！」「姜マジ最悪」「心はAI以下の蔭山」なんてSNSに書き込まれたら、しゃれになりません。私たちも頑張りますね。

WRITING

086

次の英文を読み、英作文により解答しなさい。

As Artificial Intelligence (AI) becomes available, more and more companies will probably try to cut their operating costs by using machines instead of human workers whenever possible. Give your opinion of the influence of AI in our lives and communities in coming years. Write an essay of about 120 words in English.

（静岡大学）

◉ 使えるキーワード

- work(ing) environment　労働環境
- automate　〜を自動化する
- labor market　労働市場
- data entry　データ入力
- assembly line　組み立てライン
- job opportunity　雇用機会
- human skill　ヒューマンスキル、人間力
- raise　〜を提起する　＝　pose
- ethical　倫理的な
- privacy　プライバシー
- human rights　人権
- societal values　社会的価値　＝　social values
- regulation　規制
- guideline　ガイドライン
- standard　基準

◎ 設問の日本語訳

人工知能（AI）が利用されるようになるにつれ、可能な限り人間の労働者の代わりに機械を使って経営コストを削減しようとする企業が増えると思われる。今後の私たちの生活や地域社会におけるAIの影響について意見を述べなさい。英語で120語程度の作文をすること。

◎ 解答例 ❶

Introduction	AIは今後、私たちに大きな影響を与える → 労働環境において特に顕著
Body	AIによる仕事の自動化 特定作業で人間の労働者に取って代わる →［具体例］データ入力や組み立てライン
	特定分野での人間の労働者の需要の減少
Conclusion	歴史上、技術の進歩は新しい雇用につながってきた → 人間のスキルが必要とされる仕事がある

AI has the potential to significantly impact our lives and communities in coming years. I believe that the impact will be especially noticeable in the work environment.

AI could automate certain tasks and replace human workers in various industries. This could lead to job displacement and changes in the labor market. For example, tasks like data entry or assembly line work could be automated. This could potentially decrease the demand for human workers in these specific areas.

However, it's worth noting that, throughout human history, technological advancements have often resulted in the creation of new job opportunities because tasks that can be automated are replaced with new tasks that require human skills.

(112 words)

AIは今後、私たちの生活や地域社会に大きな影響を与える可能性がある。そして、その影響は特に労働環境において顕著に現れると私は考えている。

　AIによって特定の作業が自動化され、さまざまな産業で人間の労働者に取って代わる可能性がある。このことによって、雇用が奪われ、労働市場が変化する可能性がある。例えば、データ入力や組み立てライン作業などの仕事は自動化することができる。このことは、これらの特定分野における人間の労働者の需要を低下させるかもしれない。

　しかし、自動化できる仕事は人間のスキルを必要とする新しい仕事に置き換わるため、人類の歴史上、技術の進歩はしばしば新たな雇用機会を生み出してきたということは注目に値する。

○ 解答例 ❷

Intro	AIの広がりによる倫理的問題 → プライバシーとAIの正しい使用の問題
Body	❶ AIは個人情報へのアクセスや分析が可能 　→ プライバシー権が侵害される恐れ
	❷ AIによる有害な結果を回避するような開発 　→ ［具体例］プログラミングのミスが深刻な被害につながる 　　　　　　可能性がある
Conclusion	強力な規制と倫理的なガイドラインの必要性 → AIの開発と応用のプロセスを管理 → 倫理的規制を遵守することによる安全な未来へ

　The expansion of AI in our daily lives is growing, and this is raising critical ethical questions. These primarily involve privacy and the correct use of AI.

　AI systems can access and analyze private information, which potentially threatens our privacy rights. Furthermore, AI must be developed with caution to avoid any harmful consequences. For instance, any programming error could result in serious accidents, which might endanger lives and cause significant property damage.

　To protect human rights and maintain societal values, we must establish strong regulations and ethical guidelines. These would be able to control the process of AI development and its application. Therefore, it is crucial to ensure that ethical standards are observed in AI for a secure and respectful future.

(121 words)

　私たちの日常生活におけるAIの普及が進んでおり、これによって重大な倫理的問題が生じている。これらは主にプライバシーとAIの正しい使用に関するものである。

　AIシステムは個人情報にアクセスし、分析することができるため、私たちのプライバシー権を脅かす可能性がある。さらに、AIが有害な結果を招かないように、慎重に開発されなければならない。例えば、プログラミングのミスにより重大な事故が発生し、人命が危険にさらされたり、大きな物的損害が発生したりする可能性がある。

　人権を守り、社会的価値を維持するためには、強力な規制と倫理的ガイドラインを確立する必要がある。これらは、AIの開発とその応用のプロセスを管理することができるだろう。したがって、安全で尊重のある未来のために、AIにおいて倫理的基準が遵守されるようにすることが極めて重要である。

2 ｜ 父親の育児休業

BACKGROUND

日本の育休制度と諸外国との比較

育休取得率
パパ・クオータ制
パートナー月

　驚きの事実をお教えします。日本は2021年、先進国の育休ランキングで、なんと1位に輝いたのです。理由は「父親に認められた育休期間が最も長い（原則1年）から」です。

　にもかかわらず、1で指摘した通り、日本は男性育休〝取得率〟が低いです。これ、育児介護休業法の不備以外に、何か理由があるのでしょうか？　諸外国と比較して原因を探ってみましょう。

　フランスの男性育休取得率は、ほぼ100％です。なぜならフランスでは、2021年より男性の育休を「義務化」したからです（最低7日間）。違反企業には罰金が科せられます。

　ノルウェーの男性育休取得率は、約90％です。ノルウェーでは1993

年より「パパ・クオータ制」が導入され、育休の一定期間を男性に割り当て、拒むと権利が消滅します。

　スウェーデンの男性育休取得率は、80%超です。これは、両親に与えられる育休期間480日のうち、相手に譲れない日数（つまり事実上の男性育休取得日数）を90日設けているためです。

　ドイツの男性育休取得率は、約35%です。これは所得保障期間を工夫したおかげです。ドイツでは2007年より「パートナー月」を導入し、片親取得だと所得保障12か月のところを、両親取得なら14か月としました。これにより、多くの男性が2か月の育休（これがパートナー月）を取得するようになったのです。

男性の育休取得率を上げるには

育休の「義務化」
職場環境
異次元の少子化対策

　いかがでしょう。結局、お金で釣るドイツ方式よりも、男性の育休を「義務化」したフランスやノルウェーの方が、取得率改善にははるかに効果的だったのです。日本には「男性が育休を取りにくい職場環境」があり、これは放置しても改善されません。ならばこの際、日本も義務化に舵を切るのがいいように思います。

　2023年、岸田内閣は「異次元の少子化対策」を打ち出しました。経済的支援・子育て家族向けサービスの拡充・働き方改革を三本柱とするものですが、そこに男性育休の義務化が加わるとより効果的であることを、諸外国の結果が示しています。

次の英文を読み、あとの問いに答えなさい。

1 ❶Swedish Ambassador to Japan Pereric Hoegberg encourages more Japanese fathers to take advantage of the country's "very good" paid-leave system and devote themselves to child care, an experience he believes would lead them to becoming better workers back at the office.

2 ❶The 52-year-old ambassador, who has taken such leave himself for his own children, ages 16 and 18, suggests that being an independent caregiver and keeping some distance from the mother, based on mutual trust and close communication, could be key to a fulfilling childcare.

3 ❶"I think it's important for equality (in a relationship) that it is not one person telling the other what to do, but equality is also about communication, responsibility," Hoegberg says.

4 ❶"I think men should be careful so that they don't make it too easy for themselves (when child-rearing). ❷Do what you think is right and find your own way," he says. ❸"I also think it's important to push the mother out a little bit."

5 ❶"If I asked my wife for advice, she got a bit upset; she felt I should decide," he adds.

6 ❶Hoegberg, who comes from a country where over 90 percent of fathers take paternity leave, says it is "surprising" that few men in Japan take advantage of what he calls a "very good system."

7 ❶In Japan, male and female employees can retain 67 percent of their monthly wage for up to 180 days from the start of parental leave and 50 percent after 181 days until the child turns 1 year old, with extensions allowed until the child becomes 2 years old under certain conditions.

8 ❶The United Nations Children's Fund said in a June 2019 report that out of 41 high- and middle-income countries, Japan offered the longest full-rate equivalent paternity leave at 30.4 weeks.

9 ❶But while the government aims to raise the ratio of male employees taking childcare leave in the private sector to 13 percent by the end of next March and 30 percent by fiscal 2025, the level in fiscal 2018 was well below the target at 6.16 percent.

10 ❶"It's good for the economy to get more women out in the workforce," the ambassador says of Japan. ❷"More bosses need to let the fathers take paternity leave and maybe more mothers need to proudly say 'I am working, my husband or partner is home with a child.'"

11 ❶While Hoegberg said that during paternity leave he talked about everything with his wife and they helped each other out, "She didn't tell me what to do, what to cook, what to do during the day."

12 ❶"It was my responsibility and I felt the same way when she was home. ❷She did what she needed to do. ❸So it's a lot of communication and trust," he says.

13 ❶ Hoegberg revealed an "accident" during his paternity leave taught him about taking full responsibility for his child. ❷ One day, he found his 10-month-old daughter had fallen off a bed at home. ❸ Troubled by her crying, he called his wife at work and said, "She fell, what should I do?" ❹ His wife answered, "I don't know, I've never been a parent before. You sort it out," leaving Hoegberg to think and act for himself.

14 ❶ In Sweden, parents are given 480 days of leave per child, but it is not possible for one parent to take up all of the days. ❷ Of the 480 days, 90 are given to the father.

15 ❶ Although it is for a shorter period than for mothers, the ratio of fathers taking childcare leave surpasses 90 percent, the ambassador says.

16 ❶ Hoegberg says he learned a lot about himself by spending time with his children at home, which required him to be attentive the whole time and deal with "mess everywhere."

17 ❶ He firmly believes that workers can become better bosses from the experience. ❷ "I think men that have been home with children are better bosses. ❸ Why? ❹ Because they have to think in new and creative ways," he says. ❺ "You cannot have a manual when you raise a child. ❻ You need to be flexible, you need to come up with new ideas, you need to change the plans and all these things are also very important skills in work life and private life."

18 ❶ "It's easier to be a Swedish ambassador than to take care of a child," he says with a smile.

（岡山大学）

英文の内容に関する1〜5の質問に対して、最も適切なものを1〜4の中から一つ選びなさい。

1 Why does Pereric Hoegberg encourage more Japanese fathers to take paid leave and engage in child rearing?

1 Because it enables them to spend more time with their wife and children.

2 Because it ultimately makes them feel more inclined to return to work.

3 Because the experience of childcare could make them better workers.

4 Because they take fewer days off compared with Swedish fathers.

2 What is Hoegberg's perspective on a fathers' role in childcare and relationship with his wife?

1 Childcare should be based on mothers giving instructions to fathers in trouble.

2 Equality in child rearing involves communication, responsibility, and finding one's own way.

3 Fathers should always rely on the mother's advice when taking care of children.

4 Relationship equality can be achieved only through sharing responsibilities in childcare.

3 Which of the following is true for the current status of Japan's paternity leave?

1 Employees on paternity leave can receive 67% of their salary throughout the leave.

2 Few Japanese men are aware of the benefits of the paternity leave system.

3 Paternity leave in Japan is too short and not long enough to raise children.

4 The percentage of Japanese fathers taking childcare leave is relatively low.

4 **Which of the following is true for the ambassador during his paternity leave?**

1 The ambassador communicated closely with his wife and learned to take full responsibility for his child.

2 The ambassador struggled to balance his work responsibilities with taking care of his child.

3 The ambassador's wife constantly provided him with detailed instructions for parenting tasks.

4 The ambassador's wife was initially hesitant about him taking paternity leave for a long time.

5 **What does the passage suggest about men who have spent time at home taking care of children?**

1 They are exceptionally skilled in managing cultural differences due to their experiences.

2 They are more likely to be good ambassadors because of their parenting skills.

3 They excel in following rigid plans and schedules both at home and in work life.

4 They tend to approach childcare with more flexibility, which is useful at work as well.

◎ さらに覚えておきたいキーワード+10　〜育児休業〜

- custody 图 親権

- foster parent 图 養親

- guardian 图 保護者

- newborn 图 新生児

- peer pressure 图 同調圧力

- social welfare 图 社会福祉

- spouse 图 配偶者

- subsidy 图 補助金、助成金

- work benefits 图 労働給付

- work re-entry 图 職場復帰

ANSWERS

| 1 | **3** | 2 | **2** | 3 | **4** | 4 | **1** | 5 | **4** |

1 なぜペールエリック・ヘーグベリは、もっと多くの日本の父親が有給休暇を取得し育児に従事するよう奨励するのか?

1 そのことで妻や子どもとより時間を過ごせるようになるから。

2 そのことで最終的に仕事へ戻りたいとより思うようになるから。

3 育児の経験によって、より優れた労働者になれるかもしれないから。

4 スウェーデンの父親たちに比べて、休暇を取る日数が少ないから。

1について問う設問。内容と合致するのは3の選択肢。1と2と4は本文に言及されていない。

2 父親の育児における役割や妻との関係について、ヘーグベリはどのように考えているか?

1 育児は母親が困った父親に指示を出すことが基本であるべきだ。

3の❶文に不一致。

2 育児における平等とは、コミュニケーション、責任、自分のやり方を見つけることを伴う。

3の❶文にコミュニケーションと責任について、4の❷文に自分のやり方を見つけることが述べられているので内容に合致する。child rearing は「育児」の意。

3 父親は、育児をする時に母親の助言を常に頼りにすべきである。

2の❶文に、自立することと母親から距離を取ることが述べられており、また5の❶文でも妻に助言を求めるのではなく自分で決断すべきであると述べられている。よって、本文の内容と不一致。

4 育児の責任を分担することでしか、人間関係の平等は達成できない。

2の❶文や3の❶文に、責任の分担だけでなく、各自が独立すべきであるとも述べられていることと不一致。

3 日本の男性の育児休暇の現状について、次のうち正しいものはどれか?

1 育児休暇を取得した男性社員は、休暇を取っている間ずっと給与の67%を受け取ることができる。

7の❶文より67%の手当は最大180日間であるため、本文の内容と不一致。

2 育児休暇制度のメリットを知っている日本人男性が少ない。

本文中に言及なし。

3 日本の育児休暇は期間が短すぎて、子育てをするのに十分ではない。

7の**❶**文より、期間が短すぎるとは言えない。

4 ~~日本の父親の育児休暇取得率は、比較的低い。~~

6の**❶**文より、スウェーデンの父親は90%以上が育児休暇を取得するとあるが、一方で9の**❶**文で日本の父親の育児休暇取得率が低いことが分かるため一致。

4 育児休暇中の大使について、次のうち正しいものはどれか?

1 ~~大使は妻と密にコミュニケーションをとり、子どもに対して全責任を負うことを学んだ。~~

11の**❶**文、12の**❸**文より、妻と密にコミュニケーションをとっていたことが分かり、13の**❶**文より、子どもに対して全責任を負うことを学んだと分かる。

2 大使は仕事の責任と育児を両立することに苦労した。

~~本~~文中に言及なし。13の**❶**文にある責任は子どもへの責任であり、仕事の責任ではない。

3 大使の妻は絶えず子育ての仕事を大使に細かく指示した。

11の**❶**文と不一致。

4 大使の妻は当初、大使が長期にわたって育児休暇を取ることに前向きでなかった。

本文中に言及なし。

5 この文章は、家庭で育児に時間を費やしてきた男性について何を示唆しているか?

1 その経験があるため、文化の違いに対応することに非常に長けている。

本文中に言及なし。

2 子育てのスキルがあるため、優れた大使になる可能性が高い。

17の**❶**文に、より良い上司になるとはあるが、大使と特定はされていない。

3 家庭でも仕事でも、厳格な計画やスケジュールに従うことに長けている。

17の**❻**文に、計画を変更する能力が私生活でも仕事でも重要とあり、一致しない。

4 柔軟に育児に取り組む傾向があり、そのことが仕事でも役立つ。

17の**❺**・**❻**文に一致。

ANSWERS

EXPLANATIONS

1 **❶**Swedish Ambassador to Japan Pereric Hoegberg encourages more Japanese
<small>S</small> <small>Swedish Ambassador to Japanと同格</small> <small>V</small>

fathers (to take advantage of the country's "very good" paid-leave system and
<small>O</small> <small>C</small> <small>take...とdevote...を並列</small>

devote themselves to child care, an experience (he believes would lead them to becoming
<small>child careと同格</small> <small>"he believes (that) it would lead them to..."のitが関係代名詞に変形</small>
<small>関係代名詞の省略</small>

better workers back at the office)).

❶ペールエリック・ヘーグベリ駐日スウェーデン大使は、より多くの日本人の父親たちが、日本の「非常に優れた」有給休暇制度を利用し、育児に専念することを奨励しており、育児という経験を、彼らが会社に戻った時に、より良い仕事をすることにつながると彼は信じている。

語句リスト ambassador 名 大使 　paid-leave system 名 有給休暇制度 　child care 名 育児

○ パラグラフの要点

----
❶駐日スウェーデン大使ペールエリック・ヘーグベリ

→ 日本の父親たちはもっと<u>育児休暇</u>を取得すべき

↓

会社に戻った時により良い仕事ができるようになる経験
----

2 **❶**The 52-year-old ambassador, (who has taken such leave ⟨himself⟩ ⟨for his own
<small>S₁</small> <small>V₂</small> <small>O₂</small>

children⟩, ages 16 and 18), suggests [that being an independent caregiver and
<small>his own childrenの年齢を示す</small> <small>V₁</small> <small>O₁</small> <small>S₃</small> <small>being...とkeeping...を並列</small>

keeping some distance from the mother, ⟨based on mutual trust and close
<small>S₃</small> <small>分詞構文</small>

communication⟩, could be key ⟨to a fulfilling childcare⟩].
<small>V₃</small> <small>C₃</small>

❶16歳と18歳の子どものために自身が有給休暇を取得したことのある、この52歳の大使は、相互信頼と密接なコミュニケーションに基づいて、自立して育児をし、母親と一定の距離を置くことが、充実した育児にとっての鍵となり得る、と述べる。

語句リスト independent 形 自立した 　caregiver 名 保育者 　mutual 形 相互の

○ パラグラフの要点

❶ ヘーグベリは育児休暇を取得したことがある

　→ 育児の鍵 ＝ 母親とコミュニケーションをとりながらも自立した育児をすること

---

3 ❶ "I think [it's important 〈for equality (in a relationship)〉 [that it is not one person telling the other what to do, but equality is 〈also〉 〈about communication, responsibility〉]]," Hoegberg says.

名詞節を導く接続詞 that の省略
S₁ V₁　O₁ 仮S₂ V₂　C₂　真S₂　S₃ V₃
= equality
not A but B（A ではなくて B）
C₃
one person が意味上の主語の動名詞
S₃ V₃

❶ 「（人間関係において）平等であるために重要なことは、一方が相手に指図することではなく、平等とはコミュニケーションや責任感のことでもあると、私は思います」とヘーグベリ氏は言う。

○ パラグラフの要点

❶（人間関係の）平等で重要なこと

　→ 一方が相手に指図することではない

　→ コミュニケーションと責任

---

4 ❶ "I think [men should be careful 〈so that they don't make it too easy 〈for themselves〉 〈when child-rearing〉]. ❷ Do what you think is right and find your own way," he says. ❸ "I also think [it's important [to push the mother out a little bit]]."

名詞節を導く接続詞 that の省略
S₁ V₁　O₁ S₂　V₂　C₂　目的を表す so that 節　S₃ V₃　O₃ C₃
they are の省略
"you think (that) it is right" の it が what に変形
Do... と find... を並列
V　O　and　V　O
名詞節を導く接続詞 that の省略
S₁ V₁　O₁ 仮V₂ C₂　真S₂
S₂

❶ 「男性は、（育児をする時に）自分が楽をしすぎないように気をつけるべきだと私は思います。❷ 自分が正しいと思うことを行い、自分なりのやり方を見つけましょう。❸ 母親を少し閉め出すことも大切だと思います」と彼は言う。

○ パラグラフの要点

❶ ヘーグベリ →男性は育児の時に楽をしすぎないようにすべき

❷ 　　　　　　→自分が正しいと思うことをやって自分なりのやり方を見つける

❸ 　　　　　　→少し母親を閉め出すことも大事

5

❶ 名詞節を導く接続詞 that の省略

〈If I asked my wife for advice〉, she got a bit upset; she felt [I should decide]," he
　条件を表す if 節
adds.

❶ 「私が妻にアドバイスを求めると、彼女は少し機嫌が悪くなりました。私が決めるべきだと彼女は感じていたのです」と彼は加える。

◎ パラグラフの要点

❶ ヘーグベリ　→　妻にアドバイスを求めると妻は少し機嫌が悪くなった

↓

自分で決めるべきだと感じていた

6

❶ Hoegberg, (who comes from a country (where over 90 percent of fathers take
　　　　　　　　　　　　　　　　　　　　　関係副詞の where
paternity leave)), says [it is "surprising" [that few men in Japan take advantage of
　　「〜を活かす」
　　　　　　　　　　　　名詞節を導く接続詞 that の省略
what he calls a "very good system"]]."
「いわゆる」

❶ 90% 以上の父親が育児休暇を取得する国から来たヘーグベリは、彼が「非常に優れた制度」と呼ぶ制度を利用する日本の男性が少ないのは、「驚き」だと言う。

語句リスト paternity leave （父親が取る）育児休暇 ⇔ maternity leave 图 （母親が取る）育児休暇

◎ パラグラフの要点

❶ スウェーデンでは 90% 以上の父親が育児休暇を取得する
　→　非常に優れた日本の制度を利用する日本の男性が少ないのは「驚き」

7

❶ 〈In Japan〉, male and female employees can retain 67 percent of their monthly
wage 〈for up to 180 days (from the start of parental leave)〉 and 50 percent 〈after
　　　　　　　　　　　　　　　　67 percent... と 50 percent... を並列
181 days until the child turns 1 year old〉, 〈with extensions allowed 〈until the child
　　　　　　　　　　　　　　　　　　　　付帯状況の with　　　　　　　時を表す until 節
becomes 2 years old〉 under certain conditions〉.

❶日本では、従業員は男女ともに、育児休業開始から180日までは給与の67％、181日以降は子どもが1歳になるまで給与の50％をもらい続けることができ、一定の条件の下で子どもが2歳になるまで延長が認められている。

語句リスト wage 名 賃金　parental leave 名（父母を区別しない）育児休暇 ≒ child care leave
extension 名 延長

◎ パラグラフの要点

❶日本の育児休暇 ＝ ┌ 180日までは給与の67％の給付
　　　　　　　　　 ┤ 181日以降は子どもが1歳になるまで給与の50％の給付
　　　　　　　　　 └ 一定の条件で子どもが2歳になるまで延長可

（→ p.044 ここがポイント！❹）

8

said の目的語になる名詞節を導く that 節

❶The United Nations Children's Fund said 〈in a June 2019 report〉[that 〈out of
S₁　　　　　　　　　　　　　　　　V₁　　　　　　　　　　　　　　O₁
41 high- and middle-income countries〉, Japan offered the longest full-rate
　　　　　　　　　　　　　　　　　　　S₂　　V₂　　　　　O₂
equivalent paternity leave 〈at 30.4 weeks〉].

❶国際連合児童基金は、2019年6月の報告書で、高中所得国41か国のうち、日本は全額支給に換算すると30.4週間と最も長い父親向け育児休暇を提供していると発表した。

語句リスト full-rate 形 全額の　equivalent 形 同等の、等価の

◎ パラグラフの要点

❶国際連合児童基金の報告　（→ p.038 ここがポイント！❸）
　→ 日本は高中所得国41か国中、全額支給換算で最長の育児休暇を提供

9

❶But 〈while the government aims to raise the ratio （of male employees taking
［逆接］ 譲歩を表す while 節　S₂　　　V₂　　　O₂
　　　　　　　　　　　　　　　　　　　　　　　　male employees を修飾する分詞
childcare leave in the private sector）〈to 13 percent by the end of next March and
　　　　　　　　　　　　　　　　　　　　　　　13 percent... と 30 percent... を並列
30 percent by fiscal 2025〉〉, the level （in fiscal 2018） was 〈well〉〈below the target at
　　　　　　　　　　　　　　　　S₁　　　　　　　　V₁
6.16 percent〉.

❶しかし、政府が民間企業の男性社員の育児休業取得率を来年3月末までに13%、2025年度までに30%に引き上げることを目指しているにもかかわらず、2018年度の水準は6.16%と目標を大きく下回った。

語句リスト▶ ratio 名 比率　private sector 名 民間部門 ⇔ public sector 名 公的部門
fiscal 形 会計年度の

◎ パラグラフの要点

❶［But：逆接］政府目標 ＝ 男性の育児休暇取得率を ┌ 来年3月末で13%
　　　　　　　　　　　　　　　　　　　　　　　　　└ 2025年度までに30%

⇕

2018年度は6.16%と大きく下回る

10

不定詞の意味上の主語

❶ "It's good [for the economy to get more women out in the workforce]," the
　　仮S₂ V₂ C₂　　　　真S₂　　　　　　　　　　　　　　　　　　　　　　S₁

ambassador says 〈of Japan〉. ❷ "More bosses need to let the fathers take paternity
　　　　　　V₂　　　　　　　　　　　S　　　　　V　　　　O　　　　C

文と文を並列
leave and 〈maybe〉 more mothers need to proudly say ['I am working, my husband or
　　　　　　　　　　　S　　　　　　V　　　　　　　　O

partner is home with a child']."

❶「より多くの女性が外に出て労働力になることは、経済にとって良いことです」と大使は日本について語る。❷「もっと多くの上司が父親に育児休暇を取らせる必要があるし、もっと多くの母親が『私は働いていて、夫もしくはパートナーが家で子どもと過ごしています』と堂々と言う必要があるかもしれません。」

◎ パラグラフの要点

❶ より多くの女性の労働力 ＝ 経済にとって良いこと
→ ❷ ┌ 上司は男性にもっと育児休暇を取らせるべき
　　　└ 女性が「夫が家で育児をしている」と堂々と言えるように

11

譲歩を表すwhile節

❶ 〈While Hoegberg said [that 〈during paternity leave〉 he talked 〈about
　　　　　S₂　　　V₂　　O₂　　　　　　　　　　　　　　　　S₃　V₃

everything〉 〈with his wife〉 and they helped each other 〈out〉]〉, "She didn't tell
　　　　　　　　　　　　　　　　　S₄　　V₄　　O₄　　　　　　　　　S₁　V₁
　　　　　　　　　　　that節内の文と文を並列

me what to do, what to cook, what to do during the day."
O₁(〜に) O₂(〜を)　O₂(〜を)　O₂(〜を)

❶育児休暇中は妻と何でも話し合い、お互いに助け合っていたとヘーグベリは言うが、「彼女は私に何をすべきか、どんな料理を作るべきか、日中に何をすべきかを指図しませんでした」と言う。

○ パラグラフの要点
----
❶[While：譲歩]ヘーグベリ　→　育児休暇中は妻と何でも話し合って
　　　　　　　　　　　　　　　　　　協力していた
↔ [主張]妻が一方的に指示することはなかった
----

12 ❶"It was my responsibility and I felt 〈the same way〉 〈when she was home〉.
S V C S V
❷She did what she needed to do. ❸So it's a lot of communication and trust," he
S V O [因果] S V C
says.

❶「それは私の責任ですし、彼女が家にいる時、私も同じように感じました。❷彼女は自分がする必要があることをしていたのです。❸つまり、多くのコミュニケーションと信頼の問題です」と彼は言う。

○ パラグラフの要点
----
❶妻が家にいても自分の責任で行動
→ ❷妻も必要なことをした
❸[So：因果]コミュニケーションと信頼が必要

13

❶ Hoegberg revealed [an "accident" (during his paternity leave) taught him 〈about taking full responsibility for his child〉]. *名詞節を導く接続詞thatの省略* **❷** 〈One day〉, he found [his 10-month-old daughter had fallen 〈off a bed〉 〈at home〉]. *名詞節を導く接続詞thatの省略* **❸** 〈Troubled by her crying〉, *分詞構文* he called his wife (at work) and said, ["She fell, what should I do?"] *calledとsaidを並列* **❹** His wife answered, ["I don't know, I've never been a parent before. You sort it out"], 〈leaving Hoegberg to think and act for himself〉. *分詞構文*

❶ ヘーグベリは、育児休暇中のある「事故」が、子どもに対する全責任を負うことについて教えてくれたと明かした。**❷** ある日、彼は生後10か月の娘が自宅のベッドから落ちているのを見つけた。**❸** 泣いている娘に困って、彼は職場の妻に電話をかけ、「娘が落ちた。どうしたらいい?」と言った。**❹** 妻はこう答えた。「私だって初めて親になったのだから分からない。あなたが解決して」と答え、ヘーグベリに自分で考えて行動するように委ねたのだった。

● パラグラフの要点

❶ 育児中の「事故」 → 子どもへの全責任を負うことを学ぶ

（→ p.038 ここがポイント！❸）

↓

❷ 10か月の娘がベッドから落ちていた

→ **❸** 泣いている娘をどうすればよいか妻の職場に電話をかけ聞いた

→ **❹** 妻は「分からない」と返答。妻から「自分で解決しろ」と委ねられる

14

❶ 〈In Sweden〉, parents are given 480 days of leave per child, but it is not possible *文と文を並列* [for one parent to take up all of the days]. *不定詞の意味上の主語* *真S* **❷** 〈Of the 480 days〉, 90 are given 〈to the father〉.

❶ スウェーデンでは、子ども一人につき480日の休暇が与えられるが、片方の親がそのすべてを取得することは不可能である。**❷** 480日のうち、90日は父親に与えられる。

○ **パラグラフの要点**
- -

❶ スウェーデン → 子ども一人につき480日の育児休暇 (→p.044 ここがポイント！❹)

　　　　　　　↔ 片親がすべてを取得はできない

　　　　　　　❷480日中90日は父親に与えられる

- -

15 ❶〈Although it is for a shorter period than for mothers〉, the ratio of fathers

　　譲歩を表すalthough節　　　　　　　　　　　　　　　　　　　　　　　　　　S

(taking childcare leave) surpasses 90 percent, the ambassador says.

　fathersを修飾する分詞　　　　V　　　　　　O

❶母親より短い期間だが、父親の育児休業取得率は90%を超えている、と大使は言う。

語句リスト surpass 動 〜を上回る

○ **パラグラフの要点**
- -

❶ [Although：譲歩] 90日は母親に比べれば短い

　 [主張] 90%以上の父親が育児休暇を取得

- -

16 ❶Hoegberg says [he learned a lot 〈about himself〉〈by spending time with his

　　　　　　S₁　　V₁　　O₁ S₂　V₂　　　O₂

　　　　　　　　　　　　　名詞節を導く接続詞thatの省略

children at home〉, which required him (to be attentive the whole time and deal

　　　　　　文の内容を先行詞にする継続用法のwhich　V₃　　O₃　　　　　　　　be ...とdeal ...を並列　C₃

with "mess everywhere")].

❶ヘーグベリは、家庭で子どもと一緒に過ごすことで、自分自身について多くを学んだ、と言う。子どもといると、彼はずっと気を配り、「いたるところで起こる混乱」に対処する必要があった。

○ **パラグラフの要点**
- -

❶ヘーグベリ → 育児を通して自分について多くを学んだ

　　　　　　↓

　常に気を配り、「いたるところで起こる混乱」に対処する必要

- -

17 ❶He 〈firmly〉 believes [that workers can become better bosses 〈from the
experience〉]. ❷"I think [men (that have been home with children) are better
bosses]. ❸Why? ❹Because they have to think 〈in new and creative ways〉," he says.

❺"You cannot have a manual 〈when you raise a child〉. ❻You need to be flexible, you
need to come up with new ideas, you need to change the plans and all these things are
〈also〉 very important skills 〈in work life and private life〉."

❶労働者はその経験からより良い上司になれると、彼は固く信じている。 ❷「家で子どもと過ごし
た経験のある男性は、より良い上司になれると思います。❸なぜか？❹その人たちは、新しい創
造的な考え方をしなければならないからです」と、彼は言う。❺「育児にはマニュアルがありませ
ん。❻柔軟性が必要で、新しい考えを思いつく必要があり、計画を変更する必要がありますが、
これはすべて、仕事でも私生活でも非常に重要なスキルです。」

語句リスト▶ flexible 形 柔軟な、融通の効く　come up with ~ 動 ~を考え出す

◎ パラグラフの要点

❶育児 ＝ より良い上司になるための経験

❷育児経験がある人はより良い上司になれる

→ ❸なぜか？　　　［疑問文 ＝ 話者からの話題の提示］（→p.060 ここがポイント！❺）

　　❹新しい創造的な考え方をする必要があるから

　　　　　↓　　　［答え ＝ 話者の言いたいこと］

　　❺育児にはマニュアルがない

　→ ❻柔軟であること ＋新しい考えを思いつくこと ＋計画を変更できること
　　　　＝ 仕事でも私生活でも重要なスキル

18

❶ to be... と to take... を比較

“It's easier [to be a Swedish ambassador] than [to take care of a child],” he says
仮S₂ V₂ C₂   真S₂   S₁ V₁
⟨with a smile⟩.

❶「育児をするよりもスウェーデン大使でいる方が簡単なんですよ」と、彼は笑顔で語っている。

○ パラグラフの要点

❶育児をするよりもスウェーデン大使でいる方が簡単

SHORT COLUMN

姜ちゃんと僕の共通点① マンガ好き

　姜ちゃんと僕は、どちらもマンガ好きだ。特にお互い「スポ根もの」には目がなく、『アオアシ』や『ブルーロック』、『ダイヤのA』などで、熱く語り合うことも多い。

　ただ「ピュアな恋愛もの」だけは話が合わず、いくら僕と生物講師Yが『君に届け』や『氷の城壁』などのすばらしさを説いても、彼は「あんなんどこがおもろいんですか？」と毒を吐き、全然受け付けてくれない。

　でも彼の毒は、常に２対１の多数決で却下される。民主主義万歳！

次の英文を読み、英作文により解答しなさい。

Do you think that it is easy for women to have both a career and children in Japan? Explain your opinion in around 100 words.

（神戸女学院大学　改）

◎ 使えるキーワード

- balance A with B　AをBと両立させる
- traditional roles　伝統的な役割、従来の役割
- take (a) leave　休暇を取る
- be entitled to A　Aの資格を有する
- places a burden on A　Aに負担を強いる
- give birth　出産する
- prioritize child rearing　子育てを優先する
- adopt a policy of A　Aの方針を取る
- childcare support　子育て支援
- paid-leave systems　有給休暇制度

● 設問の日本語訳

日本では、女性が仕事と子どもの両方を持つことが容易だと思うか。100語程度で自分の考えを説明しなさい。

● 解答例 ❶

Introduction		日本の女性がキャリアと子育てを両立するのは難しい
Body	理由	女性の役割は家を守ることとする伝統的な考え方 ↓ 育児休暇を取得する男性が少ない → 法的には取得可能だが取りづらい → 母親に育児の負担がのしかかる
Conclusion		子育てを優先するためにキャリアを諦めて仕事を辞めざるを得ない

I don't think it's easy for women in Japan to balance a career with childcare. Japan's society is deeply rooted in traditional roles where women are primarily expected to be caretakers of the family. This is reflected in the fact that due to workplace pressures and societal expectations, few men in Japan take paternity leave, although they are legally entitled to it. This situation places the heavy burden of childcare on mothers. As a result, women who have given birth are often forced to give up their own careers and quit their jobs to prioritize child rearing.

(98 words)

WRITING

　日本の女性がキャリアと子育てを両立させるのは簡単なことではないと、私は思う。日本社会は伝統的な役割分担に深く根ざしており、その中で女性は主に家族の世話をすることが期待されている。このことは、職場からのプレッシャーや社会的期待のために、日本では法律上、育児休暇を取る権利があるにもかかわらず、育児休暇を取る男性がほとんどいないという事実にも反映されている。このような状況によって、母親に育児の大きな負担がかかっている。その結果、出産した女性は子育てを優先するために、自分のキャリアを諦めて仕事を辞めざるを得ない場合が多い。

○ 解答例 ❷

Introduction	日本の女性はキャリアと子育てを両立しやすくなってきている

Body	理由	政府による女性の職場での役割を促進する方針 → 子育て支援や休暇制度を充実させている → 父親も子育てに参加する傾向の高まり （父親の育児休暇取得率の低さはある）

Conclusion	社会全体で女性の育児を支える機運 → 育児のためにキャリアを諦める女性の減少

I believe that it is becoming easier for Japanese women to balance a career with childcare. This is because the government has already adopted a policy of promoting women's roles in the workplace, and it is providing a lot of childcare support and paid-leave systems. While the percentage of Japanese fathers taking parental leave remains low, there is a slow yet increasing trend where Japanese fathers take a more active role in childcare. These factors clearly indicate that society as a whole is moving to support women's childcare, and it is expected that fewer women will give up their careers to raise children. (104 words)

日本の女性はキャリアと子育てを両立しやすくなっていると、私は思う。なぜなら、政府が職場での女性の役割を促進する方針をすでに取っており、子育て支援や有給休暇制度などを充実させているからだ。確かに、日本の父親の育児休暇取得率はいまだに低いままではあるが、日本の父親が育児に積極的に参加する傾向は、ゆっくりではあるが増えつつある。これらのことは、社会全体で女性の育児を支えようという動きがあることを明白に示しており、子育てのためにキャリアを諦める女性は減っていくと期待される。

女性活躍社会

　日本は、男性の育休取得率の低い国です。もちろんそこには、古い性別役割分業意識（男は仕事、女は家事育児）からくる社会的圧力や職場環境もありますが、「男女の賃金格差」も、大きな原因になっています。

　日本は昔から「フルタイムで働けないならパートか派遣」が基本です。しかしそれでは、女性は出産・育児を機に、正社員からパートか派遣になるほかなく、そのせいで男性側に「賃金が高い自分の方が家計を支えなくては」という意識が生まれ、男性が育休を取れなくなります。ならば「家事・育児をしながらも稼げる」環境整備ができれば、女性は出産後も稼げ、結果的に男性も育休が取れます。それを目指す考え方が「女性活躍社会」です。

　では、その女性活躍社会をつくるには、何が必要か？──答えは「女性の管理職数と国会議員数を増やすこと」です。

　日本は「ジェンダーギャップ指数（男女格差を測る指数）」が低く、G7中最下位です。特に政治と経済の分野で低く、これは女性国会議員数（政治）と女性管理職数（経済）が少ないことを意味します。この二つが少ないと、女性寄りの法案作成や会社運営は、なかなか実現しません。

　従来はそれでも回せたのかもしれませんが、今は少子高齢化の時代。若者以外に「女性・高齢者・外国人」にも、労働力としての期待がかかります。そのため、安倍内閣では、発足当初から女性活躍社会に期待を寄せ、「2020年までに、指導的地位にいる女性を30％に引き上げる」政府目標（＝2030（にいまるさんまる））を掲げてきました。残念ながら2020年の目標達成はかないませんでしたが、その取り組みは着実に進んでいます。

　あと、女性議員を増やすには、「クオータ制」というやり方があります。これは「国会議員の一定数を女性に割り当てる」制度で、導入すれば、2023年現在16.0％程度の女性国会議員数を、世界平均の25％に近づけることも可能です。

　日本では導入されていませんが、世界では2023年現在、52か国で導入されています。今後の日本を考えれば、検討の余地ありだと思います。

WRITING

3 ｜ 格差社会

BACKGROUND

先進国と途上国の格差

経済のグローバリズム
新自由主義
ローレンツ曲線・ジニ係数

　今回は格差社会、特に若年層の貧困と、高齢者との間の格差についての文章ですが、まずは頻出テーマである「先進国と発展途上国の格差」について紹介します。

　この格差の大きな原因は「経済のグローバリズム」、つまり、自由競争をよしとする市場経済の世界的な拡大です。しかも1980年代あたりからは、かつてのような緩やかな自由主義（いわゆる「自由放任主義」）ではなく、より弱肉強食の度合いの強い「新自由主義」が猛威を振るっているため、先進国と発展途上国間の経済格差は、以前よりもさらに大きなものになっています。

　ちなみに、所得格差を示すグラフと数字に、ローレンツ曲線とジニ係

数があります。詳しい説明は省きますが、前者は右上がり斜め45°の直線が所得格差拡大につれて下にたわみ、後者は0から1の間の数字が格差拡大により1に近づくというものです。英語で詳しく出題されることはないでしょうが、「こういう指標がある」と知っておくだけでも、有利になることはあると思います。

若年層と高齢者間の格差

少子高齢化
政治的無関心
主権者教育

　そして、今回の本題である「若年層と高齢者間の格差」ですが、これが打開されない大きな原因は、少子高齢化です。つまり、すべての国民を助けるのが国会議員の仕事だとしても、有権者の比率が「高齢者多め・若者少なめ」であるならば、議員が選挙で勝つには「高齢者寄りの政策」を推進するしかないのです。

　それに加え、近年は、若年層の政治的無関心が顕著です。日本も2016年からせっかく「18歳選挙権」が実現したのに、10～20代の投票率は、参議院で30%程度、衆議院でも40%程度です。対して高齢者の投票率は、60代で70～80%、70代は60～70%と高く、これは私が政治家でも、若者は後回しにして、高齢者のための政策を推進するしかありません。

　せっかく18歳から成人になり、選挙権が与えられたのですから、今後は高校でも「主権者教育」（自分が国づくりの意思決定者の一人だと自覚してもらう教育）を進め、投票率を上げていく必要がありそうです。

次の英文を読み、あとの問いに答えなさい。

"Youth Unemployment: Whose Responsibility?"
by Ivan O' Werke (2012)

1 ❶Working out how many people, especially young people, are out of work is not easy. ❷However, figures suggest that last year in the developed countries 26 million young people between 15 and 24 had neither jobs, nor schools to attend. ❸Moreover, the number of such jobless young people seems to have grown by 30% since 2007. ❹The situation is severe: in the USA, youth unemployment has already reached 18%, whereas in Spain, it is now 50%. ❺In developing countries, the World Bank has estimated that at least 260 million young people are in a similar desperate position. ❻It is possible that over 300 million young people are without jobs worldwide.

2 ❶Why is this such a problem? ❷There are several clear reasons why these figures cannot be ignored. ❸First, the statistics show that when young people are jobless after high school, they usually experience more frequent periods out of work, and earn lower wages later in life. ❹Even worse, they are more likely to suffer from depression and a variety of other illnesses, or to turn to criminal activity. ❺Today, many under 30 are already losing hope; they are often burdened with debts, live at home, and see little chance of meaningful employment. ❻Only affluent parents can afford to prevent their children from falling into that trap.

3 ❶How we should address this situation depends on one's point of view. ❷Some say that improving education is the solution. ❸Too many young people, it is argued, leave school with the wrong skills. ❹ If they had received a better education, then many more of them would find employment. ❺ However, few academic qualifications can guarantee a good job. ❻ Many young people with good grades and plenty of enthusiasm still cannot find work, even though they are quite capable.

4 ❶ Instead, we should encourage industry to invest in the young. ❷ Over the past two decades, corporations have reduced training programs for newly-hired employees. ❸ This was partly the result of globalization: many companies realized that they could boost profits quite readily by employing cheaper workers abroad, effectively investing in low-cost labor instead of technology or training. ❹ In addition, increased competition discouraged many companies from investing in workers who might later quit and join a competitor. ❺ Yet, most managers instinctively know better than to follow such short-sighted policies: without trusting their new employees, few companies will be able to find the right number of skilled workers in the future.

5 ❶ Simply leaving the problem of youth unemployment to be solved by private companies or by so-called market forces, however, will never provide fast enough relief. ❷ For, although it is rarely discussed, more than one generation of young people is at risk. ❸ Today's unemployed youth do not feel like full members of society. ❹ They cannot afford to own a house or an automobile, nor do they feel capable of supporting a family. ❺ Thus, they have less faith in society. ❻ Unless this situation is addressed by governments, these alienated youths are likely to pass on these negative attitudes to the next generation.

6 ❶Governments have a duty to care for all their citizens, but the young ought to count the most, since they represent the future. ❷So far, few governments have acted decisively on behalf of the young. ❸ Instead, politicians listen to the voices of a more politically active and wealthier class: the elderly. ❹However, we must acknowledge that today's retirees have had exceptional good fortune. ❺Generously paid throughout their working lives, and blessed with secure pensions and plentiful material possessions, they have never faced difficult circumstances like those faced by youth today.

7 ❶Today, this older generation is politically active, and keen to defend its interests. ❷One clear indicator was the 2012 US election, when only 45% of those under 25 voted, as opposed to 70% of the elderly. ❸In the name of fairness, however, we need to deprive the elderly of at least some of their wealth. ❹This can be achieved most efficiently by direct taxation. ❺The elderly use their political power to resist tax increases, but more taxes must be collected, for the benefit of wider society. ❻One option is indirect taxation, for example incentives for the elderly to transfer wealth to their children. ❼Another choice might be to eliminate tax exemptions for affluent older people. ❽Both, though slow, might be sufficient. ❾For without some tax reform, it is hard to see how indebted societies across the developed world will be able to invest in a sustainable future for their young people.

8 ❶These new taxes will fund much-needed government programs. ❷ Only governments can create jobs for the young on the scale required. ❸New schools, new curricula and new job-training schemes would be a good start. ❹Retraining schemes, such as training youth to care for the elderly, are not only badly needed for society, but might also

help relieve the unemployment crisis. ❺Governments should also encourage the young to work in agriculture, which has a rapidly aging labor force, or in IT and other specially-targeted industries. ❻ Nevertheless, direct job-creation programs, such as infrastructure projects, would be the single most effective strategy.

（慶應義塾大学）

○ **さらに覚えておきたいキーワード+10　〜格差社会〜**

- compulsory education 图義務教育
- disparity 图不均衡
- gap 图格差
- inequality 图不平等
- juvenile delinquency 图（青）少年犯罪
- literate 囮読み書きのできる ⇔ illiterate
- malnutrition 图栄養失調
- social mobility 图社会的流動性
- undernourishment 图栄養不良
- wealth redistribution 图富の再分配

英文の内容に関する1〜5の質問に対して、最も適切なものを1〜
4の中から一つ選びなさい。

1 According to the text, what problem is thought to be caused by youth
unemployment?

1 If young people cannot find a job soon after high school, they will only be
able to find one that pays less.

2 It may increase the likelihood that jobless youth will suffer from various
diseases or commit criminal acts.

3 It will not be easy to find out how many young people are becoming
unemployed around the world.

4 Only children born into wealthy families will be able to live without
being cheated by others.

2 Which of the following would the author most agree with as a solution
to youth unemployment?

1 To develop training programs to train new employees, rather than
adopting short-sighted policies.

2 To encourage companies to hire more workers from overseas who can be
hired more cheaply.

3 To provide educational programs that produce more enthusiastic
students with good grades.

4 To reconstruct the school system so that students will not graduate from
school with the wrong skills.

3 Why does the author believe that the government needs to address the problem of youth unemployment?

1 Because the distrust of society held by unemployed youth will be passed on to the next generation.

2 Because the government has been criticized for never having acted on behalf of the youth.

3 Because today's retirees, unlike today's youth, received exceptional benefits when they were young.

4 Because without government intervention, young people will not be able to own homes and cars.

4 Which of the following can be said about the 2012 US election?

1 It was an attempt to impose a direct tax on the elderly to reduce their wealth.

2 It was a starting point toward a sustainable society for the younger generation.

3 It showed that the older generation is determined to protect their interests.

4 It showed that the younger generation had a considerable interest in politics.

5 Which of the following is mentioned as a measure to create jobs for young people?

1 To cancel direct job-creation programs, such as infrastructure projects.

2 To develop retraining schemes, such as training young people to care for the elderly.

3 To maintain the best parts of the traditional school system and curriculum.

4 To promote the use of information technology in the agricultural sector.

ANSWERS

1 **2** 2 **1** 3 **1** 4 **3** 5 **2**

---

1 文章によると、若者の失業によってどのような問題が起こると考えられるか?

1 高校卒業後すぐに仕事を見つけることができなければ、若者はより賃金の安い仕事しか見つけられなくなる。

2の❸文に、失業する頻度が多くなり、その後の所得が低くなるとあるが、賃金の安い仕事にしか就けないわけではない。

2 仕事のない若者がさまざまな病気にかかったり、犯罪行為を犯したりする可能性が高くなる。

2の❹文の内容と一致。

3 世界中でどれだけの若者が失業しているのか、簡単に知ることができなくなる。

1の❶文で述べられている内容ではあるが、若者の失業によって引き起こされる問題とは無関係。

4 裕福な家庭に生まれた子どもだけが、人にだまされずに生きていけるようになる。

2の❻文にあるthat trap（その罠）とは2の❺文を指しており、人にだまされることではない。

---

2 次のうち、若者の失業の解決策として、筆者が最も賛成するものはどれか?

1 近視眼的な方針をとるのではなく、新入社員を育成するための研修制度を整備すること。

4の❶・❺文の内容と合致する。

2 より安く雇える海外からの労働者を多く雇うように企業に働きかけること。

4の❸文より、新入社員への育成プログラムが縮小される原因であり、著者はこれに批判的。

3 より熱心で成績の良い学生を生み出すような教育プログラムを提供すること。

3の❻文より、そのような学生でも仕事を見つけられないとある。

4 間違ったスキルを持って学校を卒業しないように、学校制度を再構築すること。

3の❸文に学校制度を再構築するとは書かれておらず、また❻文より筆者は学校教育だけでは解決しないと考えていると分かる。

3 著者は、なぜ政府が若者の失業問題に取り組む必要があると考えているのか？

1 失業した若者が抱く社会への不信感が、次の世代に受け継がれてしまうから。

5の❻文の内容に一致。

2 政府が若者のために今まで行動したことがないと批判されているから。

6の❷文に批判されているとは述べられておらず、また設問の理由として述べられているわけでもないため不一致。

3 今の定年退職者は、今の若者と違って、若い時に例外的な恩恵を受けていたから。

6の❹・❺文で述べられている内容とは一致するが、設問の理由として述べられているわけではないため不一致。

4 政府の介入がなければ、若者は家や車を所有することができないから。

5の❹文より、現在失業している若者の状況を述べているに過ぎず、不一致。

4 2012年の米国の選挙について、次のうちどれが言えるか？

1 高齢者に直接税を課して、その財産を減らそうとしたものであった。

7の❸・❹文より、2012年の選挙について述べられたものではないので不一致。

2 若い世代の持続可能な社会への出発点であった。

7の❾文より、2012年の選挙について述べられたものではないので不一致。

3 高齢者が自分たちの利益を守ろうと決意していることが分かった。

7の❶文の内容と一致し、❷文でこれをはっきり示すものだったのが2012年の選挙であったと述べられている。

4 若い世代が政治に相当な関心を持っていることが分かった。

7の❸文より、若年層の投票率は低かったとあるため不一致。

5 若者の雇用を創出するための施策として、次のうちどれが述べられているか？

1 インフラ事業などの直接的な雇用創出策を中止すること。

2 高齢者の介護をする若者を訓練するなど、再教育の計画を構築すること。

3 伝統的な学校制度やカリキュラムの良いところを維持すること。

4 農業分野でのITの活用を推し進めること。

8の❹文の内容に一致する2が正解。

EXPLANATIONS

1

❶Working out [how many people, especially young people, are out of work] is not easy. ❷However, figures suggest [that 〈last year〉 〈in the developed countries〉 26 million young people (between 15 and 24) had neither jobs, nor schools (to attend)].

❸Moreover, the number (of such jobless young people) seems to have grown 〈by 30%〉 〈since 2007〉. ❹The situation is severe: 〈in the USA〉, youth unemployment has already reached 18%, 〈whereas 〈in Spain〉, it is 〈now〉 50%〉. ❺〈In developing countries〉, the World Bank has estimated [that at least 260 million young people are 〈in a similar desperate position〉]. ❻It is possible [that over 300 million young people are 〈without jobs〉 〈worldwide〉].

❶どれだけの人が、特に若い人が、仕事に就いていないのかを調べることは簡単ではない。❷しかし、昨年、先進国では15歳から24歳の2,600万人の若者が、仕事がなく、通う学校もない状態であったことがデータによって示されている。❸その上、そのような仕事のない若者の数は、2007年以降30%増えているようだ。❹状況は深刻だ。米国では若者の失業率はすでに18%に達しており、一方、スペインでは50%に達している。❺発展途上国では、少なくとも2億6千万人の若者が同じような絶望的な状況に置かれていると、世界銀行は推定している。❻世界全体では、3億人以上の若者が職を持っていないということが考えられる。

語句リスト out of work 失業している　figures 名 統計値、データ　unemployment 名 失業
the World Bank 名 世界銀行

○ パラグラフの要点

❶失業者数を把握するのは容易ではない
↕　❷[However：逆接] 先進国では昨年、推定2,600万人の15〜24歳が無職
具体例　❸[Moreover：追加] そのような若者は2007年以降30%増加
❹状況は深刻 → 若者の失業率が米国で18%、スペインでは50%
❺発展途上国では2億6千万人の若者が同様の状況
❻世界では3億人以上が失業していると考えられる

2

❶ 〈Why〉 is this such a problem? **❷** 〈There〉 are several clear reasons (why these *（関係副詞の why）* figures cannot be ignored). **❸** First, the statistics show [that 〈when young people *[列挙]* *（時を表す when 節）* are jobless after high school〉, they 〈usually〉 experience more frequent periods (out of *（experience と earn を並列）* work), and earn lower wages 〈later in life〉]. **❹** Even worse, they are more likely to suffer *[前言の強調]* from depression and a variety of other illnesses, or to turn to criminal activity. **❺** 〈Today〉, *（to suffer ... と to turn ... を並列）* many (under 30) are already losing hope; they are often burdened 〈with debts〉, live 〈at *（are ... と live ... と see... を並列）* home〉, and see little chance (of meaningful employment). **❻** Only affluent parents can *（can afford to V（V する余裕がある）*） afford to prevent their children 〈from falling into that trap〉.

❶ なぜこのことがそれほど問題なのか？ **❷** これらのデータを無視できない明確な理由がいくつかある。**❸** まず第一に、高校卒業後に無職の場合、より頻繁に失業期間を経験することになり、その後の人生で稼げる賃金が低くなることが、統計によって示されている。**❹** さらに悪いことには、うつ病やさまざまな病気にかかったり、犯罪に走ったりする可能性が高くなる。**❺** 現在、30歳未満の若者の多くがすでに希望を失っている。多くの場合、借金を背負い、親元で暮らし、有意義な仕事に就ける可能性はほとんどない。**❻** 自分の子どもがその罠にはまらないようにする余裕があるのは裕福な親だけだ。

語句リスト wage **名** 賃金、給料　depression **名** うつ病　criminal activity **名** 犯罪行為
debt **名** 借金　affluent **形** 裕福な

○ パラグラフの要点

❶ なぜ問題なのか？ [疑問文 ＝ 筆者からの話題の提示]（→ p.060 ここがポイント！ ❺）
❷ 無視できない理由がいくつかある [答え ＝ 筆者の意見・言いたいこと]
❸ [First：列挙] 理由1：高校卒業後に無職の人 → 頻繁に失業期間を経験
→ 生涯賃金が低くなる
❹ [Even worse：追加] 理由2：うつ病などの病気になりやすい
＋ 犯罪に走る可能性
→ **❺** 多数の30歳未満 ＝ 希望の喪失 → 借金苦 ＋ 就活苦
→ **❻** 裕福な親のみが子どもを救う経済的余裕を持つ

3

❶[How we should address this situation] depends on one's point of view. **❷**Some
say [that improving education is the solution]. **❸**Too many young people, it is
argued, leave school 〈with the wrong skills〉. **❹**〈If they had received a better education〉,
〈then〉 many more (of them) would find employment. **❺**However, few academic
qualifications can guarantee a good job. **❻**Many young people (with good grades and
plenty of enthusiasm) 〈still〉 cannot find work, 〈even though they are quite capable〉.

S+Vの挿入（=It is argued that too many young people leave ...）

条件を表すif節

［逆接］

譲歩を表すeven though節

❶この状況にどのように対処すべきかは、人それぞれの考え方による。**❷**教育を改善することが解決策だと言う人もいる。**❸**あまりにも多くの若者が、身につける技術を間違えて学校を卒業してしまう、というのだ。**❹**もし彼らがより良い教育を受けていれば、彼らのうちもっと多くの人が就職できるだろう、と。**❺**しかし、学問的な資格が良い仕事を保証してくれることはほとんどない。**❻**成績が良く、情熱にあふれた若者の多くが、能力があるにもかかわらず、就職できずにいるのだ。

語句リスト qualification 名 資格　guarantee 動 ～を保証する　enthusiasm 名 熱意

○ パラグラフの要点

❶対処の仕方　→　人の考え方による

　　　　→　**❷**教育の改善が解決策だと言う人もいる
　　　　　↓
　　　❸多くの若者は身につける技術を間違えて学校を卒業する
　　　❹もっとよい教育を受けていれば就職できたはず
　　　[However：逆接] ↕ (→p.021 ここがポイント！**❷**)
　　　❺学問的資格　→　良い仕事を保証してはくれない
　　　❻学業成績が良く情熱を持った若者でも就職できない

4

❶Instead, we should encourage industry (to invest in the young). **❷**〈Over the past
two decades〉, corporations have reduced training programs (for newly-hired
employees). **❸**This was 〈partly〉 the result (of globalization): many companies realized

［逆接］

[that they could boost profits 〈quite readily〉 〈by employing cheaper workers abroad〉, 〈effectively investing in low-cost labor 〈instead of technology or training〉〉].

❹In addition, increased competition discouraged many companies 〈from investing in workers (who might later quit and join a competitor)〉. ❺Yet, most managers 〈instinctively〉 know better than to follow such short-sighted policies: 〈without trusting their new employees〉, few companies will be able to find the right number (of skilled workers) 〈in the future〉.

分詞構文

know better than to V（V するほど愚かではない）

［追加］

［逆接］

---

❶そうではなく、私たちは、産業界に若い人たちへの投資を促すべきだ。❷過去20年の間、企業は新入社員の研修プログラムを縮小してきた。❸これは、一部ではグローバル化の結果である。多くの企業が、海外でより安価な労働者を雇用すれば、非常に簡単に利益を上げられることに気づき、技術やトレーニングではなく低コストの労働力へと効率的に投資するようになったのである。❹加えて、競争の激化により、多くの企業は、後に退職をして競合他社に移ってしまうかもしれない労働者へと投資することに後ろ向きになったのだ。❺しかし、ほとんどの経営者は本来、このような近視眼的な方針に従うほど愚かではない。新入社員を信頼することなしに、将来ふさわしい数の熟練した労働者を見つけることができる企業などほとんどないだろう。

語句リスト invest 動 投資する　newly-hired 形 新規採用の　boost 動 ～を増幅させる　competition 名 競争　instinctively 副 本能的に　short-sighted 形 近視眼的な

○ パラグラフの要点

❶［Instead：逆接］産業界が若い人に投資すべき
　→ ❷企業は新入社員への教育プログラムを縮小してきた
　　　‖
　❸グローバル化の結果：海外からの安価な労働力の利用
　❹［In addition：追加］競合他社へ移籍する可能性のある社員への投資に後ろ向き
　［Yet：逆接］↕（→p.021 ここがポイント！❷）
　❺このような近視眼的視点の経営者は少ない
　　→ 新入社員を信頼せずに有能な社員は見つけられない

5

❶ [Simply leaving the problem of youth unemployment (to be solved by private companies or by so-called market forces)], however, will never provide fast enough relief. **❷** For, ⟨although it is rarely discussed⟩, more than one generation of young people is ⟨at risk⟩. **❸** Today's unemployed youth do not feel like full members of society. **❹** They cannot afford to own a house or an automobile, **nor** do they feel capable of supporting a family. **❺** Thus, they have less faith ⟨in society⟩. **❻** ⟨Unless this situation is addressed by governments⟩, these alienated youths are likely to pass on these negative attitudes ⟨to the next generation⟩.

[逆接] (however)
[根拠] (For)
afford to V（Vする余裕がない）
→ nor（…もまたない）に続く文は必ず疑問文の語順になる
[因果] (Thus)

❶ しかし、若者の失業問題の解決を民間企業やいわゆる市場原理に任せておくだけでは、決して十分に迅速な救済は得られない。**❷** というのは、めったに議論されないが、リスクにさらされる若者は一世代にとどまらないからである。**❸** 現在失業している若者たちは、自分が社会の完全な一員であるようには感じていない。**❹** 家や自動車を持つ余裕もなく、家族を養うことができるとも感じられない。**❺** その結果、社会に対してあまり信頼を持っていない。**❻** この状況に政府が対処しない限り、これらの疎外された若者たちは、こうした否定的な態度を次の世代に引き継ぐ可能性があるのだ。

語句リスト market forces **名** 市場原理　at risk　危険な状態で
alienated **形** 疎外されている、疎遠になっている

○ パラグラフの要点

❶ [however：逆接] 失業問題の解決は民間企業や市場原理では不十分
❷ [For：根拠] 世代を超えて若者がリスクにさらされている
　　→**❸** 若者は自分たちが完全に社会の一員だとは感じていない
　　→**❹** 家や自動車を持つ余裕がない　｜　家族を養えると思えていない
❺ [Thus：因果] 社会をあまり信頼していない
　　→**❻** 政府が対処しないとこれらの否定的な態度が次世代にも伝わる

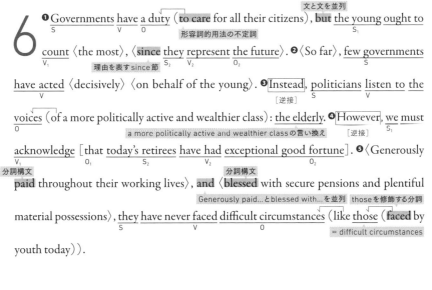

6

❶ Governments have a duty (to care for all their citizens), **but** the young ought to count ⟨the most⟩, ⟨since they represent the future⟩. **❷** ⟨So far⟩, few governments have acted ⟨decisively⟩ ⟨on behalf of the young⟩. **❸** Instead, politicians listen to the voices (of a more politically active and wealthier class): the elderly. **❹** However, we must acknowledge [that today's retirees have had exceptional good fortune]. **❺** ⟨Generously paid throughout their working lives⟩, **and** ⟨blessed with secure pensions and plentiful material possessions⟩, they have never faced difficult circumstances (like those (faced by youth today)).

❶政府はすべての国民に配慮する義務があるが、若者は未来を担う存在であるため、最も重視されるべきなのだ。❷今のところ、若者のために断固とした行動をとった政府はほとんどない。❸それどころか、政治家は、より政治的に活発で、より裕福な層である高齢者の声に耳を傾けている。❹しかし、現在退職している人々は例外的に幸運であったことを認めなければならない。❺彼らは、現役時代を通して十分な報酬をもらい、安定した年金と豊かな財産を持つという恩恵を受けてきており、現代の若者が直面しているような困難な状況に直面したことは一度もないのだ。

語句リスト ▶ duty 名 義務　count 動 重要である　retiree 名 退職者　fortune 名 幸運
pension 名 年金

○ パラグラフの要点

❶政府には全国民に配慮する義務がある

　↔ 未来を担う若者は最も重要視されるべき

❷若者のために行動してきた政府は少ない

❸ [Instead：逆接] 政治家は活発に政治に参加する裕福な高齢者を優遇

❹ [However：逆接] 退職した人々は自らが例外的に幸運であったと認めるべき

　→ ❺十分な報酬、安定した年金、財産を得てきた

　＝ 今の若者のような困難に直面していない

7

❶ 〈Today〉, this older generation is politically active, and keen to defend its interests.

> politically active と keen ...を並列
> be keen to V（Vしたいと切に思う）

❷ One clear indicator was the 2012 US election, 〈when only 45% of those under 25 voted, 〈as opposed to 70% of the elderly〉〉.

> as opposed to ...（...とは対照的に）

❸ 〈In the name of fairness〉, however, we need to deprive the elderly 〈of at least some of their wealth〉.

> [逆接]

❹ This can be achieved 〈most efficiently〉〈by direct taxation〉.

❺ The elderly use their political power 〈to resist tax increases〉, but more taxes must be collected, 〈for the benefit of wider society〉.

> 目的を表す副詞的用法
> 文と文を並列

❻ One option is indirect taxation, for example incentives 〈for the elderly to transfer wealth to their children〉.

> incentives ...が indirect taxation の具体例であることを示す
> 不定詞の意味上の主語
> indirect taxation と同格
> 形容詞的用法の不定詞

❼ Another choice might be [to eliminate tax exemptions for affluent older people].

❽ Both, 〈though slow〉, might be sufficient.

> they are の省略
> 譲歩を表す though 節

❾ For 〈without some tax reform〉, it is hard [to see [how indebted societies 〈across the developed world〉 will be able to invest 〈in a sustainable future for their young people〉]].

> [根拠]

---

❶今日、この高齢者世代が政治的に活発であり、自分たちの利益を守ることに熱心である。❷2012年の米国の選挙が、それを明確に表すものであった。高齢者の70%が投票したのに対し、25歳未満は45%しか投票しなかったのだ。❸しかし、公平を実現するために、私たちは高齢者たちから、彼らの富の少なくとも一部は取り上げる必要がある。❹それを達成するには、直接税が最も効率的である。❺高齢者たちは政治力を利用して増税に抵抗しているが、より広い社会の利益のためには、より多くの税金を徴収しなければならない。❻選択肢の一つとして、間接税もある。例えば、高齢者による子どもへの財産譲渡への優遇措置などである。❼また、裕福な高齢者に対する税の控除をなくすという選択肢もあるかもしれない。❽どちらも時間はかかるが、効果はあるだろう。❾というのも、何らかの税制改革なしに、先進諸国の負債を抱えた社会が、若者の持続可能な未来に投資できるようになるとは考えにくいからである。

語句リスト interests 名 利益　election 名 選挙　as opposed to A　Aとは対照的に　direct taxation 名 直接税　⇔　indirect taxation 名 間接税　incentive 名（税制の）優遇措置　tax exemption 名 税控除　indebted 形 負債を抱えている　sustainable 形 持続可能な

○ パラグラフの要点

❶高齢者世代 ＝ 政治に活発で自らの利益を守ることに熱心

→ ❷2012年の米国選挙：高齢者の投票率70% ↔ 25歳未満の投票率45%

（→ p.044 ここがポイント！❹）

❸［however：逆接］公平性のために、高齢者から富の一部を取り上げる必要

→ ❹直接税が最も効率的

→ ❺高齢者は政治力を利用して抵抗 ↔ 社会の利益のためには徴収が必要

→ ❻子への財産譲渡への優遇など間接税も選択肢の一つ

→ ❼［Another］裕福な高齢者への税控除の廃止も選択肢

→ ❽両方とも効果があるだろう

→ ❾［For：根拠］税制改革なしでは若者の持続可能な未来への投資は不可能

8

❶These new taxes will fund much-needed government programs. ❷Only
governments can create jobs ⟨for the young⟩ ⟨on the scale required⟩. *the scaleを修飾する分詞* ❸New
schools, new curricula and new job-training schemes would be a good start. *文の主語3つを並列*
❹［Retraining schemes, (such as training youth to care for the elderly)］, are not only *具体例を表す前置詞*
badly needed ⟨for society⟩, but might also help relieve the unemployment crisis. *are ... needed ...とmight also help ...を並列* *help to V...のtoを省略*
❺Governments should also encourage the young to work ⟨in agriculture, (which has a
rapidly aging labor force)⟩, or ⟨in IT and other specially-targeted industries⟩. *in agriculture ...とin IT ...を並列*
❻Nevertheless, direct job-creation programs, (such as infrastructure projects), would be *[逆接]* *具体例を表す前置詞*
the single most effective strategy.

❶これらの新しい税金は、非常に必要とされる政府の計画にとっての財源となる。❷必要な規模で若者の雇用を創出できるのは、政府だけである。❸新しい学校、新しいカリキュラム、新しい職業訓練制度は、良い出発点となるだろう。❹高齢者を介護する若者の育成などの再教育計画は、社会にとって大いに必要なだけでなく、失業の危機を和らげるのにも役立つかもしれない。❺また、高齢化が急速に進む農業や、IT産業などの特にターゲットを絞った産業で働くように、政

府は若者を促すべきである。❻それでもやはり、インフラ整備などの直接的な雇用創出計画が、紛れもなく最も有効な戦略であろう。

| 語句リスト | curriculum 名 カリキュラム ⇒ 複数形は「curricula」
scheme 名 スキーム、計画、構想　infrastructure 名 インフラ、社会の基盤

○ パラグラフの要点

----

❶ これらの新しい税金 ＝ 政府の計画の財源
❷ 若者の雇用の創出は政府のみが可能
❸ 新しい学校・カリキュラム・職業訓練制度 ＝ 良い出発点
❹ 再教育計画 ＝ 社会に必要 ＋ 失業危機の緩和の一助
❺ [also：追加] 高齢化が進む農業やITなどの分野へ政府が若者を促すべき
❻ [Nevertheless：逆接] 直接的な雇用創出が最も有効な唯一の戦略

日本人が外国人労働者になる時代

「グローバリズムが進展すると、途上国の労働力が日本に押し寄せ、日本人の雇用が圧迫される」——もし皆さんが、呑気にそんなことを考えているとするならば、その考えは平成に捨ててきてください。今の日本の労働市場は、途上国の人にとって、そんなに魅力的ではありません。

実はバブル崩壊後、何と日本は30年間も、物価と賃金がほぼ上がっていないのです。不景気でお金の巡りが悪くなって物価が上がらない現象を「デフレーション（デフレ）」と言いますが、このデフレのせいで、日本は1990年から2020年までの30年間、ずーっと平均年収が400万円台で、その間わずか1.04倍しか賃金が上がっていません。

これに対してアメリカは、その同じ30年間で、平均年収が5万ドル弱から7万ドル強へと、なんと1.5倍も上がっているのです。それに伴い物価も上がり、今アメリカでは、牛丼が800円以上、ラーメンが2000円以上もします。でもこれ、もうおわかりだと思いますが、アメリカが高すぎるのではなく、日本が安すぎるのです。

この物価の安さに加えて、近年は「1ドル＝150円前後」という円安（＝日本のモノは安い）水準が続いていますから、訪日外国人旅行（インバウンド）をする人の目には、日本のモノは「感動的な安さ」として映ります。でも海外旅行に行って、「この国、モノが安いな〜」と感動するのは、途上国に旅行した時の感覚です。ということは、私たちの国・日本は、文化水準は高くても、経済水準はいつの間にか「途上国レベル」にまで下がってしまっていたのです。なんとも寂しい話ですね。

でも、せっかくだから、この状況を逆手に取りましょう。逆に考えれば、今は海外の方が「賃金が高くて通貨価値も高い」わけですから、日本人が海外に働きに出ればいいのです。例えばアメリカで平均年収の7万ドルを稼げれば、まず7万ドルがすごい上に、そこに「円安の威力」が乗っかります。つまり、1ドル＝100円の円高時代なら700万円だった7万ドルが、1ドル＝150円の円安期なら、なんと1050万円にもなるわけです。

幸いグローバル化で、世界は今つながっています。おいしい稼ぎ所は日本以外にもたくさんあります。ぜひ皆さんは、今学んでいる英語を活かして世界に羽ばたき、「牛丼800円は高いなー」と文句を言いながらも、7万ドル稼げる大人になってください。

WRITING

次の英文を読み、英作文により解答しなさい。

Should the Japanese government take measures to solve the problem of youth unemployment? Why or why not? In around 150 words, write your opinion and give reasons in English.

（慶應義塾大学　改）

◎ 使えるキーワード

- youth unemployment　若者の失業
- take a measure to V　Vするための対策を取る
- depression　うつ病
- mental illnesses　精神病
- vicious cycle of ～　～の悪循環
- labor force　労働力
- lose trust in ～　～への信頼を失う
- take a role in ～　～で役割を果たす
- intervene in ～　～に介入する
- innovative　革新的な
- get into the habit of ～　～の癖がつく
- mismatch between A and B　AとBとの不一致
- reform　（仕組み・制度などの）改革
- vocational training　職業訓練

◎ 設問の日本語訳

◎ 解答例❶

Introduction		若者の失業問題 ＝ 日本にとって重大な懸念
		→ 政府は対策を取るべき
Body	理由❶	**失業は若者に否定的な影響を与える**
		→ うつ病などの精神病にかかりやすくなる
		さらに仕事が見つけられなくなるという悪循環
		＋ 労働力の損失
	理由❷	**若者が政府への信頼を失う**
		→ 高齢者を優遇し、若者に目を向けない政治
		→ 日本が直面している問題解決に
		若者が非協力的になる
Conclusion		失業問題の解決は政府のみならず
		日本の将来にとって最善の利益になる

Youth unemployment is a serious concern for Japan and the government should take measures to solve this problem.

One reason is that unemployment affects young people negatively. Young people who are unemployed have higher rates of depression and other mental illnesses. This results in a vicious cycle of even more difficulty finding work, which could lead to the loss of Japan's young labor force.

Another reason is that young people will lose trust in the government. Politics today is focused only on the elderly and does not seem to be working for the benefit of the young. As a result, young people will be unwilling to take an active role in solving the problems facing Japan.

For these reasons, actively addressing the issue of youth unemployment must be in the best interest of the government and, by extension, the future of Japan.

(142 words)

　若者の失業は日本にとって重大な懸念であり、この問題を解決するために政府は対策を取るべきである。

　理由の一つは、失業状態は若い人々に否定的な影響を与えることだ。失業状態にある若者はうつ病やその他の精神病にかかる割合が高くなる。その結果、さらに仕事が見つけられなくなるという悪循環に陥ってしまい、日本の若い労働力の損失につながりかねない。

　もう一つの理由は、若者の政府への信頼がなくなってしまうことである。今の政治は高齢者ばかりに目を向け、若者のために動いているようには思われていない。その結果、国が直面している問題の解決において、若者が積極的に動く気持ちを持てなくなるだろう。

　これらの理由から、若者の失業問題に積極的に取り組むことは、政府ひいては日本の将来にとって最善の利益になるはずだ。

○ 解答例 ❷

Introduction	若者の失業問題への取り組み ＝ 日本にとっての懸念
	→ しかし、政府は積極的に介入すべきではない

Body	理由❶	**政府介入により、国民がさらに政府に依存するようになる**
		→ 企業も個人も政府の援助を待つ癖がつく
		→ 一時的に問題解決にはなるが、 真の解決ではない
	理由❷	**失業問題の根底 ＝ 若者のスキルと企業が求めるスキルのミスマッチ**
		→ 解決策 ＝ 教育制度や職業訓練プログラムの改革
		→ 政治ではなく教育を通してこそ 成し遂げられる

Conclusion	若者の失業問題について政府の援助も多少かもしれないが、政府の介入に頼りすぎてはいけない

While addressing youth unemployment is a concern for Japan, I disagree that the government should actively intervene in the problem of youth unemployment.

The first reason is that if the government regularly intervenes to solve problems like youth unemployment, it makes the public more dependent on the government. Instead of seeking innovative solutions, both businesses and individuals will get into the habit of waiting for government assistance. This cannot be called a true solution, even if it temporarily improves the unemployment problem.

The second reason is that the root of the youth unemployment problem is a mismatch between the skills that young people possess and what companies need. In this view, the solution must be reforms in the education system or vocational training programs. A true solution to this problem can only be achieved through education, not politics.

Of course, we may need some help from the government, but we shouldn't depend too much on the government to address this issue.

(116 words)

若者の失業問題への取り組みは日本にとっての懸念ではあるが、政府が積極的に介入していくべきという考えには反対だ。
　一つ目の理由は、もし政府が若者の失業のような問題を解決するために定期的に介入をすれば、そのせいで国民が政府にさらに依存するようになるからだ。革新的な解決策を模索するのではなく、企業も個人も政府の援助を待つ癖がついてしまう。たとえ、一時的に失業問題が改善されたとしても、それを真の解決とは呼べない。
　二つ目の理由は、若者の失業問題の根底には、若者の持つスキルと企業が必要とするスキルのミスマッチがあるからだ。この見方からすると、解決策は教育制度や職業訓練プログラムの改革でなければならない。この問題の真の解決は、政治ではなく教育を通してこそ成し遂げることができる。
　もちろん、政府からの援助も必要かもしれないが、この問題への対処を政府に頼りすぎてはいけない。

03

高齢化社会と医療

Aging Society and Healthcare

トピックのポイントはここだ！

　現在の日本は、世界でも突出した「少子高齢化社会」です。

　ただ、日本ほどではないにせよ、今日少子高齢化は、発展途上国も含めた「世界的な問題」になりました。平均寿命が延び、乳幼児の死亡率が下がれば、どの国でも少子高齢化が進むためです。

　当然、英語での出題頻度も高く、受験生としては避けては通れないテーマとなっています。

　このテーマは、政治的・経済的・社会的・医学的見地など、さまざまな角度から出題されます。キーワードは「平均寿命の延長、合計特殊出生率の低下、他国の状況、政府の政策、働き方改革、女性活躍社会、安楽死と尊厳死、終末期医療」などになるでしょう。

英語入試ではこう出る！

　高齢化社会をテーマにした英文は、大学入試では定番化していますが、birth rate（出生率）や life expectancy（平均寿命）などの頻出フレーズは、単語帳ではなかなか出合う機会がありません。英文を読む中で時事的知識だけでなく、さまざまな頻出フレーズを習得することで、自由英作文で利用できる生きた表現の習得にもつながり、一石二鳥です。

　読解問題でも、自由英作文でも、高齢化社会をテーマにした出題が増えてきています。このテーマは英語力だけで解くよりも、時事的知識があった方が、解答の幅が広がり、気持ちにゆとりが生まれます。両面からしっかり取り組んでいきましょう。

1 | 出生率の低下と少子化対策

BACKGROUND

日本の少子化の現状

高齢化と少子化の同時進行
合計特殊出生率の低下
国民負担率の増加

戦時中は「産めよ増やせよ」が合言葉で、終戦後は出生率が爆上がりした3年間（1947−1949）がありました。人呼んで「第一次ベビーブーム」。その頃生まれた子どもたちは「団塊の世代」と呼ばれ、日本の高度経済成長期を支えてくれました。

しかし、その子たちも今や70代半ば。今度は若い現役世代が社会保障面で支えてあげないといけない立場になっています。

ここで問題になるのが「少子化」です。今、日本では、高齢化と少子化が同時進行しています。女性が一生のうちに産む子どもの数を「合計特殊出生率」と言い、それが約2.1を下回ると人口を維持できなくなりますが、1947年には4.5もあったこの数字が、1974年には2.1を割り、

2023年にはついに1.26まで下がってしまいました。これは2005年と並んで過去最低の数字です。

　その結果、日本では2009年から「若者が増えない」という最悪の形での人口減少が始まったのです。これはまずいですね。このままでは国民全休（特に現役世代）にのしかかる租税と保険料の比率（国民負担率）がどんどん上がってしまいます。

日本の少子化対策とその課題

男性の育児休業取得率引き上げ
幼保一元化
ジェンダーフリー

　政府は少子化対策として、まず男性の育児休業取得率を2025年までに30％まで引き上げるという目標を掲げています。しかし2022年度の、取得率はわずか17.13％。これは現行の「育児・介護休業法」に問題があるためです。なぜなら同法には、違反企業への罰則はなく、所得保障も不十分だからです。

　さらに「待機児童」対策としては、「幼保一元化」があります。これは、1日4時間程度の幼稚園（教育機関）に、最大11時間も預かってくれる保育園（福祉施設）の機能を合体させた「認定こども園」を増やしていくという取り組みです。

　もはや女性に「お母さん」だけを求める時代は終わりました。「男女の固定的な役割意識」を「ジェンダー」と言いますが、今はジェンダーフリーの時代です。ならば、女性も社会の一員として働くことができて、育児や介護を「女性に押しつける」のではなく「社会が引き受ける」形を構築することが、これらの問題解決の鍵になってくるでしょう。

READING

**2014年に書かれた次の英文を読み、あとの問いに
答えなさい。**

1 ❶1949: The Second World War was over. ❷Slowly, the Japanese
population started to recover. ❸That year, 2.7 million babies were
born − a record high, never to be surpassed. ❹Those times seem very
distant from us now. ❺The number of births in 2013 was 1.037 million
−a record low. ❻The infants of 1949 turn 65 this year. ❼They are the
symbolic link between the postwar baby boom and the increasingly
childless present. ❽As they start to retire, with an average of 21 years of
life ahead of them (based on a life expectancy of 86.5 years), who will
support their pensions? ❾Foreseen for decades, the problem has yet to be
solved, or even adequately dealt with.

2 ❶A well-known magazine has declared Japan a "child-raising small
country" − in contrast to the immediate postwar period, when it
would have ranked as a child-raising superpower. ❷But its meaning is not
pejorative*. ❸On the contrary, it proclaims some child-raising
"revolutions" that seem to promise a rosy future. ❹There's the revolution
in day care, for example, in which parents are demanding action over the
terrible shortage of day care facilities for children of working couples.
❺A workplace revolution is bringing paternity leave* − very slowly − to
the foreground.

3 ❶No doubt it would have astonished the mothers of 1949 to
glimpse this in their country's 21st-century future. ❷"Mothers," we
say, and rightly. ❸Then, fathers were scarcely involved in child-raising at
all, which brings us to another revolution − the household revolution −
in which fathers do, increasingly, consider themselves fathers in more

than the biological and economic senses of the word.

4 ❶Revolutions were happening then too – most visibly the economic one that turned a broken nation into an economic power, but also a series of moral ones. ❷The prewar generation was often shocked by the "selfishness" (or "individualism," if they took a kinder view of it) of the postwar baby boomers. ❸(From our modern perspective their "individualism" hardly seems like the real thing; we tend to be more struck by their group-ism, which is an indication of how much things have changed.)

5 ❶That so many from those days remain alive to share their memories with us is the triumph of yet another revolution – the medical one that has made Japan the longest-living nation in the world. ❷It is a demographic* revolution too, whose other side has been a mass unwillingness to have children. ❸Thus the "aging society."

6 ❶One revolution leads to another, or many others, and we return now to the child-raising revolutions mentioned earlier. ❷At first sight it seems odd that a falling birth rate would generate such revolutions when a baby boom failed to. ❸Other factors are involved: social, economic, and technological. ❹Women are no longer merely mothers. ❺Their personal fulfillment, as well as the depressed economy, demands a more active role for them in society at large. ❻This is impossible under the traditional domestic arrangement, which the baby boomers somehow never challenged – husband to the office, wife at home.

7 ❶Not long ago it seemed you had to give up everything else in life in

order to raise children, if you were a woman. ❷ Day care openings fall terribly short of need — the nationwide waiting list currently is 24,825 names long, according to the health ministry. ❸ Tokyo's Suginami Ward was the revolutionary headquarters. ❹ Here the shortage was most serious; here began the demonstrations and campaigns that helped move the government to promise day care accommodation for an additional 400,000 children by 2017.

8 ❶ As for paternity leave: What would a father of 1949 have thought of that? ❷ Fathers, or perhaps rather their employers, have a low opinion of it today, if the percentage of fathers taking it — 2.6 in 2011 — is the measure. ❸ The government's goal is 10 percent by 2017. ❹ At one company, Nihon Life Insurance, the rate is 100 percent. ❺ Ninety percent of Nihon Life employees are women, and management wants male employees to understand what work-life balance means when the "life" part of the equation includes children. ❻ So paternity leave is obligatory for fathers employed by Nihon Life.

9 ❶ These small revolutions may add up to a big one, a step simultaneously backward and forward — back to the days when child-raising was more or less a matter of course, forward to whole new ways of doing it.

Notes : pejorative 軽蔑的な   paternity leave 父親がとる育児休暇
        demographic 人口統計の

（学習院大学）

英文の内容に関する1～4の質問に対して、最も適切なものを1～4の中から一つ選びなさい。

1 What was happening in Japan in 2014?

1 Although Japan's birth rate was much lower than it once had been, many radical changes in child-raising were emerging.

2 Japan was being criticized for being a "child-raising small country", where people had trouble raising children.

3 The average life expectancy was 21 years longer than it had been before the Second World War.

4 There were enough childcare facilities for working couples, and the husbands were free to take paternity leave.

2 Which of the following was true for the mothers of 1949?

1 They criticized their husbands for not taking care of their children.

2 They had to do almost all of the child-raising by themselves.

3 They took it for granted that their husband got paternity leave.

4 They were so selfish that they rarely tried to act in groups.

3 Which of the following was true for the women of 2014?

1 Child-raising cost them everything else in their lives.

2 The depressed economy kept them from going to work.

3 They were expected to bear 400,000 more babies by 2017.

4 They were required to play a more active role in society.

4 Which of the following was a unique feature of Nihon Life Insurance?

1 Management needed more male employees to improve their annual sales.

2 The company had a low opinion of the fathers taking paternity leave.

3 The goal of the company was gender equality in terms of work-life balance.

4 The male employees had to take paternity leave after they have a child.

ANSWERS

1 2014年に日本では何が起こっていたか?

1 日本の出生率は以前に比べて大幅に低下しているが、子育てには多くの抜本的な変化が現れていた。

1の**⑤**文の内容より、2014年時点での出生率は低いと分かる。また、2の**❸**〜**⑤**文より、子育てにおける抜本的な変化が起こっていることも読み取れる。

2 日本は、人々が子育てをするのに苦労する「子育て小国」であると批判をされていた。

2の**❶**文に日本が「子育て小国」と呼ばれていることは書かれているが、**❷**文によれば批判的な意味でない。

3 平均寿命が第二次世界大戦前よりも21年伸びた。

1の**❽**文より、21年というのは、ベビーブーム世代が退職した時の残り寿命である。

4 共働き夫婦向けの十分な保育施設があり、夫は自由に育児休暇を取ることができた。

2の**❹**文と**❺**文より、まだその状況までにはなっていないことが分かる。

2 1949年の母親に当てはまっていたのは、次のうちどれか?

1 彼女たちは、夫が子育てをしないことを非難した。

3の**❸**文より、夫が子育てにほとんど関わらなかったことは読み取れるが、それを非難したとは書かれていない。

2 彼女たちは、子育てのほとんどすべてを自分一人でしなければならなかった。

3の**❸**文より、母親が子育てをほとんど一人でしなければならなかったことが読み取れる。

3 彼女たちは、夫が育児休暇を取ることを当然だと思っていた。

2の**❺**文より、これは1949年当時のことではない。

4 彼女たちは自己中心的で、集団で行動することはめったになかった。

4の**❷**文に、戦前の観点から見れば、彼女たちの世代は「自己中心的」であったとは書かれているが、当時の母親が自己中心的な人間であったという話ではない。また、4の**❸**文に、この世代はどちらかと言えば集団主義的であったと述べられている。

3 2014年の女性に当てはまっていたのは、次のうちどれか?

1 子育てのために、彼女たちは人生における他のすべてのものを犠牲にしていた。
6の❹・❺文に不一致。

2 経済の不況によって、彼女たちは働きに行けなかった。
6の❺文に、経済の不況により社会に参加することを求められているとあることに不一致。

3 2017年までに、さらに4万人の赤ん坊を出産すると期待されていた。
7の❹文より、4万という数字は保育施設の拡張についての数字であり、生まれてくる赤ん坊の数ではない。

4 彼女たちは、社会でより積極的な役割を果たすことを求められていた。
6の❺文の内容に一致。

4 日本生命保険独自の特徴は、次のうちどれか?

1 経営陣は、年間売上を伸ばすためにより多くの男性社員を求めていた。

2 企業として、父親が育児休暇を取ることについての評価が低かった。

3 仕事と生活のバランスの観点での男女平等が企業目標であった。

4 子どもができたら、男性社員は育児休暇を取らなければならなかった。
4が8の❻文に一致する。

EXPLANATIONS

1

❶1949: The Second World War was over. ❷〈Slowly〉, the Japanese population
started to recover. ❸〈That year〉, 2.7 million babies were born – a record high,
(never to be surpassed).
2.7million babiesと同格
形容詞的用法
❹Those times seem very distant 〈from us〉〈now〉. ❺The
number of births in 2013 was 1.037 million –a record low. ❻The infants of 1949 turn 65
1.037 millionと同格
〈this year〉. ❼They are the symbolic link (between the postwar baby boom and the
時を表すas節
between A and B（AとBの間）
increasingly childless present). ❽〈As they start to retire, 〈with an average of 21 years of
付帯状況のwith
life ahead of them (based on a life expectancy of 86.5 years)〉〉, who will support their
pensions? ❾〈Foreseen for decades〉, the problem has yet to be solved, or even adequately
分詞構文
solvedとdealt withを並列
dealt with.

❶1949年。第二次世界大戦は終結をしていた。❷ゆっくりとではあるが、日本の人口は回復を
始めていた。❸その年、270万人の赤ん坊が生まれた。過去最高の記録であり、その後も超え
られることはなかった。❹その時代は今日の私たちとは遠くかけ離れたもののように思える。❺2013
年の出生児数は、103万7,000人で、過去最低の記録であった。❻1949年に生まれた子が、
今年65歳になる。❼彼らは、戦後のベビーブームと少子化が進む現代との間の、象徴的なつな
がりだ。❽彼らは（平均寿命が86.5歳ということに基づくと）平均21年という人生を残して退職
し始めるのだが、誰が彼らの年金を支えるのだろうか？　❾何十年もの間予見されていたのに、そ
の問題はまだ解決されておらず、十分に対処されてさえいないのである。

語句リスト the Second World War 名 第二次世界大戦　surpass 動 〜を上回る
postwar 形 戦後の　baby boom 名 ベビーブーム　retire 動 退職する　life expectancy 名 平均寿命
pension 名 年金　foresee 動 〜を予見する

○ パラグラフの要点

1949年：❶第二次世界大戦後、❷日本の人口が回復 → ❸出生数270万人 ＝ 過去最高
　　　　　↓　　　　　　　　　　　　　　　　（→ p.044 ここがポイント！❹）
　　　❹ずっと昔のことに思われる
　　　　→❺2013年の出生数は103万7,000人 ＝ 過去最高
　　　　→❻1949年生まれの人が今年で65歳 ＝ 退職年齢

＝ ❼戦後のベビーブームと少子化の現代を結ぶ象徴的なつながり

❽彼らの退職後の年金を誰が支えるのか？ ［疑問文 ＝ 筆者からの話題の提示］

(→p.060 ここがポイント！❺)

❾この問題は未解決で対処も不十分だ ［答え ＝ 筆者の意見・言いたいこと］

----

2 ❶A well-known magazine has declared Japan a "child-raising small country" – 〈in contrast to the immediate postwar period, (when it would have ranked as a child-raising superpower)〉. ❷But its meaning is not pejorative*. ❸On the contrary, it proclaims some child-raising "revolutions" (that seem to promise a rosy future). ❹〈There〉's the revolution 〈in day care〉, for example, (in which parents are demanding action (over the terrible shortage of day care facilities for children of working couples)). ❺A workplace revolution is bringing paternity leave* – 〈very slowly〉 – 〈to the foreground〉.

関係副詞の when
［逆接］ ［逆接］
関係代名詞の that
［具体例］ 前置詞のついた関係代名詞

❶ある有名な雑誌が、―― 終戦直後、日本が育児大国とされていた時代と対比させて ―― 日本は「子育て小国」であると述べた。❷しかし、その意味は軽蔑的なものではない。❸それどころか、バラ色の未来を約束するかのように思えるいくつかの育児「革命」を宣言しているのだ。❹例えば、保育における革命があり、共働き夫婦の子どもたちのための保育施設が恐ろしいほどに不足していることへの対応を親たちが要求している。❺職場革命により、―― 徐々にではあるが ―― 父親の育児休暇が前に推し進められてきている。

語句リスト superpower 名 超大国　proclaim 動 ～を宣言する　revolution 名 革命
shortage 名 不足　day care facility 名 保育施設　couple 名 夫婦
paternity leave 名（父親の）育児休暇 ⇔ maternity leave 名（母親の）育児休暇
foreground 名 前面、前方

EXPLANATIONS

❶ある著名な雑誌 → 日本は「子育て小国」 ←→ 戦後すぐの日本 = 育児大国

❷ [But：逆接] ←→ 軽蔑的な意味ではない

❸ [On the contrary：逆接] ←→ 未来への育児「革命」を意味

❹ [for example：具体例] 保育革命 → 保育施設増加の要求

　　　　　　　❺職場革命 → 父親の育児休暇

---

3 ❶〈No doubt〉 it would have astonished the mothers of 1949 〈to glimpse this in
　　　　　　　　S　V　　　　　　　　　O
　　　　　　　　　　　　　　　　　　　　　　　　　　「"Mothers," we say」が省略　　感情の理由を表す副詞的用法
their country's 21st-century future〉. ❷"Mothers," we say, and 〈rightly〉. ❸〈Then〉,
　　　　　　　　　　　　　　　　　　　　　O　　　　　S　V
　　　　　　　　　　　　　　　　　継続用法の which
fathers were scarcely involved 〈in child-raising〉 〈at all〉, 〈which brings us 〈to another
S₁　　　V₁　　　　　　　　　　　　　　　　　　　　　　　　　　which　brings　us　to another
　　　　　　　　　　　　　　　　　　　　　　　　　　　　　　S₂　　V₂　　O₂
　　　　　　　　　　　　　　　　　　　強調の助動詞
revolution – the household revolution – (in which fathers do, 〈increasingly〉, consider
　　　　another revolutionと同格　　　　　　　　　　　　　　　　　　　　　　　　　V₃
　　　　　　　　　　　　　　　　　　　前置詞のついた関係代名詞
themselves fathers 〈in more than the biological and economic senses of the word〉〉〉〉.
O₃　　　　C₃　　　　　　　　　　　　　biologicalとeconomicを並列

❶1949年に母親であった人たちが、自国の21世紀におけるこの革命を目にすれば、間違いな
く驚愕したことであろう。❷「母親たち」と言うが、まさしくその通りなのである。❸当時、父親た
ちが育児に関わることはほとんどなく、そのことにより、私たちはもう一つの革命 ── 家庭革
命 ── を引き起こすこととなる。その中で、父親たちは自分のことを、「父親」という言葉の生
物学的および経済学的な意味だけではない存在であると、次第に考えるようになっていくのだ。

語句リスト glimpse 動 ～を(ちらっと)目にする　household 名 世帯、家庭
biological 形 生物学上の　economic 形 経済学上の

○ パラグラフの要点

❶21世紀のこの状況を1949年に母親だった人が知れば驚くだろう

　　　→ ❷「母親たち」という表現は正しい

　　　→ ❸当時の父親は子育てにほとんど関わらなかった
　　　　　　　　　↓

家庭革命：父親は単に生物学上・経済学上の父親であるだけではない

4

❶Revolutions were happening ⟨then⟩ too – ⟨most visibly⟩ the economic one
S₁ V₁ [追加] Revolutionsと同格
関係代名詞のthat
(that turned a broken nation ⟨into an economic power⟩), but ⟨also⟩ a series of
V₂ O₂ the economic oneとa series of moral onesを並列

moral ones. ❷The prewar generation was ⟨often⟩ shocked ⟨by the "selfishness" (or
S V C "selfishness"と"individualism"を並列

"individualism," ⟨if they took a kinder view of it⟩) of the postwar baby boomers⟩.

❸(⟨From our modern perspective⟩ their "individualism" ⟨hardly⟩ seems like the real
S V C
継続用法のwhich
thing; we tend to be more struck ⟨by their group-ism⟩, ⟨which is an indication of [how
S₁ V₁ C₁ V₂ C₂

⟨much⟩ things have changed]⟩.)
S₃ V₃

---

❶当時も革命は起こっていた。── 最も明らかであったのは、破壊された国家を経済大国へと変えた経済革命であったが、道徳面における一連の革命も起こった。❷戦前の世代の人々は、戦後のベビーブーム世代の「自己中心主義」（あるいはより好意的に見るとすれば「個人主義」）からショックを受けることも多かった。❸（私たち現代人の観点からすれば、彼らの「個人主義」は本物のようには思えない。というのも、私たちは彼らの「集団主義」に驚かされることが多く、このことから状況がどれほど大きく変わったのかが分かる。）

語句リスト power 名 強国　prewar 形 戦前の
individualism 名 個人主義　perspective 名 視点、見方

○ パラグラフの要点

------

❶1949年にも革命はあった［too：追加］

→ ┌ 戦後日本を経済大国へと変えた経済革命
　　└ 道徳面における一連の革命
　　　　→❷戦後のベビーブーマー ＝ 戦前の人には「自己中心的」に見える
　　　　　　　　　　　　　　　　　　⇕
　　　　　　　　❸現代人には「集団主義的」に見える
　　　　　　　　→状況が大きく変化

5

❶ 名詞節を導くthat
[That so many from those days remain alive ⟨to share their memories with us⟩]
S₁ S₂ V₂ C₂
目的を表す副詞的用法

is the triumph of yet another revolution – the medical one (that has made Japan
V₁ C₁ V₃ O₃
yet another revolutionと同格　関係代名詞のthat

the longest-living nation in the world). **❷** It is a demographic* revolution too, (whose
C₃ S₁ V₁ C₁ S₂
[追加]

other side has been a mass unwillingness (to have children)). **❸** Thus the "aging society."
V₄ C₂
a mass unwillingnessを修飾する形容詞的用法　[因果] 前文の結果を表している

❶その時代から現在まで生きてきて、自分たちの記憶を私たちに伝える人々がこれほどに多いことは、さらに別の革命 ── 日本が世界一の長寿国となる原因となった医療革命 ── の功績である。**❷**それはまた人口統計上の革命でもあり、その別の側面は大衆が子どもを持とうとしないということであった。**❸**その結果が、「高齢化社会」である。

語句リスト ▶ share 動 〜（感情・情報など）を伝える　triumph 名 勝利、功績
medical 形 医学の、医療の　aging society 名 高齢化社会

○ パラグラフの要点

❶1949年当時の人が多く生きている ＝ 医療革命の功績 → 世界一の長寿国

└→**❷**人口統計上の革命でもある ［too：追加］
↓
子どもを持とうとしなくなるという側面
→ **❸** ［Thus：因果］ 高齢化社会

6

❶ revolutionの省略　　　　文と文の並列
One revolution leads to another, or many others, and we return ⟨now⟩ ⟨to the
S V S V

child-raising revolutions (mentioned earlier)). **❷** ⟨At first sight⟩ it seems odd
名詞修飾の分詞 仮S₁ V₁ C₁

[that a falling birth rate would generate such revolutions ⟨when a baby boom failed to⟩].
真S₁ S₂ V₂ O₂
対比を表すwhen節　generate such revolutionsの省略

❸ Other factors are involved: social, economic, and technological. **❹** Women are ⟨no
S V C other factorsと同格 factorsの省略 S V

longer⟩ ⟨merely⟩ mothers. **❺** Their personal fulfillment, as well as the depressed
C S
their personal fulfillmentと比較

economy, demands a more active role ⟨for them⟩ ⟨in society at large⟩. **❻** This is
V O S₁ V₁

impossible ⟨under the traditional domestic arrangement, (which the baby boomers
C₁ S₂
関係代名詞のwhich

152

〈somehow〉〈never〉 <u>challenged</u>） － <u>husband to the office, wife at home</u>〉.
　　　　　　　　　V_2　　　　　　　　　the traditional domestic arrangementと同格

❶ある一つの革命が、また別の革命、あるいはその他多くの革命につながり、ここで、前述した育児革命に話題を戻す。❷ベビーブームの時には起こらなかったのに、出生率が低下するとそのような革命が起こるのは、一見奇妙に思われる。❸そこには社会的、経済的、そして技術的な他の要因が関わっているのだ。❹女性はもはや単なる母親ではない。❺経済的な不況に加え、女性の自己表現のためにも、彼女たちは社会全体の中でより活動的な役割を果たすことが求められている。❻ベビーブーム世代の人々がなぜか異を唱えることのなかった従来の家庭内の取り決め —— 夫は仕事へ行き、妻は家にいる —— の下では、これは不可能である。

語句リスト birth rate **名** 出生率　technological **形** 科学技術の
personal fulfillment **名** 個人的充足、自己表現　depressed economy **名** 不景気、不況
domestic **形** 家庭の

○ パラグラフの要点

---

❶ある革命はその他の革命へとつながる
　→❷出生率が低下すると育児革命が起こるのは一見奇妙に思える

　　　　　　　　　↓

　　❸社会的、経済的、技術的要因が関わっている
　　→❹女性はもはや単なる母親ではない

　　　　　　　　　　　　　　＝❺社会でより活発な役割を担う必要性

　　　　　　　　　　　　　　　　　↓

　　　　❻従来の家庭の在り方（夫が仕事、妻は家事）では不可能

EXPLANATIONS

7 ❶〈Not long ago〉 <u>it</u> <u>seemed</u> ⌊<u>you</u> <u>had to give up</u> <u>everything else</u> 〈in life〉 〈in order
　　　　　　　　　S_1 V_1　　　C,S_2 V_2　　　O_2
　名詞節を導くthatの省略　　　　　　　　　　　　　　　　　　　目的を表す副詞的用法
to raise children〉, 〈if you were a woman〉]. ❷Day care openings fall terribly short
　　　　　　　　　　条件を表すif節 S_3 V_3 C_3　　　S　　　V C
of need － <u>the nationwide waiting list</u> 〈currently〉 <u>is</u> <u>24,825 names long</u>, 〈according to
　　　S　　　　　　　　　　　　　　　　　　V C
the health ministry〉. ❸<u>Tokyo's Suginami Ward</u> <u>was</u> <u>the revolutionary headquarters</u>.
　　　　　　　　　　　　S　　　　　　　V C

❹〈Here〉 <u>the shortage</u> <u>was</u> <u>most serious</u>; 〈here〉 <u>began</u> <u>the demonstrations and</u>
　　　S　　　V　C　　　　　　V_1　　S_1
　　　　　　　　　　　　　　　　　　　toの省略 (V)　(O)　　　(C)
campaigns （<u>that</u> <u>helped</u> <u>move</u> <u>the government</u> to promise day care accommodation （for
　　　　　関係代名詞のthat V_2　O_2

TOPIC 03-1　出生率の低下と少子化対策　153

an additional 400,000 children) by ⟨2017⟩).

❶女性に生まれたら、育児をするために人生における他のすべてのものを諦めなければならないように思えたのは、それほど昔のことではない。❷保育施設の空きは、必要とされている数には到底足りていない —— 厚労省によれば、国内の待機児童数は、現在 24,825 人に上っている。❸東京都杉並区は、革命の本拠地であった。❹この区では、不足が最も深刻であった。この区でデモやキャンペーンが始まり、それらは、政府が、2017 年までに 40 万人分の保育施設を増やす約束をする一助となったのであった。

語句リスト demonstration 名 （集会・行進などによる）デモ　accommodation 名 収容

○ パラグラフの要点

━━

❶少し前まで：女性は育児のためには他のすべてを諦めるしかなかった

→❷保育施設の空き不足：[具体例] 国内の待機児童数 ＝ 24,825 人

↓　　　　　　　　　　　　　　　　　　　　（→ p.044 ここがポイント！❹）

❸ [具体例] 東京都杉並区 ＝ 革命の本拠地

→❹施設不足が最も深刻 → デモ運動で政府が改善を約束

━━

8 ❶⟨As for paternity leave⟩: What would a father of 1949 have thought ⟨of that⟩?
fathers と their employers を並列
❷Fathers, or ⟨perhaps⟩ ⟨rather⟩ their employers, have a low opinion of it ⟨today⟩,
条件を表す if 節
⟨if the percentage of fathers taking it – 2.6 in 2011 – is the measure⟩. ❸The
名詞修飾の分詞　the percentage と同格
government's goal is 10 percent ⟨by 2017⟩. ❹⟨At one company, Nihon Life Insurance⟩,
one company と同格
the rate is 100 percent. ❺Ninety percent of Nihon Life employees are women, and
what 節が understand の目的語　　　　　　　　　　文と文の並列
management wants male employees to understand [what work-life balance means]
時を表す when 節
⟨when the "life" part of the equation includes children⟩. ❻So paternity leave is
[因果]
obligatory ⟨for fathers (employed by Nihon Life)⟩.
名詞修飾の分詞

❶父親の育児休暇について、1949 年に父親であった人ならば、どう思ったであろうか。❷育児休暇を取る割合 —— 2011 年は 2.6％ であった —— を指標とするのであれば、父親たちは、い

やむしろ彼らの雇用主たちは現在、父親の育児休暇を低く見ている。❸政府の目標は 2017 年までにその割合を 10% にすることである。❹日本生命保険という会社では、その割合は 100% だ。❺日本生命の従業員の 90% は女性であり、経営陣は、男性従業員に、（ワークライフバランスの）方程式の「ライフ」の部分に子どもが含まれている場合に、ワークライフバランスが何を意味するのかを理解してほしいと思っている。❻したがって、日本生命保険では、父親が育児休暇を取ることが義務となっている。

語句リスト employer 名 雇い主、雇用主 ⇔ employee 名 従業員
work-life balance 名 ワークライフバランス　insurance 名 保険
equation 名 方程式、（右と左をイコールで結んだ）等式　obligatory 形 義務的な、強制的な

○ パラグラフの要点

❶ 1949 年の父親たちは、育児休暇をどう思うだろうか？（→p.060 ここがポイント！❺）

[疑問 ＝ 筆者からの話題の提示]

❷父親や雇用主からの評価は今日でも低い：[具体例] 2011 年の取得率は 2.6%

（→p.044 ここがポイント！❹）

↓

[答え ＝ 筆者の意見・言いたいこと]

❸政府の目標：2017 年までに 10% に

❹ [具体例] 日本生命保険：男性の育休取得率100%（→p.044 ここがポイント！❹）

❺従業員の 90% が女性

↓

男性社員に仕事と子育てを含む生活のバランスを理解させたい

→❻男性社員の育児休暇は義務

9

❶These small revolutions may add up to a big one, a step (simultaneously backward
S₁　　　　　　　　　　　　　V₁　　　　　　O₁
　　　　　　　　　　　　　　　　　　　a big one と同格
関係副詞の when
and forward − back to the days (when child-raising was 〈more or less〉 a matter of
　　　　　　　backward と同格　　　　　　　S₂　　　　　　V₂　　　　　　　　　　C₂
course), forward to whole new ways of doing it).
forward と同格

❶これらの小さな革命が積み重なって、大きな革命になっていくかもしれない。それは、同時に前と後ろに進む一歩である。—— それは、育児が多かれ少なかれ当然のことであった時代への回帰であると同時に、全く新しい方法で育児をするという前進でもある。

語句リスト add up to ～ 動 合計で～になる
backward 形 後方の、後方へ ⇔ forward 形 前方の、前方へ

○ パラグラフの要点

❶ これらの革命が<u>大きな革命</u>につながるかもしれない

↓

後ろへの一歩 ＝ 育児が当然であった時代への回帰
前への一歩 ＝ 新しい方法での育児へ向かう

○ さらに覚えておきたいキーワード＋10 　〜少子化〜

- burden 重荷、負担
- childcare allowance 名 子育て手当
- children on the waiting list 名 待機児童
- demography 名 人口統計学
- enactment 名 （法律などの）制定
- feminism 名 フェミニズム（＝女性解放思想）
- gender equality 名 男女平等
- productive-age population 名 生産年齢人口
- male-centered society 名 男性中心の社会
- total fertility rate 名 合計特殊出生率

WRITING

次のテーマで100〜150語程度のエッセーを英語で書きなさい。

Japan's population is expected to continue decreasing. In your opinion, how will this affect society? Include examples to explain your response.

（明治学院大学）

○ 使えるキーワード

- pension　年金
- labor shortages　労働力不足
- tax　税金
- declining birthrate　少子化
- welfare system　福祉制度
- workforce [labor force]　労働力
- retiree　退職者、年金受給者
- revenue　歳入　〈 → 〉　expenditure　歳出
- economic growth　経済成長
- budget　予算
- health care system　医療制度
- subsidy　助成金
- medical care　医療（行為）
- the elderly　高齢者

〇 設問の日本語訳

日本の人口は減少を続けている。あなたの意見では、これは日本社会にどんな影響を及ぼすか。答えを説明するための例を含めること。

〇 解答例❶

Introduction	少子化による人口減少 → 労働力の減少による社会への影響
Body	**具体例❶　高齢者を支える労働人口の減少** 　→ 若者への負担増 　→ 年金制度の維持が困難
	具体例❷　国内市場の縮小 　→ モノやサービスの需要が減る 　→ 経済の衰退
Conclusion	将来を見据えた政府の対応が求められる

In my opinion, one of the most immediate impacts will be on the workforce. As the population declines, there will be fewer working people and, because of this, Japan will face serious problems.

One of the problems is that there will be fewer young people to support an increasing number of retirees. This will place greater burdens on young people, including heavy taxes. In addition, the reduction in tax revenue may make it difficult to maintain the pension system.

Another problem is that the decreasing population could result in a decline in the domestic market. Fewer people will be purchasing goods and services, which could lead to a slower economic growth rate in Japan.

It is obvious that the declining population in Japan will have significant and far-reaching impacts on its society. Policymakers need to carefully consider and address this issue to ensure Japan's long-term prosperity.

(142 words)

私の意見では、最も直接的な影響の一つは労働力だろう。人口が減少するにつれ、労働者が減少し、それが理由で、日本は深刻な問題に直面することになるだろう。

　問題の一つは、増え続ける退職者を支える若者が少なくなることだ。このことによって、若者には重税をはじめとする、より大きな負担がかかることになるだろう。加えて、税収の減少により、年金制度の維持が困難になる可能性もある。

　もう一つの問題は、人口減少によって国内市場が縮小することになりうるということだ。モノやサービスを購入する人が減り、その結果、日本の経済成長率が鈍化する可能性がある。

　日本の人口減少が社会に重大かつ広範囲な影響を与えることは明らかである。政策立案者たちは、日本の長期的な繁栄を確保するために、この問題を慎重に検討し、対処する必要がある。

○ 解答例❷

Introduction	少子化による人口減少 → 現在の福祉制度の維持が困難	
Body	具体例❶	納税者の減少 → 政府の予算に余裕がなくなる → 医療費の引き上げや助成金の削減
	具体例❷	サービスの需要増 → 医療を必要とする高齢者の増加 ⟷ 医療を提供する働き手不足 → 長い待ち時間や医療崩壊の可能性
Conclusion	現状に対処するための迅速な行動が必要	

In my opinion, the decrease in Japan's population due to its declining birthrate could cause difficulties in maintaining the current welfare system.

One problem is that fewer young people and fewer taxpayers could lead to shortfalls in the budget to maintain the health care system. As a result, it may be necessary to raise health care costs or reduce subsidies for the elderly.

In addition, since the elderly population is more susceptible to health issues, there will be a higher demand for healthcare services. However, with a decreasing number of young workers, it may be difficult to meet this demand, which could lead to longer wait times at hospitals or inadequate medical care.

Obviously, the current situation in Japan poses a significant threat to the country's welfare system, and urgent action is required to address these challenges.

(137 words)

　私の意見では、出生率の低下による日本の人口減少は、現在の福祉制度の維持に困難をもたらす可能性がある。

　問題の一つは若者の減少や納税者の減少により、医療制度を維持するための予算が不足する可能性があることだ。その結果、医療費の値上げや高齢者への助成金の削減が必要になるかもしれない。

　加えて、高齢者層は健康上の問題を抱えやすいため、医療サービスの需要もより高くなる。しかし、若年労働者が減少しているため、この需要に応えることが難しく、その結果、病院での待ち時間が長くなったり、医療が十分に行き届かなくなったりするかもしれない。

　明らかに、日本の現状は、日本の福祉制度に大きな脅威を与えており、これらの課題に対応する早急な行動が求められている。

「3号被保険者」制度の是非

　国民年金法では、サラリーマンや公務員に扶養されている配偶者（主に専業主婦）を「3号被保険者」といい、保険料を払わなくても国民年金をもらえることになっています。とても「ありがたい制度」ですが、これ本当に「いい制度」でしょうか？　私（蔭山）の考えでは、この制度はどう考えても「専業主婦製造機」です。なぜなら「専業主婦になるなら年金をあげる。だから自立などせず、サラリーマンである夫を支えなさい」という制度ですから。ということは、女性の自立を妨げている上に、女性に対する「女は家事・育児に専念しろ」という社会的圧力も助長させてしまいます。だってある意味、女性は「お金で因果を含められる」わけですから。さらにはこの制度、女性の「潜在的な依存心の源（働かなくても結婚さえすれば食べていける）」にもなってしまいます。

　今の日本は少子化の進行で、労働力不足です。戦力として期待されているのは「女性・高齢者・外国人」。ならば年金をばらまいて、女性という貴重な労働力を家庭に縛りつけている場合ではないですね。

2 | 平均寿命の延長と高齢化対策

BACKGROUND

日本の高齢化は世界 1 位

高齢化率
超高齢化社会
世界一の長寿

　テーマ 1 は少子化のお話でしたが、今回は高齢化です。さて、高齢化率（65歳以上の比率）が 7% 超の社会を「高齢化社会」、14% 超を「高齢社会」と言いますが、日本はどちらでしょう？

　正解は、どちらでもありません。実は、日本は 2007 年より、さらに上の「超高齢社会」（21%超）に突入しているのです。しかもその数字 29.1%（2023年現在）はダントツで世界 1 位、高齢者数は 3,623 万人もいます。さらに、日本人の平均寿命は「男性 81 歳、女性 87 歳」で、これも世界 1 位です。そう、実は日本は、世界一長寿で、高齢者の比率が高い国だったのです。

　しかも日本の高齢化は、世界でも類を見ないほど猛スピードで進んで

います。高齢化率が7％から14％に至るまでの年数で比較すると、フランスは115年、スウェーデンは85年かかっていますが、日本はわずか24年です。この異常な速さは、出生率の低下と平均寿命の延長が同時進行しているせいですが、いずれにしてもこのままでは、さまざまな問題が発生してしまいます。

日本の高齢化がもたらす問題

現役世代の負担増大
社会保障費の不足
限界集落

　まずは、現役世代の負担の増大です。20年前は30％台だった「国民負担率」（国民所得に占める税金と保険料の比率）が、2023年は46.8％と、もはや深刻なレベルにまで上がってきています。この数字は、フランスや北欧諸国の60％台と比べれば低いですが、これらの国々の場合は社会保障の充実度のため、日本は財源不足のせいと、原因がまったく違います。

　次に、社会保障費の不足の問題です。極端な少子高齢化のせいで、国民負担率をこれだけ上げても、医療費や年金、介護保険料が足りません。そのため日本では、本来保護されるべき高齢者からも、介護保険料や医療保険料の一部を徴収しています。

　さらには「限界集落」の問題です。限界集落とは高齢化率が50％超の集落ですが、総務省の調査によると、現在2万か所以上あります。限界集落は、高齢者を支える現役世代が不足するだけでなく、近い将来無人化するような恐れまであります。

次の英文を読み、あとの問いに答えなさい。

1　❶At some point in the 17th century, Robert Boyle, a founding member of the Royal Society, a British scientific association, drew up a list of things that he hoped the new association would achieve. ❷At the top of the list is "the extension of life," showing us that thinkers such as Boyle were already beginning to investigate the ageing process, at the dawn of the scientific revolution. ❸While better medicines and improved living conditions in some societies during the 18th and 19th centuries demonstrated that dramatic increases in the length of human life were possible, the process of ageing itself remained mysterious. ❹At the beginning of the 21st century, there are now several competing scientific theories of ageing. ❺We are finally in a position to begin to understand not only what ageing is, but also why it is an important issue for the world we live in.

2　❶We all grow old, but the medical causes and effects of ageing have not always been clear. ❷In developed countries, most people die because they are old and are suffering from age-related diseases and the problems that come with them. ❸As people age, they become more likely to experience a number of illnesses that are more common in older people, including certain cancers and heart disease. ❹Ageing occurs because damage to molecules, cells, and body tissues throughout life leads to loss of function and increased risk of death.

3　❶All organisms age, and this is considered to be a normal biological process. ❷Research on simple living things has found genes that play an important role in extending (or shortening) the life of an individual. ❸Importantly, very similar genes have been found in other organisms, such as fruit flies and mice. ❹This suggests that ageing mechanisms are shared across diverse species. ❺Hopefully this means that research carried out on simpler organisms can increase understanding of the human ageing process. ❻This in turn may lead to treatments that can improve health and quality of life in older people.

4 ❶As well as being a medical topic, ageing is also a social issue, with important economic and political implications. ❷As the age that we can expect to live to increases, then our population as a whole gets older, and the proportion of people who are over retirement age increases. ❸This will have many effects. ❹There will be greater pressure on health services as older people are more likely to be at risk of age-related illnesses, and increased pressure on families to care for older relatives. ❺At the same time, there will be a smaller proportion of the population working and therefore paying taxes to support health and care services, and to pay for financial support for people who have retired from work. ❻There will also be a greater proportion of people losing their independence and quality of life due to ill health or low incomes, or both. ❼However, there will also be an increasing political influence as older people are more likely to vote than younger people.

5 ❶With all of this to think about, it is important that as a society we prepare for an ageing population. ❷It is also important that, when considering medical procedures that extend people's life, we consider the quality of life that people will have as they age. ❸As medical research continues, scientists are finding out more about the genes and other biological factors involved in ageing, so that in the future we may be able to treat ageing itself rather than only the unpleasant illnesses that are

associated with it. ❹While we may be some time away from achieving the extension of life as Boyle imagined it, today's scientists have surely set us well on the way towards reaching this goal.

The Royal Society Invigorate, "Why is Ageing Important?" による (一部改変)。

（西南学院大学）

英文の内容に関する1〜5の質問に対して、最も適切なものを1〜4の中から一つ選びなさい。

1 Which of the following is true about the history of the research on the ageing process?

1 By the 21st century, research on the ageing process had already begun.
2 Modern scientists agree on one theory that explains how and why people age.
3 Robert Boyle thought that a revolution would take place in the 18th and 19th centuries.
4 With the progress in medicines and living conditions, scientists began to reveal the ageing process.

2 What does the author say is the main cause of death in developed countries?

1 Failure in medical studies.
2 Molecules, cells, and body tissues.
3 Problems caused by old age.
4 Unknown causes of ageing.

3 What is the finding of the research on simple living things?

1 That the ageing process can be used to treat or improve some diseases.
2 That the ageing process plays an important part in extending longevity.
3 That a lot of species have ageing mechanisms in common.
4 That any research on simpler organisms is totally unproductive.

4 **Which of the following is one of the economic and political implications of an ageing society?**

1 Many retired people will have to make a choice between ill health and low incomes.

2 More older people will have to take care of themselves and live more independently.

3 The number of working people will decline and, as a result, there will be fewer tax payers.

4 Younger people will be less likely to vote as retired people get more political influence.

5 **What does the author think of the future?**

1 We may be able to treat more than just the diseases caused by old age.

2 We may be on the way towards overcoming the problems of an ageing society.

3 We will be able to become immortal as a result of the medical research.

4 We will never be concerned about the various troubles of an ageing society.

○ **さらに覚えておきたいキーワード + 10 ～高齢化～**
- -

- antibiotic 名 抗生物質

- high blood pressure 名 高血圧

- cognitive function 名 認知機能

- dementia 名 認知症

- diabetes 名 糖尿病

- longevity 名 長寿

- population explosion 名 人口爆発

- public health 名 公衆衛生

- social security expenses 名 社会保障費

- solitary 形 孤独な

ANSWERS

1 1 2 3 3 3 4 3 5 1

1 次のうち、老化に関する研究の歴史について正しいものはどれか?

1 21世紀までには、老化に関する研究はすでに開始されていた。

1の❷・❹文の内容に一致。

2 現代の科学者たちは、人がどのようにして老いるのか、なぜ老いるのかを説明する一つの理論に賛同している。

1の❹文の内容と不一致。

3 ロバート・ボイルは、18世紀から19世紀にかけて革命が起こると考えていた。

1の❸文で、この時期の大きな変化が述べられているが、ボイルの考えとは無関係。

4 医薬や生活環境の進歩に伴い、科学者たちは老化のプロセスを明らかにし始めた。

1の❸文の内容と不一致。

2 先進国における主要な死因は何だと筆者は述べているか?

1 医療研究における失敗。

2 分子と細胞と体の組織。

3 老齢によって起こる問題。

4 老化の未知の原因。

2の❷文に先進国における主要な死因が述べられており、その内容に一致するのは **3**。

3 単純な生物の研究で分かったことは何か?

1 老化は一部の病気を治療または改善するために利用することができるということ。

2 老化は寿命の延長において重要な役割を果たしているということ。

3 多くの種族が老化の仕組みを共有しているということ。

4 単純な生物におけるいかなる研究も完全に非生産的であるということ。

3の❹文の内容に一致するのは **3**。

4 次のうち、高齢化社会の経済的・政治的影響に含まれるものはどれか?

1 退職した人の多くは、健康の不調か低収入かの選択を迫られることになるだろう。

4の❻文に、どちらかを選択するのではなく、"ill health or low incomes, or both"(どちらか一方、あるいは両方)とある。

2 より多くの高齢者が、自分の面倒を見て、自立した生活をしなければならなくなるだろう。

4の❹・❻文の内容に不一致。

3 労働人口が減り、結果的に納税者が減るだろう。

4の❺文の内容に一致。

4 退職した人が政治的な影響力を持つようになると、若い人は投票しなくなるだろう。

4の❼文に投票率の記述があるが、若い人の投票率が下がるという主旨ではない。

5 筆者は未来についてどう考えているか?

ANSWERS

1 老齢が原因の病気だけでなく、それ以上のものが治療できるかもしれない。

5の❸文の内容に一致。

2 高齢化社会という問題の克服に向けた道のりの途中にいるかもしれない。

5の❹文にあるthis goalはthe extension of lifeを指しており、高齢化社会という問題の克服ではない。

3 医療研究の結果、私たちは不死になることができるかもしれない。

immortalは「不死の」という意味だが、不死になるという主旨の内容は本文には述べられていない。

4 私たちは高齢化社会によるさまざまな問題に悩むことがなくなるだろう。

5の❶・❷文の内容に不一致。

EXPLANATIONS

1

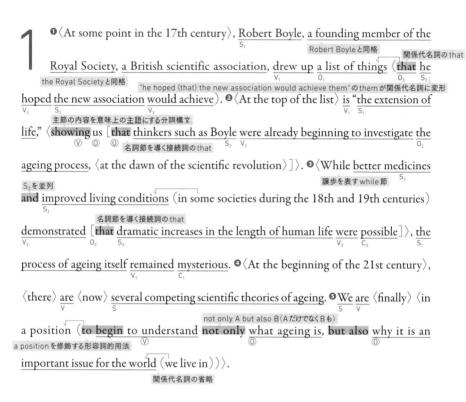

❶17世紀のある時点で、英国の科学学会である王立協会の創設メンバーの一人であるロバート・ボイルは、この新しい学会に達成を望む事柄のリストを作成した。❷このリストの一番上には、「寿命の延長」とあり、このことは、科学革命の黎明期に、ボイルなどの思想家たちが、老化のプロセスをすでに調べていたということを示している。❸18～19世紀には、一部の社会においては良い薬や生活条件の改善により、人の寿命を劇的に延ばすことが可能であることは実証されていたが、老化のプロセスそのものは謎のままであった。❹21世紀の初めになった今では、複数の競合し合う科学的な老化理論がある。❺私たちは、老化とは何かだけではなく、私たちが生きる世界において、それがなぜ重要な問題なのかを理解し始めるところにまでとうとうたどり着いたのである。

語句リスト extension of life 名 寿命の延長　investigate 動 ～を調査する、研究する
medicine 名 薬（可算）、医学（不可算）　living conditions 名 生活環境、生活状態

○ パラグラフの要点

❶17世紀 ＝ ロバート・ボイルによる、王立協会が達成すべきリストの作成
　→❷「寿命の延長」がリストのトップ ＝ 科学の黎明期から研究されていた証拠

→ ❸ ［While：譲歩］18〜19世紀 ＝ 寿命が延ばせることは実証されていた

    ←→〈主張〉老化のプロセスそのものは謎のままだった

→ ❹21世紀の初めになった現在 ＝ 複数の理論が競合している

    ↓

❺老化と、私たちの生きる世界でのその重要性を理解し始めるところまで来た

2

文と文を並列

❶We all grow old, but the medical causes and effects of ageing have not always been
  S V C   S
causesとeffectsを並列

clear. ❷〈In developed countries〉, most people die 〈because they are old and are
 C   S₁   V₁   S₂ V₂

理由を表すbecause節 / are と are suffering from を並列

suffering from age-related diseases and the problems (that come with them)〉. ❸〈As
      O₂   O₂   S₃ V₃

age-related diseasesとthe problemsを並列 / 関係代名詞のthat / 比例を表すas節

people age,〉 they become more likely to experience a number of illnesses (that are more
 S₂ V₂ S₁ V₁   O₁   S₃ V₃

be likely to V（Vする可能性が高い） / 関係代名詞のthat

common in older people), (including certain cancers and heart disease). ❹Ageing
 C₃   S₁

a number of illnessesを修飾 / 理由を表すbecause節

occurs 〈because damage to molecules, cells, and body tissues throughout life leads to loss
 V₁   S₂   V₂   O₂

moleculesとcellsとbody tissuesを並列

of function and increased risk of death〉.
        O₂を並列 O₂

❶私たちはみな年を取るが、老化の医学的な因果は常に明らかであったというわけではない。❷先進国では、ほとんどの人は、年を取り、加齢に伴う病気とその病気による不調に苦しみ、それが原因で命を落とす。❸人は年を取るにつれて、ある種のがんや心臓病を含めた、年を取った人に多く見られるさまざまな病気にかかりやすくなる。❹老化が起こるのは、生涯を通しての分子、細胞、体の組織に対する損傷が、機能喪失と、死のリスクの増大につながることが原因だ。

語句リスト cause and effect 名 因果　a developed country 名 先進国　cancer 名 がん
heart disease 名 心臓病　molecule 名 分子　cell 名 細胞　tissue 名 （体の）組織

○ パラグラフの要点

----

❶老化の医学的な因果 ＝ 常に明らかであったわけではない

→❷先進国 ＝ 加齢による病気とそれに伴う不調が死因の大部分

→❸年を取ると、老齢によく見られる病気にかかりやすくなる

→❹分子、細胞、体の組織への損傷による機能の喪失→老化につながる

3

❶ All organisms age, and this is considered to be a normal biological process.
(文と文を並列 / **and**)

❷ Research on simple living things has found genes (that play an important role
(関係代名詞の that)

〈in extending (or shortening) the life of an individual〉). **❸** 〈Importantly〉, very similar
(extending と shortening を並列)

genes have been found 〈in other organisms, such as fruit flies and mice〉. **❹** This suggests
(具体例を表す前置詞)

[that ageing mechanisms are shared 〈across diverse species〉]. **❺** 〈Hopefully〉 this means
(名詞節を導く接続詞の that)

[that research (carried out on simpler organisms) can increase understanding of the
(名詞節を導く接続詞の that / 名詞修飾の分詞)

human ageing process]. **❻** This in turn may lead to treatments (that can improve health
([追加] / 関係代名詞の that)

and quality of life in older people).

❶すべての有機体は老化し、これは標準的な生物学的プロセスであると考えられている。❷単純な生物に対する研究により、個体の寿命を延ばす（または縮める）上で重要な役割を果たす遺伝子が発見された。❸重要なことは、ミバエやハツカネズミなどの他の有機体でも、非常によく似た遺伝子が発見されているということである。❹このことが示しているのは、老化の仕組みは、さまざまな種をまたいで共有されているということである。❺うまくいけば、単純な生命体を研究することで、人の老化プロセスの理解を深められるということを意味しているのだ。❻このことが、さらには、高齢者の健康と生活の質を改善できる治療につながる可能性がある。

語句リスト ▶ organism 名 有機体　gene 名 遺伝子　mechanism 名 機能　diverse 形 多様な
species 名 （生物の）種　in turn その次に、さらには　treatment 名 治療

○ パラグラフの要点

- -

❶老化 ＝ 標準的な生物学的なプロセスと考えられる

　　→❷単純な生物の研究→寿命を左右する役割を持つ遺伝子の発見

　　❸ミバエやハツカネズミなどでも似た遺伝子が発見された

→❹ 老化の仕組みは種族をまたいで共有されていると分かる
　　❺ 単純な生命体の研究 ＝ 老化のさらなる理解につながる

　　❻ [in turn：追加] 高齢者の健康と生活の質を改善する治療につながる

- -

172

4

〈As well as being a medical topic〉, ageing is also a social issue, 〈with important economic and political implications〉. 〈As the age 〈that we can expect to live to〉 increases〉, 〈then〉 our population 〈as a whole〉 gets older, and the proportion of people 〈who are over retirement age〉 increases. This will have many effects. 〈There〉 will be greater pressure 〈on health services〉 〈as older people are more likely to be 〈at risk of age-related illnesses〉〉, and increased pressure on families 〈to care for older relatives〉. 〈At the same time〉, 〈there〉 will be a smaller proportion of the population 〈working and therefore paying taxes 〈to support health and care services, and to pay for financial support for people 〈who have retired from work〉〉〉. 〈There〉 will also be a greater proportion of people 〈losing their independence and quality of life 〈due to ill health or low incomes, or both〉〉. However, 〈there〉 will also be an increasing political influence 〈as older people are more likely to vote 〈than younger people〉〉.

❶老化は、医学的な話題であるとともに、経済的・政治的に重要な影響を持つ社会的な問題でもある。❷私たちが生きると期待される年齢が延びれば、人口全体も高齢化し、退職年齢を過ぎた人の割合も増える。❸このことは多くの影響を持つだろう。❹高齢者は加齢による病気にかかるリスクがより高いため、医療サービスに対する需要が高まり、また家族に対しても高齢の血縁者の面倒を見なければならないというプレッシャーが大きくなるだろう。❺同時に、ヘルスケアサービスを支え、退職した人々を経済面で支えるために、働いて納税をする人々の人口における割合が小さくなるだろう。❻また、健康を壊したり、所得が少なくなったり、あるいはその両方が理由で、自立と生活の質を失う人の割合も大きくなるだろう。❼しかし、高齢者は若者よりも投票に行く率が高いため、彼らの政治的な影響も大きくなるだろう。

語句リスト a social issue 名 社会問題　implication 名 (〜sで) 関連事項、影響
proportion 名 割合　income 名 収入

○ パラグラフの要点

❶［also：追加］老化 ＝ 経済的・政治的に重要な影響を持つ社会的な問題だ

→❷寿命が延びる ＝ 老齢人口の増加

↓

❸多くの影響がある

→［具体例］┌❹医療サービスへの需要の増加

＋ 高齢の血縁者の世話をする必要

❺労働人口の減少による納税者の減少

└❻自立と生活の質を失う人々の割合の増加

↕［However：逆接］（→p.021 ここがポイント！❷）

❼高齢者の投票率は高い ＝ 政治への影響力が大きくなる

---

5 ❶〈With all of this (to think about)〉, it is important [that 〈as a society〉 we

（形容詞的用法）　　　　仮S_1 V_1 C_1　　　真S_1　　　　　　S_2

prepare 〈for an ageing population〉]. ❷It is also important [that, 〈when

V_2　　　　　　　　　　　　　　　　　　仮S_1 V_1 ［追加］ C_1　　　真S_1

we areの省略

considering medical procedures (that extend people's life)〉, we consider the quality of

関係代名詞のthat　　　　　　　　S_2 V_2　　　O_2

life (that people will have 〈as they age〉)]. ❸〈As medical research continues〉, scientists

関係代名詞のthat　　　　時を表すas節　　　　時を表すas節　　　　　　　S_1

are finding out more 〈about the genes and other biological factors (involved in ageing)〉,

V_1　　　　　　O_1

結果を表すso that節　　　　　　　the genes and other biological factorsを修飾する分詞

〈so that 〈in the future〉 we may be able to treat ageing itself 〈rather than only the

S_2 V_2　　　　O_2

ageing itselfと比較

unpleasant illnesses (that are associated with it)〉〉. ❹〈While we may be 〈some time〉

関係代名詞のthat　　　　　　　譲歩を表すwhile節　S_2 V_2

〈away from achieving the extension of life (as Boyle imagined it)〉〉, today's scientists

the extension of lifeを修飾するas節　　　　　S_1

have surely set us 〈well〉 〈on the way towards reaching this goal〉.

V_1　　　O_1

❶これらすべてのことを考えれば、社会として私たちが高齢化する人口に備えることが重要である。❷また、人々の寿命を延ばす医学的処置について考える時には、人々が老化するにつれて経験する生活の質を考慮することも大事である。❸医学研究が進むにつれて、科学者は、老化に関わる遺伝子やその他の生物学的要因について、より多くのことを発見しているので、将来、老化に伴う不快な病気だけではなく、老化そのものを治療できるようになるかもしれない。❹ボイルが想

像したような寿命の延長を達成するにはまだ時間がかかるかもしれないが、今日の科学者は確かにこの目標に向けた道のりへと私たちを送り出してくれたのである。

語句リスト procedure 名 処置

○ パラグラフの要点

❶高齢化する人口に対して社会として準備することが重要

❷［also：追加］寿命を延ばす医療→老化による生活の質を考慮することも重要

↓

❸老化に関わる遺伝子や生物学的要因が発見されてきている

　→老化による病気だけでなく、老化そのものの治療ができる可能性

↓

❹寿命を延ばすという目標に近づきつつあるのかもしれない

高齢化社会（an aging society）をより豊かなものにするために大切なことは何だと思いますか。100語程度の英語で自分の考えを述べなさい。

〔奈良教育大学〕

◎ 使えるキーワード

- prosperous 豊かな、繁栄した
- aging society 高齢化社会
- nursing home 老人ホーム、介護施設
- average lifespan [life expectancy] 平均寿命
- (official) retirement age 定年
- welfare program 福祉制度
- bedridden 寝たきりの
- quality of life 生活の質（QOL）
- disease prevention 疾病予防
- preventive medicine 予防医療
- medical institution 医療機関

○ 解答例 ❶

Introduction	より豊かな高齢化社会の創出 → 定年制の撤廃	
Body	**メリット❶**	**労働力の確保** → 税収の増加 → 福祉制度の充実
	メリット❷	**高齢者の社会参画** → 孤独を感じる高齢者の減少 → 高齢者の経験や知恵を学べる
Conclusion	高齢者が社会の一員として尊重される社会づくりが課題	

What is important to create a more prosperous aging society is to abolish the official retirement age.

By allowing even elderly people to work as long as they want, this could help solve labor shortages. This will result in higher tax revenues, which in turn will provide more funds for welfare programs for the elderly.

Another benefit is more active participation of the elderly in society. Fewer elderly people will feel lonely, and the younger generation will have more opportunities to gain wisdom and experience from the elderly.

It is necessary to create a society in which the elderly are respected as members of society.

(105 words)

より豊かな高齢化社会を実現するために重要なことは、定年制を廃止することだ。

高齢者でも好きなだけ働けるようにすることで、労働力不足の解消につながる可能性がある。このことにより、結果として税収が増え、それが今度は高齢者向けの福祉制度への財源を増やすことになるだろう。

もう一つの利点は、高齢者の社会参加がより活発になることだ。孤独を感じる高齢者が減り、若い世代が高齢者から知恵や経験を得る機会が増えるだろう。

高齢者が社会の一員として尊重されるような社会づくりが必要なのだ。

WRITING

○ 解答例 ❷

Introduction	より豊かな高齢化社会の創出 → 医療が重要な役割を果たす
Body	医療の発展により、寿命は延びた → 寿命が延びても、寝たきりでは意味なし 　→ 高齢者のQOLを上げるために医療ができること （例）　疾病予防による健康維持 　　　　→ 医療機関や介護施設での予防医学の啓発
Conclusion	高齢化社会では医療の重要性がさらに大きくなる

In order to create a more prosperous aging society, it is crucial that medical care should play an important role.

Certainly, medical developments have extended life expectancy. However, it is meaningless to spend one's old age bedridden. Medical care must consider what it can do not only to cure diseases but also to improve the quality of life of the elderly. For example, active disease prevention can contribute to maintaining the health of the elderly. It would be a good idea to educate people about preventive medicine at medical institutions and nursing homes.

With the continued aging of society, medical care will become even more important. (106 words)

より豊かな高齢化社会を作るためには、医療が重要な役割を果たすことが重要だ。

確かに、医療の発展によって寿命は延びた。しかし、寝たきりで老後を過ごすのでは意味はない。医療は、病気を治すことだけでなく、高齢者のQOLを上げるために何ができるのかを考えていかねばならない。例えば、疾病予防を活発にすることで、高齢者の健康維持に貢献することができる。医療機関や介護施設などで、予防医学の啓発をするのもよいだろう。

これからも高齢化する社会では、医療の重要性がさらに大きくなるだろう。

老後資金2000万円問題

2019年、金融庁は報告書を公表し、「高齢者世帯の収入と支出の差額は、月5万円の赤字。95歳まで生きるとしたら、老後は夫婦で2000万円の貯えが必要」と発言しました。いわゆる「老後資金2000万円問題」です。この発言は世間から叩かれました。だって政府が「年金が足りていません」と認めたようなものですから。でも、これの真意は「老後の資産形成を真剣に考えてね」ということです。

というわけで、日本には老後資金の不足を補完すべく、2つの制度があるのです。それが「NISAとiDeCo」です。

NISAとは、2014年に始まった「少額投資非課税制度」です。通常、株式や投資信託の値上がり益は約20％課税されますが、証券会社で開設したNISA口座で投資すれば、1円も税金がかからないという制度です。つまり、普通なら株で100万円儲けても80万円しかもらえないのに、NISA口座を通した株式投資にすれば、100万円を全額もらえるわけです。しかもこの制度、2024年の改正で「上限投資額が2倍以上、非課税期間が〝無期限〟に延長（従来は一般NISAで5年間、つみたてNISAで20年間）」されました。これはメチャクチャお得です。

一方iDeCoは、2001年に始まった「個人型確定拠出年金」です。これは、将来もらえる年金額をもう少し増やしたい人用の「上乗せできる私的年金」で、運用益は同じく「非課税」。NISAと違って60歳まで引き出せませんが、それ以外はとてもお得な制度です。日本にはこんな素敵な制度があるのに、なぜかこの2つのことを、あまり知らない人が多いのです。

さあここで、我らが姜君の登場です。実は彼は、かなり早い時期からこのNISAとiDeCoを始めていて、飲みに行くたびに、私と生物講師Y（私たちの飲み仲間）に、そのすばらしさを説いていました。しかし残念ながら、私とYは彼のことを「かわいいやつ（アホ）」だと思っていたので、いつも彼の熱弁を「わかったわかった、続きは5万年後に聞いたるから」と、全然相手にしてきませんでした。

しかしある日、遅まきながら勉強した私が姜君に「NISAとiDeCoっていいね」と伝えたら、途端に彼は、びっくりするぐらいのドヤ顔になりました。「それ、どこで練習したん？」と言いたいくらいムカつく顔です。

その夜、ごきげんに酔った姜君は、NISAとiDeCoのすばらしさを改めて語っていたようですが、残念ながら目から入ってくる情報（「このアホども、ようやく気づきよったか」という腹立つ顔）が邪魔で、全然頭に入ってきませんでした。

こら姜、やんならやってやるぞ！　無事に95歳を迎えられると思うなよ。

3 ｜ 生命倫理

BACKGROUND

テクノロジーの進歩と生命倫理

安楽死
QOL
インフォームド・コンセント

　安楽死に臓器移植、代理出産にクローン…バイオテクノロジーの進歩は、単なる自然現象であった「人間の生き死に」に、さまざまな選択肢を生み出しました。その中には、法的にはOKでも「倫理的にはNGなのでは!?」という問題も、数多くあります。

　安楽死とは、不治の末期患者の苦痛緩和のため、死を早めることです。やり方は二つあって、まず薬物投与などで「殺してあげる」のが「(1)：積極的安楽死」、延命治療を放棄して「治すのをやめる」のが「(2)：消極的安楽死（※刑法上の表現は「尊厳死」）」です。日本で法的にOKなのは(2)のみで、(1)は、患者から懇願された結果であっても、実施した医師は殺人罪で起訴されます。

ただし今日、医療の現場は「SOL（何が何でも延命優先という「生命の神聖性」）= sanctity of life」よりも「QOL（人間らしい生き死にを求める「生命の質」）= quality of life」重視です。そのため近年は、従来よりもインフォームド・コンセント（＝説明と同意。治療方針の事前説明と患者の同意）を徹底し、患者の「自己決定権」を尊重します。だから安楽死に関しても、オランダやベルギーのように「安楽死法」が整備され、条件付きで(1)を容認する国も出てきているのです。

患者の自己決定権とターミナルケア

パターナリズム
ホスピス
緩和ケア

　しかし、患者の自己決定権の尊重は、医師の善意を批判対象にするケースも増やしました。例えば、医師が患者を助けたい一心から、勝手に抗がん剤治療や臓器移植を行ったりすれば、今日では「パターナリズム（＝父権的温情主義。患者軽視で、医師が延命優先の治療をごり押しすること）」と呼ばれ、批判されます。

　また、延命技術の進歩と自己決定権の尊重は、耐えがたい苦痛の中、治らないのに死まで時間がかかる患者を増やすことにもつながります。そこで大事になってくるのが「ターミナルケア（終末期医療）」です。その舞台となる施設が「ホスピス」、そこで最期まで患者の希望通りに生きられるケアをするのが「ホスピスケア」、できる限り普段通りの生活をできるようにサポートするのが「緩和ケア」です。これらは死期の迫った患者のQOLを改善するための、必要な措置と言えそうです。

次の英文を読んで、あとの問いに答えなさい。

PHYSICIANS AND PATIENTS
End-of-life issues

1 ❶End-of-life issues range from attempts to prolong the lives of dying patients through highly experimental technologies, such as the implantation of animal organs, to efforts to terminate life prematurely through euthanasia and medically assisted suicide. ❷In between these extremes lie numerous issues regarding the initiation or withdrawing of potentially life-extending treatments, the care of terminally ill patients and the advisability and use of advance directives. ❸Two issues deserve particular attention: euthanasia and assistance in suicide.

2 ❶Euthanasia means knowingly and intentionally performing an act that is clearly intended to end another person's life and that includes the following elements: ❷the subject is a competent, informed person with an incurable illness who has voluntarily asked for his or her life to be ended; ❸the agent knows about the person's condition and desire to die, and commits the act with the primary intention of ending the life of that person; ❹and the act is undertaken with compassion and without personal gain.

3 ❶Assistance in suicide means knowingly and intentionally providing a person with the knowledge or means or both required to commit suicide, including counselling about lethal doses of drugs, prescribing such lethal doses or supplying the drugs.

4 ❶Euthanasia and assisted suicide are often regarded as morally equivalent, although there is a clear practical distinction, and in some jurisdictions a legal distinction, between them. ❷Euthanasia and assisted suicide, according to these definitions, are to be distinguished from the withholding or withdrawal of inappropriate, futile or unwanted medical treatment or the provision of compassionate palliative care, even when these practices shorten life.

5 ❶Requests for euthanasia or assistance in suicide arise as a result of pain or suffering that is considered by the patient to be intolerable. ❷They would rather die than continue to live in such circumstances. ❸Furthermore, many patients consider that they have a right to die if they so choose, and even a right to assistance in dying. ❹Physicians are regarded as the most appropriate instruments of death since they have the medical knowledge and access to the appropriate drugs for ensuring a quick and painless death.

6 ❶Physicians are understandably reluctant to implement requests for euthanasia or assistance in suicide because these acts are illegal in most countries and are prohibited in most medical codes of ethics.

7 ❶The rejection of euthanasia and assisted suicide does not mean that physicians can do nothing for the patient with a life-threatening illness that is at an advanced stage and for which curative measures are not appropriate. ❷In recent years there have been great advances in palliative care treatments for relieving pain and suffering and improving quality of life. ❸Palliative care can be appropriate for patients of all ages, from a child with cancer to a senior nearing the end of life. ❹One aspect of palliative care that needs greater attention for all patients is pain

control. ❺All physicians who care for dying patients should ensure that they have adequate skills in this domain, as well as, where available, access to skilled consultative help from palliative care specialists. ❻Above all, physicians should not abandon dying patients but should continue to provide compassionate care even when cure is no longer possible.

(Adapted from Medical Ethics Manual, 2009, World Medical Association.)

（岐阜大学）

英文の内容に関する1〜4の質問に対して、最も適切なものを1〜4の中から一つ選びなさい。

1 **Which of the following is true of euthanasia?**

   1 Doctors are allowed to end the life of the person who is eager to die regardless of his medical condition.
   2 Doctors involved in euthanasia need to become indifferent to other people's lives in order to kill patients.
   3 Euthanasia is not valid when the subject is unable to make decisions about his own medical condition.
   4 Euthanasia is sought by a son or daughter who can't bear to watch his or her parent suffer badly.

2 **Which of the following is true of assistance in suicide?**

   1 It includes providing lethal doses of drugs.
   2 It means counselling with mental health experts.
   3 It means talking someone out of killing himself.
   4 It must be done without any clear intention.

3 From a legal point of view, which of the following is true?

1 Doctors cannot do any treatment if it can shorten life.

2 Euthanasia does not include compassionate palliative care.

3 Euthanasia is considered to be equal to assistance in suicide.

4 Terminally ill patients have a right to choose their drugs.

4 Which of the following is true of doctors?

1 Doctors are permitted to abandon their patients only when the patients have no hope of recovery.

2 Doctors are prohibited from giving palliative care to small children, even those suffering from cancer.

3 Doctors cannot refuse the request from their patients for euthanasia or assistance in suicide.

4 Doctors carry out palliative care in order to make life better for patients with incurable diseases.

READING

○ さらに覚えておきたいキーワード＋10 ～生命倫理～

- abortion 名 妊娠中絶
- clone 名 クローン 動 ～のクローンを作る
- dignified death 名 尊厳死
- epidemic 名 伝染病
- genetic engineering 名 遺伝子工学
- immunity 名 免疫
- infection 名 感染
- regenerative medicine 名 再生医療
- side effect 名 （薬などによる）副作用
- transplantation 名 （ドナーからレシピエントへの臓器などの）移植

  ⇒本文中の inplantation は医療機器の埋め込みや子宮への受精卵の着床などを表す移植で用いるのが一般的。

ANSWERS

1	**3**	2	**1**	3	**2**	4	**4**

1 次のうち、**安楽死について正しいもの**はどれか?

1 医師は、患者の病状に関係なく、死ぬことを望んでいる人の命を絶つことを許されている。

2 安楽死に関わる医師は、患者を殺すためには、他人の命に無関心になる必要がある。

3 安楽死は、対象者が自らの病状について判断できない時には有効ではない。

4 安楽死は、親がひどく苦しむ姿を見るのに耐えられない息子や娘によって求められる。

安楽死とは何かについては2で述べられており、その内容と一致しているのは3である。1は不治の病を患っている患者に限られることと矛盾する。2は安楽死が思いやりを持ってなされるべきであることと矛盾する。4は安楽死が患者自ら申し出るものであることと矛盾する。

2 次のうち、**自殺幇助（ほうじょ）について正しいもの**はどれか?

1 致死量の薬物を提供することが含まれる。

2 メンタルヘルスの専門家とのカウンセリングを意味する。

3 自殺をしないように説得することを意味する。

4 明確な意図を持たずに行わなければならない。

自殺幇助とは何かについては3で述べられており、その内容と一致しているのは1である。2と3は自殺幇助ではない。4は明確な意図を持ってなされるという記述に矛盾している。

3 法的な観点からすると、次のうち正しいものはどれか?

1 命を縮める可能性がある場合には、医師はいかなる治療もできない。
4の❷文で、医療行為の保留や撤回が命を縮めることもあると述べられている。

2 安楽死には同情的な緩和ケアは含まれない。
4の❷文で、緩和ケアは、安楽死とは法律的には区別されると述べられていることに一致する。

3 安楽死は自殺幇助と同等であると考えられている。
4の❶文で、二つの間には定義上の違いがあると述べられている。

4 末期の患者には薬を選ぶ権利がある。
本文中で言及されていない。

4 次のうち、医師について正しいものはどれか?

1 医師が患者を見捨てることが許されるのは、患者に回復の見込みがない場合に限られる。
7の❺文の内容に不一致。

2 医師は、小さな子どもには、たとえがんで苦しんでいたとしても、緩和ケアを行うことを禁止されている。
7の❸文の内容に不一致。

3 医師は、患者からの安楽死や自殺幇助の依頼を断ることはできない。
6より、断ることができないとは述べられておらず、また違法な国もあることから、断ることもできると考えられる。

4 医師が緩和ケアを行うのは、難病患者にとって生活をより良くするためだ。
7の❷文の内容に一致。

1

❶End-of-life issues range 〈from attempts 〈to prolong the lives of dying patients
from A to B（AからBまで）
S　　　　　　　　　V
形容詞的用法

〈through highly experimental technologies, such as the implantation of animal
具体例を表す前置詞

organs〉), to efforts 〈to terminate life prematurely 〈through euthanasia and medically
形容詞的用法

assisted suicide〉)). ❷〈In between these extremes〉lie numerous issues 〈regarding the
V　　　S

initiation or withdrawing of potentially life-extending treatments, the care of terminally
initiationとwithdrawingを並列　　　　　　　advisabilityとuseを並列

ill patients and the advisability and use of advance directives). ❸Two issues deserve
S　　　　V

particular attention: euthanasia and assistance in suicide.
O　　　　　　two issuesと同格

❶終末期の問題は、動物の臓器移植などの非常に実験的な技術を用いて延命を図るものから、安楽死や医学的な自殺幇助という手段によって死期を早めようとするものまで、多岐にわたる。❷この両極端の間には、延命治療となり得る治療の開始・中止、末期患者のケア、事前指示書の妥当性と活用法など、多くの問題がある。❸特に注目に値するのは、安楽死と自殺幇助の二つの問題である。

> **語句リスト** end-of-life issues 名 終末期問題　prolong 動 〜を延ばす　implantation 名 移植
> organ 名 臓器　terminate 動 〜を終わらせる　prematurely 副 時期を早めて　euthanasia 名 安楽死
> assisted suicide 名 自殺幇助　initiation 名 開始　withdraw 動 取りやめる
> life-extending treatment 名 延命治療　terminally ill patients 名 末期患者
> advisability 名 推奨度、妥当性

○ パラグラフの要点

❶終末期問題は多岐にわたる
　　　　　↓
延命を図るもの⇔死期を早めようとするもの ［these extremes が指すもの］
❷この中間にまたさまざまな問題がある
↓
❸特に注目すべき二つの問題 ＝ 安楽死と自殺幇助

2

❶ Euthanasia means knowingly and intentionally performing an act (that is clearly
 S   V   O   関係代名詞のthat

that is ...と that includesを並列

intended to end another person's life) and (that includes the following elements:
                                                   関係代名詞のthat   「:」以降で the following elementsを具体化

❷ the subject is a competent, informed person (with an incurable illness) (who has
     S₁   V₁ C₁   V₂

voluntarily asked for his or her life to be ended); **❸** the agent knows ⟨about the person's
                                                              S   V

to be endedの意味上の主語

condition and desire (to die)⟩, and commits the act ⟨with the primary intention of
                                        V   O

desireを修飾する形容詞的用法   *knowsとcommitsを並列*

ending the life of that person⟩; **❹** and the act is undertaken ⟨with compassion⟩ and
                                            S   V

with compassionと without personal gainを並列

文と文を並列

⟨without personal gain⟩).

❶安楽死とは、他人の命を終わらせることを明確に意図した行為を、承知の上で故意に行うこと
を意味し、次の要素を含むものである。❷対象者は、不治の病にかかった、判断力のある、説
明を受けた患者であり、自発的に自分の命を終わらせることを求めた者であること。❸実行者が
その患者の病状と死を望む気持ちを知っており、その人の命を終わらせることを第一の意図として
その行為を行うこと。❹そしてその行為が、個人的な利益を得ることなく、思いやりをもって行わ
れること。

語句リスト▶ subject 名（治療などの）対象者、患者　incurable illness 名 不治の病
agent 名 代行者　compassion 名 思いやり、あわれみ

○ パラグラフの要点

❶安楽死 ＝ 他人の命を終わらせることを意図した行為を承知の上で行うこと

→　❷対象者は、不治の病にかかった、判断力のある、告知を受けた患者で
あり、自発的に自分の命を終わらせることを求めていること

❸実行者は、対象者の病状と死を望む気持ちを知り、命を終わらせるこ
とを第一の目的として、その行為を行うこと

❹個人的な利益を受けることなく、思いやりを持って行われること

3

❶ Assistance in suicide means knowingly and intentionally providing a person with
     S   V   動名詞

the knowledge or means or both (required to commit suicide), (including
                                                具体例を表す前置詞
                                required

the knowledge ... bothを修飾する分詞

counselling about lethal doses of drugs, prescribing such lethal doses **or** supplying the

counselling ...とprescribing ...とsupplying...を並列

drugs).

❶自殺幇助とは、自殺に必要な知識または手段、あるいはその両方を故意に提供することを意味し、それには、薬物の致死量について助言をすること、そのような致死量の薬を処方すること、またはそのような薬物を与えることなどが含まれる。

語句リスト commit suicide　自殺をする　lethal **形** 致死の　dose **名** 服用量
prescribe **動** 〜を処方する

○ パラグラフの要点

❶自殺幇助 ＝ 自殺に必要な知識や手段、あるいは両方を故意に提供すること
　　　　　　→致死量の薬物についての助言、処方、譲渡を含む

- -

4 ❶Euthanasia and assisted suicide are often regarded 〈as morally equivalent〉,

譲歩を表すalthough節　　　　　　　a clear practical distinctionとa legal distinctionを並列
〈although 〈there〉 is a clear practical distinction, and 〈in some jurisdictions〉 a

a clear practical distinctionとa legal distinctionを修飾
legal distinction, (between them)〉. ❷Euthanasia and assisted suicide, 〈according to

these definitions〉, are to be distinguished 〈from the withholding **or** withdrawal of

be to不定詞　　　　　　　　　　　withholdingとwithdrawalを並列
inappropriate, futile **or** unwanted medical treatment **or** the provision of compassionate

inappropriateとfutileとunwantedを並列　　　the withholding ...とthe provision ...を並列
palliative care〉, 〈even when these practices shorten life〉.

時を表すwhen節

❶安楽死と自殺幇助は、実行内容に明確な違いがあり、一部の司法管轄において法的にも区別されてはいるが、道徳的には同等であると考えられることが多い。❷安楽死と自殺幇助は、これらの定義に従えば、不適切で、無益な、あるいは望まれない医療行為の保留や撤回、あるいは同情的な緩和ケアの提供とは、たとえそれらの行為が命を縮めるものであったとしても、区別されなければならない。

語句リスト equivalent **形** 同等の　jurisdiction **名** 法の管轄　provision **名** 提供
palliative care **名** 緩和ケア

○ パラグラフの要点

❶ ［although：譲歩］安楽死と自殺幇助は明確に区別され、司法上も区別される

   ⟷ 〈主張〉道徳的には同等であるとみなされる

❷ 〈be to V（〜べき）で主張〉安楽死と自殺幇助 ≠ 命を縮める他の医療行為

---

5 **❶**Requests (for euthanasia or assistance in suicide) arise 〈as a result of pain or
S₁   V₁
            関係代名詞の that
suffering (that is considered 〈by the patient〉 to be intolerable)〉. **❷**They would
     S₂   V₂   C₂   S   V
would rather V₁ than V₂（V₂するよりV₁したい）   ［追加］
rather die 〈than continue to live in such circumstances〉. **❸**Furthermore, many patients
                                                 S₁
名詞節を導く接続詞の that   a rightとeven a rightを並列
consider [that they have a right (to die) 〈if they so choose〉, and even a right (to
V₁   O₁   S₂   V₂   O₂   S₃   V₃   O₂
                              形容詞的用法   形容詞的用法
assistance in dying)]. **❹**Physicians are regarded 〈as the most appropriate instruments of
                           S₁   V₁
death〉 〈since they have the medical knowledge and access (to the appropriate drugs for
             S₂   V₂   O₂
時を表す since 節   medical knowledge と access を並列
ensuring a quick and painless death)〉.
         quick と painless を並列

❶安楽死や自殺幇助の要請は、本人が耐えられないと判断した痛みや苦しみの結果として生じるものである。**❷**そのような状況で生き続けるよりも、死んだ方がましだと患者は考えるのである。**❸**さらに、多くの患者は、自分が死を選ぶならば死ぬ権利があると考えているし、死の幇助を受ける権利さえあると考えている。**❹**医師は医学的知識を持ち、迅速で苦痛のない死を確実にするための適切な薬を手にすることができるため、最も適切な媒介者と考えられている。

語句リスト▶ intolerable 形 耐えられない   physician 名 医者、内科医
instrument 名 手段、（行為の）担い手

○ パラグラフの要点

❶安楽死と自殺幇助の要請 → 耐えがたい痛みや苦しみを持つ本人からのもの

                     → **❷**この状況で生きるより死を選ぶというもの

❸［Furthermore：追加］患者 → 死を選ぶ権利があると考える

❹医師 → 医学的知識による適切な手段を与えてくれる媒介者と考えられる

6

❶Physicians are understandably reluctant to implement requests for euthanasia or
S₁ V₁ be reluctant to V(Vすることに気が進まない) O₁

assistance in suicide 〈because these acts are illegal 〈in most countries〉 and are
理由を表すbecause節 S₂ V₂ C₂ V₂を並列 V₂

prohibited 〈in most medical codes of ethics〉〉.

❶医師が安楽死や自殺幇助の依頼を実行することに消極的であるのは当然であり、その理由は、安楽死や自殺幇助はほとんどの国で違法であり、ほとんどの医療倫理規定で禁止されているからである。

語句リスト▶ implement 動 〜を実行する、〜を実施する　code 名 規定、規約　ethics 名 倫理、道義

○ パラグラフの要点

❶医師が安楽死や自殺幇助に消極的なのは当然
　　←ほとんどの国で違法 ＋ 医療倫理規定上、禁止されている

7

❶The rejection of euthanasia and assisted suicide does not mean [that physicians
S₁ V₁ O₁ S₂

can do nothing 〈for the patient with a life-threatening illness (that is at an
V₂ O₂ 関係代名詞のthat

advanced stage) and (for which curative measures are not appropriate)〉]. ❷〈In recent
前置詞+関係代名詞 that is …とfor which …を並列

years〉〈there〉 have been great advances 〈in palliative care treatments for relieving pain
V S

and suffering and improving quality of life〉. ❸Palliative care can be appropriate 〈for
relieving …とimproving …を並列 S V C
pain と suffering を並列

patients of all ages, from a child with cancer to a senior (nearing the end of life)〉. ❹One
from A to B(AからBまで) 名詞修飾の分詞 S

aspect of palliative care (that needs greater attention for all patients) is pain control.
関係代名詞のthat V C

❺All physicians (who care for dying patients) should ensure [that they have adequate
S₁ V₁ O₁ S₂ V₂ O₂

skills 〈in this domain〉, as well as, 〈where available〉, access to skilled consultative help
adequate skills と access を並列 it is の省略

from palliative care specialists]. ❻Above all, physicians should not abandon dying
not A but B(AではなくB) [特定] S₁ V₁ O₁

patients but should continue to provide compassionate care 〈even when cure is 〈no
V₁ O₁ 時を表す when節 S₂ V₂

longer⟩ possible⟩.
　　　　　C₂

❶安楽死や自殺幇助が否定されたからといって、末期で治療する術のない、命にかかわる病気に侵された患者に対して、医師が何もできないということではない。❷近年、痛みや苦しみを和らげ、生活の質を向上させるための緩和ケア治療が大きく進歩している。❸緩和ケアは、がんの子どもから終末期の高齢者まで、あらゆる年齢層の患者に適しているだろう。❹緩和ケアの中でも、すべての患者がもっと注目すべき側面は、痛みの緩和である。❺死期が迫っている患者を診るすべての医師は、この分野における技術を十分に身につけると同時に、可能な場合には、緩和ケアの専門家による熟練した助言を受けられるようにしておくべきである。❻何よりも、医師は死期が迫っている患者を見捨てるのではなく、治療が不可能になっても、思いやりのあるケアを提供し続けるべきである。

┃語句リスト┃ life-threatening 形 命を脅かすような　curative 形 病気を治せる　palliative 形 緩和の
relieve 動 ～を和らげる、～を安心させる　domain 名 分野

○ パラグラフの要点

❶安楽死と自殺幇助の否定
　　→医師が終末期の患者に何もできないという意味ではない
　　　↓
　　❷緩和ケア治療が大きく進歩している
　　　→❸あらゆる年齢層の患者に適したもの
　　↓
　→❹緩和ケアで注視すべき点 ＝ 痛みの緩和
　　　→ ┌ ❺この分野における十分な技術を持った医師
　　　　 ┤　緩和ケアの専門家による助言が受けられる体制
　　　　 └ ❻［above all：特定］死期の迫る患者への思いやりのあるケア

次の英文を読み、英作文により解答しなさい。

Write an essay of at least 100 words of English about the following topic.
It is time for society to accept euthanasia*.

（注）euthanasia：安楽死

（一橋大学）

○ 使えるキーワード

- **the right**　権利
- **unbearable[intolerable] pain**　耐えがたい苦痛
- **incurable illness**　不治の病
- **serious illness**　重病
- **medicine**　医療（不可算で用いる）
- **cure**　～を治療する
- **treatment**　治療、処置
- **moral**　道徳
- **human life**　人命
- **responsibility**　責任
- **medical care**　医療（行為）

○ 設問の日本語訳

次のトピックについて英語で100語以上の作文をしなさい。
「そろそろ社会は安楽死を容認すべきだ」

○ 解答例❶

Introduction	社会は安楽死を受け入れるべき
Body	**個人は自分の人生について最終的な決定権を持っている** → 不治の病や重病による苦痛から逃れるために死を選ぶ権利がある → 手の施しようがない病気に対する治療の選択肢を増やすことになる
Conclusion	政府は有効な法整備を進めていくべき

In my opinion, it is time for society to embrace euthanasia.

Individuals are believed to have the right to make the final decision about their own lives. Therefore, they should also have the right to choose death. For example, if a person is in unbearable pain due to an incurable or serious illness, euthanasia may be an appropriate means of escaping that pain. Despite the rapid progress in medicine, there are still some diseases that cannot be cured. By accepting euthanasia, patients will be able to have more treatment options that respect their wishes and opinions.

In order to promote euthanasia, the government should establish a realistic and effective legal system.

(111 words)

私の意見では、社会は安楽死を受け入れるべきだと思う。

個人は、自分の人生について最終的な決定を下す権利があると信じられている。したがって、死を選択する権利もあるはずだ。例えば、不治の病や重い病気で耐え難い苦痛にある場合、安楽死はその苦痛から逃れるための適切な手段かもしれない。医学の進歩が著しいとはいえ、治療できない病気もまだある。安楽死を受け入れることによって、患者の希望や意見を尊重した治療の選択肢を広げることができるようになる。

安楽死を推し進めるために、政府は現実的で実効性がある法制度を構築していくべきである。

Introduction	社会は安楽死を受け入れるべきではない
Body	人間の命は尊いもの
	→ それを意図的に終わらせるのは道徳的に認められない
	→ 残された家族が罪悪感や後悔に苦しむかもしれない
	→ 安楽死を行った医師に大きな責任を負わせることになる
Conclusion	医療は日々進歩している
	→ 患者により良い治療をいかに提供するかを考えるべき

Society should not accept euthanasia, and I believe that euthanasia is a morally unacceptable practice.

Human life is precious, so no one, including the patients themselves, has the right to intentionally end it, even if they are in intolerable pain. Euthanasia may also cause the remaining family members of the patient to suffer from guilt and regret caused by euthanasia. Furthermore, euthanasia places a great deal of responsibility on the doctors who perform it, but the responsibility is too great for them to bear.

Medical care is advancing day by day, and it is important to consider how to provide better treatment to patients without giving up hope.

(108 words)

社会は安楽死を受け入れるべきではないし、安楽死は道徳的に許されない行為であると私は思う。

人の命は尊いものであり、たとえ耐えがたい苦痛にあったとしても、それを意図的に終わらせる権利は、患者本人を含めて誰にもないのだ。また、安楽死は、残された患者の家族に、安楽死による罪悪感や後悔の念を抱かせることになりかねない。さらに、安楽死はそれを行う医師に大きな責任を負わせることになるが、その責任は医師が抱えるにはあまりにも大き過ぎる。

医療は日々進歩しており、希望を捨てずにより良い治療を患者に提供するためにはどうすればよいかを考えることが重要である。

命 の 扱 い っ て 難 し い

　皆さんは『ブラック・ジャック』をご存じですか？　手塚治虫の有名な医学漫画です。読まれた方はわかると思いますが、この作品には2人の重要な人物が出てきます。

　1人はブラック・ジャック（BJ）。彼は無免許の天才外科医で、これまで何人もの患者の命を、神業的な技術で救ってきました。

　もう一人はドクター・キリコ。彼は医師でありながら、依頼があれば非合法な安楽死も請け負う「安楽死のスペシャリスト」で、これまで何人もの患者の命を奪ってきました。

　この2人、単純に考えれば「BJ＝善人／キリコ＝悪人」ですが、この作品はそう単純ではありません。キリコは時々BJと鉢合わせになり、両者で患者を奪い合った結果、最終的にはBJが奇跡の神業で治してしまうことが多いのですが、治った患者が必ずしも幸せになるとは限らないのです。むしろ「あれ？　これって、安楽死を選んだ方がよかったんじゃないの？」と思わせる展開が多かったように思います。

　私にはこの作品に、自身も医師免許を持つ手塚治虫氏自らの葛藤が描かれているように思えます。つまり「何でもかんでも助けるのが、本当に医者の仕事か？」という葛藤です。

　そう考えると、本文で書いた言葉を使うなら、キリコこそが「死にたい」という患者の自己決定権を尊重した善人で、逆にBJは、「医者は当然患者の命を救うべし」という古い考えに凝り固まって、患者の気持ちなんか無視して何でもかんでも治療しようとする、救いようのないパターナリストというとらえ方もできるのです。

　現在、日本人の平均寿命は「男性81歳／女性87歳（2022年）」ですが、健康寿命は「男性72歳／女性75歳（2019年）」です。医学の進歩で確かに寿命は延びましたが、男女とも「健康でなく長生き」している期間が、10年前後もあるわけです。長寿の時代だからこそ、キリコを犯罪者にしないためにも、「生き死にを自己決定する権利」について、真剣に考えるべきなのかもしれません。

WRITING

04

科学・メディア

Science and Media in Modern World

トピックのポイントはここだ！

　インターネット技術と、そのサービスの一つであるSNS（Social Networking Service）は、私たちが他者や世界とつながる時間を、飛躍的に増大させました。これはもちろんいいことなのですが、はたして「無条件に」いいことなのでしょうか？

　ここでは、仮想空間でのつながりに、現実空間で暮らす私たちが精神的に追いつめられる怖さを中心に見ていきましょう。時事解説では「情報化と個人情報保護」の流れや、マスメディアとソーシャルメディアの違いとその長所・短所などを説明します。

　あと、実用化間近の自動運転車。こちらは「すべてのトラブルが予期できるか」という視点で見ていくのがよさそうです。

英語入試ではこう出る！

　誰もがスマートフォンを持ち、ほとんどの小学生や中学生にタブレットが支給される時代になりました。今までも科学技術の功罪を論じる英文は頻出テーマの一つでした。しかし最近では、デジタル技術を利用した教育のメリット・デメリット、ネットいじめ（cyberbullying）、個人情報保護など、多様な問題を取り上げた英文の出題が増えています。自由英作文では、これらのテーマは今まさに最頻出と言っても過言ではありません。

　また、google（ググる）、apps（アプリ）、selfie（自撮り）など、ほんの数十年前には目にもしなかったような新しい語彙や表現がどんどん生まれています。このテーマは、背景知識だけでなく、英文中で出合う特有の表現にも注目するとよいでしょう。

1 情報化と個人情報保護

BACKGROUND

情報化と個人情報保護の新たな意味

個人情報の流出
実名でのSNS投稿
不正利用のリスク

　情報化の進展は、「プライバシーの侵害」に新たな意味を与えました。かつては「私事の暴露」だけを意味していたこの言葉が、インターネットの普及によって、「個人情報の流出」をも意味するようになったのです。そのため今日、プライバシーの防衛は従来的な意味に加えて「自己の個人情報のコントロール（つまり自分の情報の発信を控えめにすること）」と考えられるようになりましたが、これは特にSNSを使う時に気をつけないといけない防衛策です。

　代表的なSNSはX（旧Twitter）、Instagram、Facebookなどです。SNSに実名で投稿している場合には、より慎重な情報発信が必要です。例えば「今日は○○さんの誕生日です」という情報から暗証番号がばれた

り、「今日から家族で沖縄旅行！」と書いたせいで空き巣に入られたり、「引っ越しました」と転居先のマンションの写真をアップしたせいで、住所がばれてストーカー被害に遭ったり危険性もあるのです。

政府の情報公開と個人情報保護

情報公開法
個人情報保護法
マイナンバー制度

　さらにSNSに加えて、近年は政府の「情報公開」からも、個人情報が流出する危険性が指摘されています。

　アメリカには以前から各種「サンシャイン法（情報公開法）」がありましたが、日本でも国民の「知る権利（行政機関の保有情報を知る権利）（※）」に応えるため、2001年より情報公開法がスタートしました。これにより私たちは、個人情報や一部の行政情報を除き、政府の保有する行政情報を見られるようになったのです。

　しかし開示する行政情報の中に、何らかの形で個人情報が紛れている可能性はあります。そこで日本では2003年に「個人情報保護法」が制定され、行政機関だけでなく民間の個人情報取扱事業者も含めて、個人情報の扱いに関する規制を強化しました。

　さらに2016年からは「マイナンバー制度」もスタートしました。全国民に12桁の番号を付け、国や地方の行政情報を一元管理する法律ですが、ここでも当然、個人情報保護が求められます。

　（※「知る権利」は、日本国憲法に規定されていない、いわゆる「新しい人権」の一つだが、従来よりこの権利を求めることが多い。）

READING

次の英文を読み、あとの問いに答えなさい。

1 ❶ Shakespeare gave the Canadian sociologist Erving Goffman one of the most powerful sociological concepts: All the world's a stage, and we are actors playing our parts*. ❷ We are in effect reading from scripts, and frequently improvising when we forget our lines. ❸ This insight is developed in Goffman's book *The Presentation of Self in Everyday Life* (1959), which remains one of the classic texts of symbolic interactionism*.

2 ❶ Goffman used Shakespeare for his metaphor – the dramaturgical* analogy. ❷ Imagine, he is saying, that we are playing the parts of Iago, Desdemona, Hippolyta, Hamlet*. ❸ Before the play, we put on our costumes and makeup. ❹ If we are "method" actors, we inhabit the role so that it becomes "us," at least for the duration of the play. ❺ After the play is over, we slide out of costume, makeup and role, and return to our "real" selves and lives. ❻ We are backstage, where we can let our hair down and no longer play a theatrical role.

3 ❶ Goffman notices that, in our real lives, we are still playing roles. ❷ This is the great insight of sociology, which examines the social scripts that guide our behaviour. ❸ But even here, there is a backstage – a place we could go and be ourselves. ❹ This place is the home, our anchor in private life. ❺ At least this is the way it used to be. ❻ I grew up straddling* the 1950s and 1960s, when we began to shift the boundary between role playing and being real as electronic media came to dominate our culture and frame our experience. ❼ Now the world invades our living rooms and psyches; they are instantaneous, suggesting a verb "to instantaneize" that describes much of contemporary experience.

4 ❶ Everyone drinks deeply of the media, and with good reason. ❷ Or, at least, people do so who are connected electronically. ❸ Not everyone has a computer or smartphone. ❹ Some, especially baby boomers who knew typewriters and rotary phones, don't want them. ❺ Some cannot afford them. ❻ We learn, connect and are entertained in global, real-time ways. ❼ The media open the world to us, and allow us to write as well as read. ❽ We blog, email, text*, tweet, not simply consuming information and insight, but producing them. ❾ However, the media penetrate the private world, what Goffman calls the backstage, in ways that change what it means to be a person, to have boundaries, to disclose our inner feelings. ❿ Rapid and global technologies of information, communication and entertainment cause us to *overshare*. ⓫ This is Emily Gould's term for revealing "too" much about ourselves. ⓬ Of course, how much is too much depends on the context and the people involved!

5 ❶ Controversy swirls around Gould, who used to work for Gawker (gawker.com), a blog that posted gossip about celebrities and tracked their New York City whereabouts, based on citizen reports. ❷ Recently, she published a revealing memoir, *And the Heart Said Whatever*, chronicling her life so far. ❸ The book described much about her dating, personal life and work. ❹ She somewhat regrets her earlier oversharing in her blogging, but she does so in a book that could be considered an overshare. ❺ It is difficult not to wince* at some of her confessions. ❻ In this age of information and instantaneity, it is perhaps not surprising that people overshare. ❼ The Internet and smartphones

make information gathering, chatting and texting daily habits for billions of people. ❽But these technologies are also invasive, intruding in our time and place. ❾We are now available 24/7, and Internet addiction is a risk.

6 ❶And now there is the biggest vehicle of oversharing of all – Facebook! ❷One posts all of one's personal details, relationship status, likes and dislikes, pictures and postings of friends, of whom one can have hundreds or even thousands. ❸This is the personal made totally public, although one can restrict access to one's personal page. ❹Now, one is exposed to the world, including friends of friends, and their friends. ❺"To friend" has become a verb of the early 21st century. ❻One invites a person to be one's friend, and they accept, reject, or just ignore – the cruellest fate of all. ❼Not to be outdone, Google has launched a competitor, Google+.

出典：B. Agger, *Oversharing: Presentations of Self in the Internet Age* (Routledge, 2012), pp. 1-2. (一部改変)

〈注〉
All the world's a stage, and we are actors playing our parts：William Shakespeare (1564 – 1616) の戯曲 *As You Like It* の台詞を言い換えたもの
symbolic interactionism：社会学理論の一つである「シンボリック相互作用論」
dramaturgical：演劇の創作や演出に関係する
Iago, Desdemona, Hippolyta, Hamlet：Shakespeare の戯曲の登場人物
straddle：（異なる時代）にまたがる
text：携帯電話・スマートフォンでメッセージを打つこと
wince：（不快や驚きで）ひるむ、たじろぐ

（上智大学）

英文の内容に関する1〜5の質問に対して、最も適切なものを1〜
4の中から一つ選びなさい。

1 According to the passage, what concept did Shakespeare provide to Erving Goffman?

1 The idea that all the world is a stage and we are actors.

2 The idea that people put on their costumes and makeup.

3 The idea that the dramaturgical analogy is a metaphor.

4 The idea that we present ourselves in everyday life.

2 What does Goffman compare our real lives to?

1 A costume and makeup   **2** A play

3 A script   **4** The backstage of a theater

3 According to Goffman, what change happened in the 1950s and 1960s?

1 Electronic media took over our culture and shaped our experiences.

2 Everyone came to possess a computer or a smartphone.

3 People tend to drink too much when they are online.

4 The home became the only place where we could be ourselves.

4 According to the passage, what effect do rapid and global technologies have on personal disclosure?

1 They cause people to reveal too much about themselves.

2 They discourage people from disclosing their feelings.

3 They limit communication and information exchange.

4 They have no impact on personal disclosure.

5 What is the main characteristic of Facebook?

1 Facebook allows full disclosure of personal information.

2 Facebook cannot allow the users to post private information.

3 Facebook focuses only on one's relationship status.

4 Facebook tries to promote oversharing personal details.

ANSWERS

1 文章によると、シェイクスピアはアーヴィング・ゴフマンにどのような概念を提供したか?

1 世界はすべて舞台であり、私たちは役者であるという考え。
1の❶文に一致。

2 人は衣装をまとい化粧をするものだという考え。
2の❸文にあるが、これはゴフマンが人の行動を演劇にたとえた比喩の一部。

3 演劇的な類推はメタファーであるという考え。
2の❶文にあるが、これはゴフマンの考え方を説明したもの。

4 私たちは日常生活の中で自分をプレゼンテーションしているという考え。
1の❸文にあるゴフマンの著書のタイトルを言い換えたもの。

2 ゴフマンは私たちの現実の生活を何に例えているか?

1 衣装と化粧

2 劇

3 脚本

4 劇場の舞台裏
2の❺❻文から読み取れる。

3 ゴフマンによると、1950年代と1960年代にどのような変化が起こったか?

1 電子メディアが私たちの文化を支配し、私たちの経験を形成した。
3の❻文と一致。

2 誰もがコンピューターやスマートフォンを所有するようになった。
4の❸文に不一致。

3 人々は、ネットをしていると飲み過ぎてしまう傾向がある。
4の❶文にあるdrinkはお酒を飲むことではない。

4 家は私たちが自分らしくいられる唯一の場所となった。
3の❹❺文や4の❾文より、むしろそうでなくなったことが読み取れる。

4 文章によると、急速でグローバルな技術は、個人の情報開示にどのような影響を及ぼすか?

1 人々が自分についてあまりに多くのことを明らかにする原因となる。

2 人々が自分の感情を打ち明けることを思いとどまらせる。

3 コミュニケーションや情報交換を制限する。

4 個人の情報開示には影響を与えない。
4の❿⓫文から読み取れる。

5 フェイスブックの主な特徴は何か?

1 フェイスブックは個人情報を完全に公開することを許可する。
6の❷文に一致。

2 フェイスブックはユーザーが個人情報を投稿することを許可していない。
6の❷文に不一致。

3 フェイスブックは人の交際状況にだけ注目する。
6の❷文より、アップされる情報は交際状況だけではない。

4 フェイスブックは個人情報を過剰に共有することを促進しようとする。
6の❸文にアクセス制限を設定できる機能があることが述べられている。

ANSWERS

1

❶Shakespeare gave the Canadian sociologist Erving Goffman one of the most
powerful sociological concepts: All the world's a stage, and we are actors (playing
our parts). **❷**We are in effect reading 〈from scripts〉, and 〈frequently〉 improvising
〈when we forget our lines〉. **❸**This insight is developed 〈in Goffman's book *The
Presentation of Self in Everyday Life* (1959), 〈which remains one of the classic texts of
symbolic interactionism〉〉.

（注釈）
- 名詞修飾の分詞
- ［前言の強調］
- reading ... と frequently improvising ...を並列
- Goffman's book...を先行詞にする関係代名詞

❶シェイクスピアは、カナダの社会学者アーヴィング・ゴフマンに、最も強力な社会学的概念を与えた。世界はすべて舞台であり、私たちは自分の役を演じる役者である、という概念である。**❷**私たちは事実上、脚本のせりふを読み上げ、しばしばせりふを忘れて即興で演じるのだ。**❸**この洞察は、ゴフマンの著書『日常生活における自己呈示』（1959年）で展開され、同書は現在でもシンボリック相互作用論の古典的テキストの一つである。

語句リスト▶ improvise **動** 即興で演じる　line **名** 行、せりふ

○ パラグラフの要点

- -

❶カナダの社会学者アーヴィング・ゴフマン
　　→シェイクスピアから強力な社会学的概念を与えられる
　　　　　　　　　　　↓
　　「世界 ＝ 舞台」　・　「私たち ＝ 役者」
❷［in effect：前言の強調］脚本を読み、せりふを忘れたときには即興をする
❸この洞察が展開されている著書『日常生活における自己呈示』
　　＝ シンボリック相互作用論の古典的テキストの一つ

- -

2

❶Goffman used Shakespeare 〈for his metaphor〉 − the dramaturgical analogy.
❷Imagine, he is saying, [that we are playing the parts of Iago, Desdemona,
Hippolyta, Hamlet]. **❸**〈Before the play〉, we put on our costumes and makeup. **❹**〈If we

（注釈）
- 名詞節を導く接続詞の that
- his metaphor の具体化
- S＋V の挿入

are "method" actors〉, we inhabit the role 〈so that it becomes "us," 〈at least for the

duration of the play〉〉. ❺〈After the play is over〉, we slide out of costume, makeup and

slide out of ... と return to... を並列

role, and return to our "real" selves and lives. ❻ We are backstage, 〈where we can let our

can let... と no longer play... を並列　　　　　　　　　　　　関係副詞の where

hair down and 〈no longer〉 play a theatrical role〉.

❶ゴフマンは、シェイクスピアを比喩に用いた「演劇的類推」だ。❷自分がイアーゴ、デズデモーナ、ヒッポリタ、ハムレットの役を演じていると想像してみよ、と彼は言っているのだ。❸演技をする前に、私たちは衣装を着て、化粧をする。❹私たちが「メソッド法」で演技をする役者であるなら、少なくとも芝居の間は、役が「自分自身」になるように役柄に入り込む。❺芝居が終わると、私たちは衣装を脱ぎ、化粧を落とし、役から離れて「本当の」自分と生活に戻っていく。❻舞台裏に戻って、髪を下ろし、もはや劇中の役を演じることはない。

語句リスト▶ analogy 名 比喩、たとえ
method 名 メソッド演技法（非常にリアルな演技を追求する方法論）
inhabit 動 〜に宿る、〜に入り込む　duration 名 継続期間

○ パラグラフの要点

❶ゴフマン→シェイクスピアを「演劇的類推」という比喩に用いた
　→❷［具体例］自分がハムレットなどの役を演じていると想像してみよう
　　　❸演技の前に衣装を着て化粧をする
　　　❹演技中は役柄に入り込む
　　　❺演技の後は衣装を脱ぎ化粧を落として、「本当の」自分に戻る
　　　❻舞台裏に戻って、もはや劇中の役を演じない

名詞節を導く接続詞の that

3 ❶ Goffman notices [that, 〈in our real lives〉, we are 〈still〉 playing roles]. ❷ This is

the great insight of sociology, (which examines the social scripts (that guide our

関係代名詞の that

behaviour)). ❸ But 〈even here〉, there is a backstage – a place (we could go and be

［逆接］　　　　　　　　　　　　a backstage の言い換え　関係副詞の省略

ourselves). ❹ This place is the home, our anchor in private life. ❺〈At least〉 this is the way

the home の言い換え

(it used to be). ❻ I grew up 〈straddling the 1950s and 1960s, (when we began to shift the

関係副詞 how の省略　　　　　　分詞構文　the 1950s and 1960s を先行詞にする関係副詞

boundary (between role playing and being real) 〈as electronic media came to dominate
our culture and frame our experience〉〉. ❼〈Now〉 the world invades our living rooms
and psyches; they are instantaneous, 〈suggesting a verb "to instantaneize"
(that describes much of contemporary experience)〉.

関係代名詞の that

❶ゴフマンの気づきは、実生活の中で、私たちがまだ役を演じているということだ。❷これは、社会学上の大きな洞察であり、私たちの行動を導く社会的脚本を検証するものだ。❸しかしここでも、舞台裏、つまり私たちが自分自身でいられる場所がある。❹この場所が自分の家であり、私生活における錨を下ろす場所である。❺少なくとも昔はそうだった。❻1950年代から1960年代にかけて私は育ったが、それは、電子メディアが私たちの文化を支配し私たちの経験を形成するようになるにつれ、役を演じることと現実であることの境界が移り変わり始めた時代だった。❼今では、世界が私たちの居間や心の中に侵入してきている。それらは即時的なものであり、そのことは、現代における経験の多くを描写する「instantaneize（即時的なものにする）」という動詞を示唆している。

語句リスト electronic media 電子メディア　contemporary 形 同時代の　psyche 名 精神
instantaneous 形 即時の　instantaneize 動 即時的にする（instantaneous からの造語）

○ パラグラフの要点

❶ゴフマンの気づき ＝ 実生活でも私たちは役を演じている

↓

❷社会学上の大きな洞察 →行動を導く社会的脚本を検証するもの

❸ [But：逆接] 自分でいられる舞台裏 ＝ ❹私生活で錨を下ろす場所である自宅

↓

❺かつてはそうだった

❻1950年代〜1960年代 ＝ 役と現実の自分の境界が移動し始めた時代

（→p.038 ここがポイント！❸）

→電子メディアが文化を支配し、経験を形成し始めた時代

❼世界が居間や心の中に侵入

→電子メディアの即時性 ＝ 「instantaneize」という動詞を示唆

4

and 以前の文がそのまま省略

❶Everyone drinks ⟨deeply⟩ ⟨of the media⟩, and ⟨with good reason⟩. ❷Or, ⟨at least⟩, people do so (who are connected electronically). ❸Not everyone has a

部分否定

= drink deeply of the media

computer or smartphone. ❹Some, especially baby boomers (who knew typewriters and

some と同格

rotary phones), don't want them. ❺Some cannot afford them. ❻We learn, connect and

learn と connect と are entertained を並列

are entertained ⟨in global, real-time ways⟩. ❼The media open the world ⟨to us⟩, and

open と allow を並列

allow us to write as well as read. ❽We blog, email, text, tweet, ⟨not simply consuming

分詞構文

information and insight, but producing them⟩. ❾However, the media penetrate the

consuming... と producing... を並列   [逆接]

private world, what Goffman calls the backstage, ⟨in ways (that change [what it means

the private world と同格   関係代名詞の that   仮S'

to be a person, to have boundaries, to disclose our inner feelings])⟩. ❿Rapid and global

真S'

technologies (of information, communication and entertainment) cause us to *overshare*.

⓫This is Emily Gould's term (for revealing "too" much about ourselves). ⓬Of course,

[譲歩]

the context と the people involved を並列

[how much is too much] depends on the context and the people (involved)!

名詞修飾の分詞

---

❶誰もがメディアを深く飲み込むが、それにはもっともな理由がある。❷あるいは少なくとも、電子的につながっている人たちは、そうしている。❸誰もがパソコンやスマートフォンを持っているわけではない。❹特に、タイプライターやダイヤル式電話を知っている団塊の世代は、それらを望んでいない。❺買う余裕のない人もいる。❻私たちはグローバルに、リアルタイムに、学び、つながり、楽しんでいる。❼メディアによって、世界は私たちに開かれ、読むだけでなく、書くことも可能になっている。❽私たちはブログを書き、メールを書き、テキストメッセージを送り、ツイートをすることで、情報や洞察を消費するだけでなく、生産もしている。❾しかし、メディアは、ゴフマンが「舞台裏」と呼ぶ私的な世界に、個人であること、境界を持つこと、内なる感情を開示することの意味を変えてしまうようなやり方で侵入してきている。❿情報、通信、娯楽が急速に世界とつながる技術によって、私たちは「過剰共有」をするようになっている。⓫これは、自分のことを「過剰」に露出することを表す、エミリー・グールドの言葉である。⓬もちろん、どの程度が過剰なのかは、その状況や関係している人によって異なる。

語句リスト▶ real-time 形 リアルタイムの　blog 動 ブログを書く　email 動 メールを書いて送る
tweet 動 ツイートをする　penetrate 動 ～に侵入する

◎ パラグラフの要点

❶メディアを飲み込むのにはもっともな理由がある

　→❷電子的につながっている人はそうしている

　↓

❸すべての人がパソコンやスマートフォンを持っているわけではない

　→❹特に団塊の世代は望んでいない

　→❺買う余裕のない人もいる

　↓

→❻私たちはグローバルでリアルタイムにメディアを利用している

❼メディアによって世界は開かれ、読むだけでなく書くこともできる

　　　　　　　　　　　　　　↓

　　　　❽ブログ・メール・テキストメッセージ・ツイート

❾[However：逆接] メディアは私的な世界である「舞台裏」に侵入

　　→人である意味、境界の意味、内なる感情の開示の意味を変える

❿通信技術の広がり → 自分のことを「過剰共有」

　　　　　　　　　　↓

　　⓫自らを「過剰に」露出することを表すエミリー・グールドの言葉

　⓬[Of course：譲歩] どれだけが過剰かは状況や関係する人による

（左側の縦書き）理由の具体化　反対意見

---

5 ❶Controversy swirls 〈around Gould, (who used to work for Gawker (gawker.
　S　　　　　V

com), a blog (that posted gossip about celebrities and tracked their New York City
　　　　Gawkerと同格　　　　　　　　　　　posted...とtracked...を並列

whereabouts, 〈based on citizen reports〉)))〉. ❷〈Recently〉, she published a revealing
　　　　　　　　　　　　　　　　　　　　　　　　　　　　　S　　V　　　　O

memoir, *And the Heart Said Whatever*, (chronicling her life so far). ❸The book
　　　　　a revealing memoirと同格　　　　　a revealing memoirを修飾する分詞　　S

described much (about her dating, personal life and work). ❹She 〈somewhat〉 regrets
V　　　　O　　　　　　　　　　　　　　　　　　　　　　S　　　　　　　V

her earlier oversharing (in her blogging), but she does so 〈in a book (that could be
O　　　　　　　　　　　　　　　　　　S　　V　　　　　　前文のregrets...を指す　関係代名詞のthat

considered an overshare)〉. ❺It is difficult [not to wince at some of her confessions].
　　　　　　　　　　　　　仮S V C　　　　　真S

❻〈In this age of information and instantaneity〉, it is 〈perhaps〉 not surprising [that
　　　　　　　　　　　　　　　　　　　　　　　　仮S₁ V₁　　　　　　C₁　　　　　真S₁

212

people overshare]. **❼**The Internet and smartphones make information gathering,
$_{S_2}$　　$_{V_2}$　　　　　　　　　　　　S　　　　　　　　　　V　　O

chatting and texting daily habits 〈for billions of people〉. **❽**But these technologies are
　　　　　　　　　　　　C　　　　　　　　　　　　　　　　　　　S　　　　　　　V
　　　　　　　　　　　　　　　　　　　　　　　　　　　　　　　[逆接]

also invasive, 〈intruding in our time and place〉. **❾**We are 〈now〉 available 〈24/7〉, and
[追加]　C　　　　分詞構文　　　　　　　　　　　S　V　　　　　C

Internet addiction is a risk.
S　　　　　　　V　C

❶グールドを取り巻いて議論が起こっている。彼女は、元々ゴーカー（gawker.com）という、セレブのゴシップを投稿したり、彼らのニューヨークでの居場所を市民からの報告に基づいて追跡したりするブログで働いていた。❷最近、彼女はこれまでの自身の半生を年代順に記した暴露本的な回顧録『And the Heart Said Whatever』を出版した。❸この本には、彼女のデートや私生活、仕事について多くのことが書かれている。❹彼女は、以前ブログで過剰に共有したことをいささか後悔しているが、過剰な共有であると考え得る著書の中で、彼女はまた同じことをしている。❺彼女の告白の中には、思わずたじろいでしまう部分もある。❻情報と即時性のこの時代に、人々が過剰に共有してしまうのも驚くことではないのかもしれない。❼インターネットやスマートフォンによって、情報を収集したり、チャットをしたり、テキストメッセージを送ったりすることは、何十億人の人々にとって日常的な習慣となっている。❽しかし、これらのテクノロジーは、私たちの時間や場所に侵入してくる、侵略的なものでもある。❾私たちは、今や24時間、週7対応の状態にあり、インターネット中毒は危険なものとなっている。

語句リスト▶ controversy **名** 論争　swirl **動** 渦巻く、飛び交う　post **動** 〜を投稿する
whereabouts **名** 居場所、所在　chronicle **動** 〜を年代順に記録する　instantaneity **名** 即時性
chat **動** おしゃべりをする、（ネット上で）チャットをする　intrude **動** 侵入する
Internet addiction　インターネット中毒

◎ パラグラフの要点
----
❶ゴーカーで働いていたグールドを取り巻く議論　　　　（→p.038 ここがポイント！❸）
　＝ セレブのゴシップを投稿し、彼らの居場所を市民からの情報で追跡するブ
　　ログ
❷グールドが暴露本的な回顧録『And the Heart Said Whatever』を出版
　　　　　　　　　　　　　　　↓
❸彼女のデートや私生活や仕事について語る
　→❹以前ブログで共有しすぎたことを後悔
　　　↔過剰共有と考えられる著書の中で同じことをしている
　→❺思わずたじろいでしまう内容もある
↓

❻情報と即時性の時代 ＝ 過剰に共有してしまう

　→❼インターネットやスマートフォンによって日常的な習慣となっている

❽ [But：逆接] 私たちの場所や時間を侵略してもいる

　→❾週7日24時間対応する必要 ＝ インターネット中毒は危険

6

❶And 〈now〉 〈there〉 is the biggest vehicle (of oversharing of all) – Facebook!
　　　　　　　　　V　S　　　　　　　　　　　　　the biggest vehicle...の言い換え

❷One posts all (of one's personal details, relationship status, likes and dislikes,
　S　　V　　O　　　　　　　　　　　　　　　　　　　　likesとdislikesを並列

pictures and postings of friends, (of whom one can have hundreds or even thousands)).
　　pictures と postings を並列　　　前置詞のついた関係代名詞

❸This is the personal (made totally public), 〈although one can restrict access (to one's
　S₁　V₁　C₁　　名詞修飾の分詞　　　　[譲歩]　S₂　　V₂　　O₂

personal page)〉. ❹〈Now〉, one is exposed 〈to the world, (including friends of friends,
　　　　　　　　　　　　　　S　　V

and their friends)〉. ❺"To friend" has become a verb (of the early 21st century). ❻One
　　　　　　　　　　　　　S　　　V　　　　　　　　　　　　　　　　　　　　　　　　S
　　　　　　　one invites ...と they accept ...を並列　　accept と reject と just ignore を並列

invites a person to be one's friend, and they accept, reject, or just ignore – the cruellest
　V　　O　　　　　C　　　　　　　S　　V　　　V　　　V　　　just ignore に対する追加説明

fate of all. ❼〈Not to be outdone〉, Google has launched a competitor, Google+.
　　　　　　　　　　　　　　　　　S　　　V　　　O
　　　　　　　　　　　　　　　　　　　　a competitor の言い換え

❶そして今や、すべての中で過剰共有の最大の媒体となっているものがあり、それがフェイスブックである。❷人は、自分の詳細な個人情報、交際状況、好き嫌い、何百人もしくは何千人もいるかもしれない友人の写真や投稿などをアップしている。❸個人のページへのアクセスを制限することはできるが、これは完全に公開された個人である。❹今では、一人の人間が、友人の友人、さらにはその友人を含めて、世界中にさらされているのだ。❺「friend」という単語が、21世紀初頭の動詞となった。❻他の人に友達申請すると、相手はそれを受け入れることも、拒否することもあれば、単に無視することもあり、これは何よりも残酷な結果である。❼負けじと、グーグルは自身の競合ソフトとなるグーグルプラスを立ち上げた。

◎ パラグラフの要点

----

❶フェイスブック ＝ 過剰共有の最大の媒体　　　　　　　（→p.038 ここがポイント！❸）

　→❷詳細な個人情報、交際状況、好き嫌い、友人の写真や投稿をアップ

　→❸ [主張] 完全に公開された個人

　　　[Although：譲歩] 個人のページへのアクセスを制限できる

　→❹個人が世界中にさらされている

→❺「friend」が21世紀初めには動詞になった

→❻友達申請は受け入れることも拒絶することも無視することもできる

❼グーグルはグーグルプラスを発表

◎ **さらに覚えておきたいキーワード＋10　～個人情報保護～**

- breach 名違反、不履行

- compliance 名コンプライアンス

- confidential information 名機密情報

- cybercrime 名サイバー犯罪

- data security 名データセキュリティ

- encryption 名暗号化

- identity theft 名身元詐称、身元盗用

- personal information 名個人情報

- privacy 名プライバシー

- user consent 名ユーザーの同意

WRITING

現在ではインターネットでさまざまな情報を簡単に手に入れることができます。これは良いことでしょうか、悪いことでしょうか、あるいはその両方でしょうか。自分の意見を120語程度の英語で述べなさい。

（静岡大学）

◉ 使えるキーワード

- accessible to A　Aが利用できる
- platform for A　Aのためのプラットフォーム
- geographical constraints　地理的制約
- economic constraints　経済的制約
- productivity　生産性
- problem-solving capabilities　問題解決能力
- traditional methods　従来の手法
- drawback　欠点
- fake news　フェイクニュース
- data breach　（外部からの侵入による）情報漏洩
  - ⟷　data leak　（過失などによる）情報漏洩
- cyberattack　サイバー攻撃
- malicious intent　悪意

○ 解答例❶

Introduction	インターネットでさまざまな情報を簡単に手に入れることは有利だ
Body	**利点❶** 世界中の人が知識を利用するための平等なプラットフォーム → 地理的・経済的制約に関係なくアクセスできる → どんな状況の人でも教育や成長の機会が持てる
	利点❷ 疑問に対する答えが迅速に見つけられる便利さ → 生産性と問題解決力の向上 → 従来必要だった時間が節約できることによる効率性の向上

Obtaining diverse information easily on the Internet is certainly advantageous. The Internet makes knowledge more accessible to people worldwide by providing an equal platform for information access. This allows individuals to access a wealth of information on the Internet regardless of geographical or economic constraints. As a result, even individuals in remote areas or from disadvantaged backgrounds now have various opportunities for education and personal growth.

Additionally, the Internet provides convenience by allowing users to quickly find answers to their questions. This enhances productivity and problem-solving capabilities in both personal and professional contexts. It also saves time that would otherwise be spent on traditional research methods. Thanks to these benefits, individuals can accomplish tasks more efficiently.

(116 words)

WRITING

インターネットで多様な情報を簡単に入手できることが、有利であることは確かだ。情報にアクセスするための平等なプラットフォームを提供することで、インターネットは世界中の人々に知識をより利用しやすくさせる。このことによって、地理的・経済的な制約に関係なく、個人がインターネット上の豊富な情報にアクセスできる。その結果、遠隔地や恵まれない環境にいる人でも、今は教育や自己

成長のためのさまざまな機会を得ることができる。

　さらに、利用者は自らの疑問に対する答えをすぐに見つけることができるため、インターネット利便性を提供する。これにより、私的な場面でも仕事上の場面でも、生産性と問題解決能力が向上する。また、従来の調査方法であれば費やしていたはずの時間を節約できるようにもなる。これらの利点のおかげで、個人はより効率的に仕事をすることができる。

○ 解答例❷

Introduction	インターネットで簡単に大量の情報が手に入ることには欠点がある	
Body	欠点❶	誤った情報やフェイクニュースの拡散 → 正確性がチェックされない → 誤った情報が広まり、誤解や混乱や危害につながる恐れ
	欠点❷	プライバシーとセキュリティーの問題 → データ漏洩やサイバー攻撃のリスク → 個人の特定や財産の盗難のリスク

The ease of accessing vast amounts of information on the Internet comes with some drawbacks. One major downside is the spread of misinformation and fake news. Since there are no mechanisms for checking the accuracy of information, false or misleading information can spread easily and rapidly, which leads to misunderstandings, confusion, and even harm.

Another concern is privacy and security. As individuals share more of their personal information online, the risk of data breaches and cyberattacks becomes a growing concern. No matter how careful they are, their personal information could fall into the hands of someone with malicious intent and, in the worst scenario, it could be used to identify the individual or to steal personal property.

(117 words)

インターネットで膨大な情報に簡単にアクセスできることには、いくつかの欠点も伴う。大きな欠点の一つは、誤った情報やフェイクニュースの拡散である。情報の正確性をチェックする仕組みがない

ため、誤った情報や誤解を招くような情報が簡単かつ急速に広まり、それが誤解や混乱、さらには危害を生むことにつながる。

　もう一つの懸念は、プライバシーとセキュリティーだ。個人がオンラインで個人情報を共有することが増えるにつれ、データ漏洩やサイバー攻撃のリスクへの懸念がますます大きくなっている。どんなに気をつけていても、個人情報が悪意のある人物の手に渡り、最悪の場合、個人を特定したり、個人の財産を盗んだりするために利用される可能性があるのだ。

COLUMN

個 人 情 報 保 護 ？　　何 そ れ

　皆さんは信じられないでしょうが、実は21世紀の頭ぐらいまで、日本には個人情報保護という概念は、ほぼありませんでした。そのため、今ではあり得ませんが、学校の卒業アルバムには、全卒業生の住所と電話番号が載っていましたし、電話帳にも各家庭の住所と電話番号が載っていました。あと、すごい話ですが、私が毎月買っていた有名な将棋雑誌には、「棋士の先生に年賀状を書こう」みたいなタイトルで、何と将棋のプロ棋士全員の住所が掲載されていました。しかもそこまで大昔ではなく、1990年代の話です。それを考えると、昔がいかに「よくも悪くも大らか」だったかがわかります。

　ところがこの状況が、21世紀になると劇的に変わります。情報化の進展、特にインターネットの普及は、私たちの個人情報に余分な価値をもたらしました。例えば有名進学校の卒業アルバムは「将来の金持ち候補の個人情報の塊」ですし、女子高の卒業アルバムは「写真付きで女子の住所がわかるお宝」です。こんな個人情報がインターネットで拡散されると、見知らぬ人からの詐欺やストーカー被害が増えてしまいます。そういう流れを受けて、2003年に「個人情報保護法」が制定され、個人情報取扱業者に対する規制が厳しくなったわけです。

　でもまだ安心はできません。だって法規制が厳しくなったということは、今まで以上に個人情報の価値が上がったということですから。だから皆さんは、法である程度守られながらも、今まで以上に「個人情報のコントロール（つまり自分情報の出し惜しみ）」に努めてください。

　ちなみに、私の個人情報のコントロール方法もお教えしておくと、例えば私は、何かの機会に会員証などを作る際、連絡先はすべて「代ゼミ本部校」にしています。それから、初対面なのに「LINE交換しましょう！」などと言ってくる怪しい人には、「LINEって何？」と、今どきおじさんですらあり得ないミラクルなボケでかわしています。ひどい奴とお思いでしょうが、なに、それで私が守られるなら安いもんです。

2 ｜ 自動運転車の導入の是非

BACKGROUND

自動運転車導入の利点

自動運転車
AI
IoT

　自動運転車とは、AI（人工知能）やIoT（モノのインターネット）、ビッグデータを駆使して、運転操作を自動化し、搭乗者が運転操作しなくても自動で走行する車です。その技術進歩はめざましく、完全実用化まであと一歩のため、それを踏まえて、日米欧では2030年をめどに、自動運転車のためのインフラ整備を進めていく方針を示しています。

　運転の完全自動化が実現すると、「運転負担の軽減（運転時間を別のことに使える）／免許の不要化（高齢者や児童の移動の支援）／交通事故や渋滞の減少／運送会社やバス会社、タクシー会社の人件費削減（輸送料や運賃値下げにもつながる）／危険な場所での運転（災害現場など）」など、さまざまなメリットが考えられます。

システム障害
交通産業の労働者の雇用減少
事故の責任の所在

しかし一方で、デメリットも考えられます。例えば「犯罪に悪用される可能性／システム障害／避けられない事故／交通産業の労働者の雇用減少」などです。中でも懸念されているのが「避けられない事故」で、これが起こると、もう一つ大きな問題が発生します。それは「事故の責任の所在」の問題です。

従来の自動車事故なら「すべての責任はドライバーにある」と考えるのが基本でしたが、今後は状況次第で、自動車会社やシステムを作ったソフトメーカーの責任が問われる可能性もあります。

いずれにせよ、可能な限りメリットを活かし、デメリットを避けるためには、実用化される前に、以下のような環境整備をしておくことが不可欠です。

・事故リスクをゼロに近づけるための「交通インフラの整備」

・その実現のためのAI・GPS・ビッグデータなどの連動

・新しい交通インフラに合わせた「自動運転車の統一規格」

・人間の運転を前提としている現行の「道路交通法の改正」

・事故のケースに応じた責任の明確化と保険対応

ご存じないかもしれませんが、2024年現在、日本ではすでにかなり高いレベルの自動運転が可能となっています（詳しくはp.245のコラム参照）。また、中国でも2017年に、自動運転に対応したスマートシティをつくる「自動運転シティ構想」を発表しています。まだまだ課題は多いですが、夢の未来は、思ったより遠くないのかもしれません。

次の英文を読み、あとの問いに答えなさい。

"Driving the Future of Driverless Cars"

1 ❶In April 2019, Tesla CEO Elon Musk hosted a major event focusing on the future of self-driving cars. ❷Musk announced, "Tesla cars being produced all have the hardware necessary — computer and otherwise — for full self-driving." ❸The only thing left to make this a reality is a software update to turn on the feature. ❹Musk also announced that Tesla vehicles would soon allow individual owners to loan out their cars to drive people automatically. ❺These "robotaxis" would work without human intervention and could make their owners as much as $21,000 in profit per year.

2 ❶The future of autonomous vehicles is speeding along, built upon many technological advances: cameras and radar to detect surrounding cars, telecommunications to make updates on the go, and computer processers that recognize dangerous conditions faster than humans. ❷The global market for autonomous vehicles reached $10.5 billion in 2017 and is forecast to increase to over $65 billion by 2027. ❸The economic opportunities are so grand that no automaker, let alone any nation, can ignore them. ❹Those same opportunities, however, are equaled by significant new risks and challenges that may put the brakes on the expansion of driverless cars.

3 ❶Driverless cars provide a vision of an ideal world in which traffic accidents are a thing of the past. ❷In terms of safety, the WHO estimated a record high 1.35 million deaths worldwide from road

crashes in 2016. ❸By contrast, the European Commission found a decline in traffic deaths in the European Union by more than 50% between 2001 and 2018, an achievement that was partially attributed to automation. ❹Pedestrian deaths, however, have fallen at a much lower rate and continue to make up 29% of all fatalities in the EU. ❺With reduced potential for human error with driverless cars, urban streets can be redesigned for bicycles, which will make walking and cycling safer and more enjoyable.

4 ❶Safety is not the only benefit. ❷With an automated car, the morning commute to work can be used to get an early start on work or to catch up on needed sleep – a concern for the 19 million workers in the US who drive at least 2.5 hours a day. ❸For many, the quality of life can be vastly improved. ❹Disabled individuals can gain the benefits of enhanced freedom, and the elderly will no longer need to worry about losing their mobility. ❺The social dimensions of driving will likely change too, as the ease of summoning a driverless car reduces the need for individual ownership, thereby allowing cars to be communally shared. ❻Driverless cars will never exceed the speed limit. ❼As a result, with the reduction in traffic violations police departments will have more time to focus on other problems facing the community.

5 ❶Nevertheless, the broad adoption of driverless cars faces many speed bumps. ❷The most obvious is the cost involved, as the current generation of automated cars offered by leading car manufacturers can easily reach more than $100,000. ❸As the cars are highly dependent upon several integrated technologies, there are concerns that failed programming updates, a downed satellite system, or damaged systems could make the cars prone to error – much like how failing to update a

smartphone operating system can render it useless.

6 ❶Worse yet, as driverless cars will be connected to wireless networks, someone else may take over control of your car. ❷In 2015, researchers remotely hacked into a car via its internet connection, giving them the ability to change its GPS position and to prevent the driver from using the brakes. ❸Moreover, serious concerns remain about the collection of personal data. ❹Driverless cars might require collecting private information about the people in the car and automatically storing and sharing this information.

7 ❶Furthermore, there are real concerns about liability. ❷When driving today, it is the responsibility of the car owner and driver to keep their car in proper working condition, and to be insured in the case of an accident. ❸With driverless cars, the question of who is responsible for an accident would become unclear. ❹One suggestion is to assign responsibility solely to car manufacturers; however, they object that doing so would raise costs so high that it would make the cars simply too expensive. ❺Not all accidents can be foreseen, and manufacturers should not bear the cost of this uncertainty. ❻Whatever the case, minimum standards for insurance and maintenance must be implemented. ❼Few governments could tolerate a situation in which the legal consequences of accidents are unclear.

8 ❶For all the benefits and despite some real concerns, the true limit on the advancement of driverless cars is a question of politics. ❷The full effects of self-driving vehicles will inevitably be met by resistance from the automotive industry, labor unions, legislative regulations, and the perceived dangers to people's lives and their livelihoods. ❸Nitin

Gadkari, India's Transport and Highways minister said, "We won't allow driverless cars in India." ❹No government, especially in a country with high unemployment, will endorse a technology that ends up taking away jobs. ❺According to a report from Goldman Sachs Economic Research, there were four million driver jobs in the US in 2014, and driverless trucks could reduce the number of jobs by as many as 300,000 per year at its peak.

9 ❶Some argue that the real impact of driverless cars will be to improve the more routine driving jobs which already exist, allowing drivers to reduce the stress and danger of their jobs. ❷It is likely that most drivers will still be needed. ❸Automation in airplanes, for example, has not reduced the need for pilots. ❹Driverless cars will profoundly alter our lives: the question is, who will benefit? ❺Will it be the average driver or the executives of global automotive companies?

（慶應義塾大学）

英文の内容に関する1〜5の質問に対して、最も適切なものを1〜4の中から一つ選びなさい。

1 **What did Elon Musk announce about Tesla cars in April 2019?**

1 Musk announced a new partnership with another car manufacturing company.

2 Musk announced plans to install self-driving hardware post-April 2019.

3 Musk forecasted the sales of Tesla will reach 65 billion dollars at least by 2027.

4 Musk said Teslas have the hardware for self-driving and introduced "robotaxis."

2 **According to the passage, what is an advantage of driverless cars?**

1 They discourage communal sharing of cars and promote individual car ownership.

2 They enhance quality of life and mobility for the disabled and elderly.

3 They increase the number of traffic accidents due to complex technology.

4 They result in more traffic violations due to unpredictable machine behavior.

3 **According to the passage, what is a disadvantage of driverless cars?**

1 The driver of a vehicle would be responsible for all the causes of any accident they cause and would be obligated to purchase insurance.

2 They are expensive and can be error-prone due to failed updates or damaged systems, similar to outdated smartphones.

3 They will be very affordable in the near future as all the major car makers will enter the market and compete with each other.

4 They ensure an unprecedented level of privacy and security, making personal data breaches and unauthorized vehicle control virtually impossible.

4 **Which of the following is NOT described as a political deterrent for driverless cars?**

1 Disapproval by countries with high unemployment.
2 Lack of technological advancement.
3 Objections from labor union.
4 Resistance from the automotive industry.

5 **According to the passage, which of the following statements is true?**

1 Driverless cars are expected to completely eliminate all current driving jobs.
2 Some believe driverless cars will make routine driving jobs less stressful and dangerous.
3 The impact of driverless cars on people's lives is clearly defined and understood.
4 The implementation of automation in airplanes has completely removed the need for pilots.

READING

○ さらに覚えておきたいキーワード+10 〜自動運転車〜

- big data 图 ビッグデータ
- biofuel 图 バイオ燃料
- EV (electric vehicle) 图 電気自動車
- robotic vehicle 图 ロボット車両
- unmanned 形 無人の
- traffic signal 图 信号機
- emergency brake 图 非常ブレーキ
- safety inspection 图 安全点検
- authentication 图 認証
- steering 图 操縦・操舵

ANSWERS

1 ☐4 2 ☐2 3 ☐2 4 ☐2 5 ☐2

1 イーロン・マスクが2019年4月にテスラ車について発表した内容は何か？

1 マスクは別の自動車製造会社との新たな提携を発表した。
文中で言及されていない。

2 マスクは2019年4月以降に自動運転ハードウェアを導入する計画を発表した。
1の**2**文ですでにハードウェアは備わっているとある。

3 マスクは、テスラ車の売上高は少なくとも2027年までに650億ドルに達すると予測した。
2の**2**文で述べられているこの金額は自律走行車の市場のことであり、テスラの売上高ではない。

4 マスクは、テスラ車は自動運転のためのハードウェアを持っていると述べ、「ロボタクシー」を紹介した。
1の**2**文と**4**〜**5**文に一致。

2 この文章によると、ドライバーレスカーの利点は何か？

1 自動車の共同利用を抑制し、個人の自動車所有を促進する。
4の**5**文に不一致。

2 身体の不自由な人や高齢者の生活の質を高め、モビリティを向上させる。
4の**3**・**4**文の内容と一致。

3 複雑な技術のため、交通事故を増加させる。
3の**2**・**3**文に不一致。

4 予測不可能な機械の挙動により、交通違反を増やすことになる。
4の**6**・**7**文に不一致。

3　この文章によると、ドライバーレスカーの欠点は何か?

1　自動車の運転手は、起こした事故の原因すべてに責任を負うことになり、保険に加入しなければならないだろう。

　7の**❷**文より、これは現状の運転手のことであり、ドライバーレスカーの運転手のことではない。

2　高価であり、更新されていないスマートフォンに似て、アップデートの失敗やシステムの破損によってエラーが発生しやすい。

　5の**❷**・**❸**文の内容に一致。

3　あらゆる大手自動車メーカーが市場に参入し競争をするようになるため、近い将来、非常に手頃な価格で市場に出回るようになる。

　5の**❷**文と不一致。

4　かつてないレベルのプライバシーとセキュリティーが確保され、個人情報の漏洩や不正な車両制御が事実上不可能になる。

　6で述べられている欠点と全く反対の内容。

4　ドライバーレスカーを政治的に防げる要素として述べられていないのは次のうちどれか?

1　失業率の高い国による否認。

2　技術的進歩の欠如。

3　労働組合からの反対。

4　自動車業界からの抵抗。

　政治的限界について論じているのは8だが、**1**は**❹**文、**3**と**4**は**❷**文で述べられている。

5 この文章によると、次の記述のうち正しいものはどれか?

1 ドライバーレスカーによって、現在のあらゆる運転業務は完全になくなると予想されている。

9の❷文と不一致。

2 ドライバーレスカーによって、日常的な運転業務のストレスや危険性が軽減されると信じる人もいる。

9の❶文と一致。

3 ドライバーレスカーが人々の生活に与える影響は明確に定義され、理解されている。

9の❹・❺文の内容より、今後の影響がどうなるかは不明であることが読み取れるので不一致。

4 飛行機に自動化が導入されたことで、パイロットの必要性は完全になくなった。

9の❸文と不一致。

1

❶ ⟨In April 2019⟩, Tesla CEO Elon Musk hosted a major event (focusing on the
future of self-driving cars). **❷** Musk announced, "Tesla cars (being produced) all
have the hardware (necessary – computer and otherwise – for full self-driving)." **❸** The
only thing (left to make this a reality) is a software update (to turn on the feature).
❹ Musk also announced [that Tesla vehicles would soon allow individual owners to loan
out their cars ⟨to drive people automatically⟩]. **❺** These "robotaxis" would work
⟨without human intervention⟩ and could make their owners as much as $21,000 ⟨in
profit⟩ ⟨per year⟩.

（注記）名詞修飾の分詞 / Sすべてが… / Tesla carsを修飾する分詞 / 名詞修飾の分詞 / 名詞節を導く接続詞のthat / 形容詞的用法 / ［追加］ / 目的を表す副詞的用法 / would work…とcould make…を並列

❶ 2019年4月、テスラCEOのイーロン・マスク氏は、自動運転車の未来に焦点を当てた大きなイベントを開催した。**❷**「生産中のテスラ車はすべて、完全な自動運転に必要なハードウェア —— コンピューターやその他 —— を備えている」とマスクは発表した。**❸** これ（自動運転）を実現するために残された唯一のことは、その機能をオンにするためのソフトウェアアップデートだけだ。**❹** マスクはまた、テスラの車が近いうちに、個人の所有者が、人を乗せて自動で運ぶために車を貸し出すことができるようになると発表した。**❺** この「ロボタクシー」は、人の手を介さずに働き、所有者に年間2万1000ドルもの利益をもたらすことができるという。

語句リスト self-driving car 名 自動運転車　hardware 名 ハードウェア ⇔ software 名 ソフトウェア
intervention 名 妨害、介入

◎ パラグラフの要点

❶ イーロン・マスクによる自動運転車の未来についてのイベント（2019年4月）

（→ p.038 ここがポイント！❸）

→ **❷** 生産中のテスラ車すべてに自動運転に必要なハードウェアを搭載と発表
→ **❸** ソフトウェアアップデートで機能をオンにするだけでよい
→ **❹** 個人の所有者が自車を貸し出して人を自動で送迎するようになる
　　→ **❺**「ロボタクシー」：年間2万1000ドルの利益を所有者にもたらす

2

❶The future of autonomous vehicles is speeding along, 〈built upon many technological advances〉: cameras and radar (to detect surrounding cars), telecommunications (to make updates on the go), and computer processers (that recognize dangerous conditions faster than humans). **❷**The global market for autonomous vehicles reached $10.5 billion 〈in 2017〉 and is forecast to increase 〈to over $65 billion〉〈by 2027〉. **❸**The economic opportunities are so grand that no automaker, 〈let alone any nation〉, can ignore them. **❹**Those same opportunities, however, are equaled 〈by significant new risks and challenges (that may put the brakes on the expansion of driverless cars)〉.

❶周囲の車を検知するカメラやレーダー、走行中に更新を行うための遠隔通信、人間よりも早く危険な状況を探知するコンピューター・プロセッサーなど、多くの技術的進歩を土台に、自律走行車の未来は加速している。❷自律走行車の世界市場は2017年に105億ドルに達し、2027年には650億ドル超に拡大すると予測されている。❸その経済的機会は壮大なものであり、どの自動車メーカーも、もちろんどの国も、無視することができないほどのものだ。❹しかし、それらの機会と同じくらい、ドライバーレスカーの拡大にブレーキをかけかねない重大な新たなリスクと難題も存在する。

語句リスト autonomous vehicle 名 自律走行車　telecommunication 名 遠隔通信
on the go 走行中に　equal 動 〜に等しい　brake 名 ブレーキ

○ パラグラフの要点

❶多くの技術的進歩を土台に自律走行車の未来は加速
→❷自律走行車の市場：2017年に105億ドル、2027年に650億ドル超と予測
（→p.044 ここがポイント！❹）
→❸どの自動車メーカーもどの国も無視できない市場規模に
↔❹［however：逆接］同じくらい新たなリスクと難題がドライバーレスカーの拡大にブレーキをかける可能性

3

❶Driverless cars provide a vision of an ideal world (in which traffic accidents are a
thing of the past). ❷〈In terms of safety〉, the WHO estimated a record high 1.35
million deaths (worldwide) (from road crashes) (in 2016). ❸By contrast, the
European Commission found a decline (in traffic deaths in the European Union by more
than 50% between 2001 and 2018), an achievement (that was partially attributed to
automation). ❹Pedestrian deaths, however, have fallen 〈at a much lower rate〉 and
continue to make up 29% of all fatalities in the EU. ❺〈With reduced potential for human
error with driverless cars〉, urban streets can be redesigned 〈for bicycles〉, 〈which will
make walking and cycling safer and more enjoyable〉.

[欄外注]
- an ideal worldを先行詞にする前置詞＋関係代名詞
- ［対比］
- 関係代名詞のthat
- a decline in ... の言い換え
- ［逆接］
- have fallen... とcontinue to...を並列
- 主節の内容を先行詞にするwhich

❶ドライバーレスカーは、交通事故が過去のものとなる理想的な世界像を示している。❷安全面
では、WHO によると、2016年の交通事故による死亡者数は全世界で過去最高の135万人だ
ったと推計されている。❸一方、欧州委員会は、EUにおける交通事故死が2001年から2018
年の間に50%以上減少していることを明らかにし、その成果の一部は自動化に起因しているもの
だとしている。❹しかし、歩行者の死亡者数の減少率ははるかに低く、EUの全死亡者数の29%
を占め続けている。❺ドライバーレスカーによるヒューマンエラーの可能性が減少したことで、都市
の街路を自転車用に再設計することができ、そのことで歩行やサイクリングはより安全で楽しいもの
となるだろう。

語句リスト traffic accident 名 交通事故 ≒ road crash　traffic death 名 死亡事故
be attributed to 〜　〜に起因する　automation 名 自動化　pedestrian 名 歩行者
fatality 名 死亡者（数）　human error 名 人為的ミス

○ パラグラフの要点

❶ドライバーレスカー ＝ 交通事故が過去のものとなる理想の世界像

→ ┌ ❷2016年の全世界の交通事故による死者数は過去最高の135万人

　　　　　　　　　　　　　　（→p.044 ここがポイント！❹）

具　　⇕ ［By contrast：対比］（→p.021 ここがポイント！❷）
体
例 ｜ ❸EUの交通事故による死者数が2001年から2018年で50%以上減少

　　　　→成果の一部は運転の自動化によるもの

　　　　⇕ ［however：逆接］（→p.021 ここがポイント！❷）

　　└ ❹歩行者の死亡者数の減少率ははるかに低い→EU全死者数の29%

❺ドライバーレスカーによるヒューマンエラーの減少

　→都市の街路を自転車用に再設計することで

　　自転車と歩行者にとってより安全に

4　❶Safety is not the only benefit. ❷⟨With an automated car⟩, the morning commute
　　　　S　　V　　　　C　　　　　　　　　　　　　　　　　　　　　　　S
(to work) can be used ⟨to get an early start on work or to catch up on needed
　　　　　V　　　　　　　目的を表す副詞的用法　　　　to get...とto catch...を並列

sleep⟩ − a concern (for the 19 million workers in the US (who drive at least 2.5 hours a
the morning commute to workの言い換え

day)). ❸⟨For many⟩, the quality of life can be vastly improved. ❹Disabled individuals
　　　　　　　　　　S　　　　　　　V　　　　　　　　　　　　　　S
　　　　　　　　　　　　　　　　　Disabled individuals ...とthe elderly ...を並列

can gain the benefits (of enhanced freedom), and the elderly will no longer need to
V　　　　O　　　　　　　　　　　　　　　　　　　　S　　　　V

worry (about losing their mobility). ❺The social dimensions of driving will likely change
V　　　　　　　　　　　　　　　　　　S₁　　　　　　　　　　　　　　V₁
　　　理由を表すas 節
too, ⟨as the ease of summoning a driverless car reduces the need (for individual
［追加］　　　S₂　　　　　　　　　　　　　　V₂　　　O₂

ownership), ⟨thereby allowing cars to be communally shared⟩⟩. ❻Driverless cars will
　　　　　　　as節内の内容を意味上の主語にする分詞構文　　　　　　　S　　　　V

never exceed the speed limit. ❼As a result, ⟨with the reduction in traffic violations⟩
　　　　　O　　　　　　［因果］

police departments will have more time (to focus on other problems (facing the
S　　　　　　　V　　　　O　　　形容詞的用法　　　　　　　名詞修飾の分詞

community)).

EXPLANATIONS

❶安全性だけが利点ではない。❷自動運転車があれば、朝の通勤時間を、仕事を早く始めたり、必要な睡眠時間を確保したりするために利用することができる。これは1日に少なくとも2.5時間運転をする米国の1,900万人の労働者にとっての関心となっている。❸多くの人にとって、生活の質が大きく向上する可能性がある。❹体の不自由な人は、自由度が向上するという利点を手にすることができるし、高齢者は移動手段を失うことを心配する必要がなくなる。❺運転の社会的側面も変化する可能性がある。ドライバーレスカーを簡単に呼び出すことができることで、個人で車を所有する必要がなくなり、その結果、コミュニティで車を共有することができるようになる。❻ドライバーレスカーは制限速度を超えることは決してない。❼その結果、交通違反が減ることで、警察は地域社会が抱える他の問題に注力する時間を確保することができる。

語句リスト▶ commute **名** 通勤　disabled **形** 身体障害者の　mobility **名** 動きやすさ、可動性
dimension **名** 側面　summon **動** ～を呼び出す　traffic violation **名** 交通違反

○ パラグラフの要点

❶利点は安全性だけではない
→❷朝の通勤時間を仕事や睡眠に利用できる
　　（米国の労働者1,900万人は1日に2.5時間は運転）
→❸生活の質が大きく向上する可能性
→❹体の不自由な人は自由度が向上し、高齢者は移動手段の心配がなくなる
→❺［too：追加］運転の社会的側面も変化
　　→ドライバーレスカーを呼び出せる ＝ コミュニティで車を共有し、個人の
　　　所有が不要に
→❻ドライバーレスカーは制限速度を超えない
　　→❼［As a result：結果］交通違反が減少し、警察は他の問題に注力できる

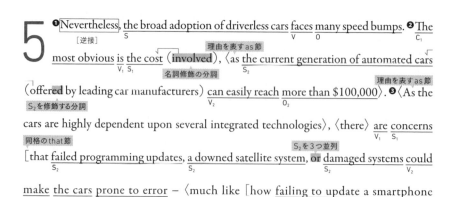

5

❶Nevertheless, the broad adoption of driverless cars faces many speed bumps. ❷The most obvious is the cost (involved), ⟨as the current generation of automated cars (offered by leading car manufacturers) can easily reach more than $100,000⟩. ❸⟨As the cars are highly dependent upon several integrated technologies⟩, ⟨there⟩ are concerns [that failed programming updates, a downed satellite system, or damaged systems could make the cars prone to error – ⟨much like [how failing to update a smartphone

operating system can render it useless]⟩].
V₃   O₃ C₃

❶それにもかかわらず、ドライバーレスカーの普及には、その速度を抑える障害がいくつも待ち受けている。❷最も明らかなものは、それに関わるコストである。大手自動車メーカーが提供する現行の自動運転車は、優に10万ドルを超えることもあるからだ。❸また、自動運転車は複数の統合技術に大きく依存しているため、プログラミングの更新に失敗したり、衛星システムがダウンしたり、システムが損傷したりすると、スマートフォンがオペレーティングシステムの更新ができずに使えなくなるのと同じように、車がエラーを起こしやすくなるという懸念もある。

語句リスト speed bump 名 （路面に隆起を設置した）減速帯、スピードを抑える仕掛け
satellite 名 人工衛星　prone to ～　～を起こしやすい

○ パラグラフの要点

❶［Nevertheless：逆接］ドライバーレスカーの普及には多くの弊害
　→❷最も明らかなものはコストの問題：10万ドル以上するものもある
　→❸プログラミングの更新の失敗、衛星システムのダウン、システムの損傷
　　→自動運転車がエラーを起こすことへの懸念

6
　　　　　　　理由を表すas節
❶Worse yet, ⟨as driverless cars will be connected to wireless networks⟩, someone
　　　［追加］　　　　　S₂　　　　　V₂　　　　　　　　　　　　　　　　　　　　　S₁
else may take over control of your car. ❷⟨In 2015⟩, researchers ⟨remotely⟩ hacked
V₁　　　　　　O₁　　　　　　　　　　　　　　　S　　　　　　　　　　　V
into a car ⟨via its internet connection⟩, ⟨giving them the ability (to change its GPS
O　　　　　　　　　　　　　　　　　主節の内容を意味上の主語にする分詞構文　　　形容詞的用法
position and to prevent the driver from using the brakes)⟩. ❸Moreover, serious concerns
to change...とto prevent...を並列　　　　　　　　　　　　　　　　　［追加］　　　S
remain (about the collection of personal data). ❹Driverless cars might require
V　　　　　　　　　　　　　　　　　　　　　　　　　　　　S　　　　　　V
　　　　　　　　　　　　　　　　　collecting...とautomatically storing...を並列
[collecting private information about the people in the car] and [automatically storing
O　　動名詞　　　　　　　　　　　　　　　　　　　　　　　O　　　　　　　　　動名詞
and sharing this information].

❶さらに悪いことには、ドライバーレスカーは無線ネットワークに接続されるため、他の誰かがあなたの車の制御を乗っ取る可能性がある。❷2015年に、研究者たちがインターネット接続を介して車を遠隔ハッキングすると、GPSの位置を変更したり、ドライバーがブレーキを使えないようにしたりすることができたのだった。❸さらに、個人情報の収集についても深刻な懸念が残されている。

❹ドライバーレスカーでは、車に乗っている人の個人情報を収集し、その情報を自動的に保存し共有することが必要になるかもしれないのだ。

語句リスト▶ wireless 形 ワイヤレスの　hack into A Aをハッキングする　personal data 個人情報

○ パラグラフの要点

❶ [Worse yet：追加] 無線ネットワークから車の制御を乗っ取られる可能性
→❷ハッキングでGPSの位置変更やブレーキの制御の乗っ取りに成功した事例
❸ [Moreover：追加] 個人情報の収集についての懸念
→❹ドライバーレスカーでは個人情報を収集し自動的に保存と共有が必要になる可能性

7

❶Furthermore, 〈there〉 are real concerns (about liability). ❷〈When driving today〉, it is the responsibility (of the car owner and driver) [to keep their car in proper working condition, and to be insured in the case of an accident]. ❸〈With driverless cars〉, the question of who is responsible for an accident would become unclear. ❹One suggestion is [to assign responsibility solely to car manufacturers]; however, they object [that doing so would raise costs so 〈high〉 that it would make the cars simply too expensive]. ❺Not all accidents can be foreseen, and manufacturers should not bear the cost of this uncertainty. ❻〈Whatever the case,〉 minimum standards (for insurance and maintenance) must be implemented. ❼Few governments could tolerate a situation (in which the legal consequences of accidents are unclear).

❶さらには、賠償責任に関して現実に懸念がある。❷現在、自動車を運転する場合、自動車を適切に走行できる状態に保ち、事故に備えて保険に加入することが、自動車の所有者と運転者の責任となっている。❸ドライバーレスカーでは、事故の責任が誰にあるのかが不明確になってしまう。❹一つの案として、自動車メーカーにだけ責任を負わせるというものがある。しかし、そうするとコストが上がりすぎて、単に車の値段が高くなりすぎると、メーカー側は反対する。❺すべての

事故が予測できるわけではないし、この不確実なことに対するコストをメーカーが負担すべきではない。❻いずれにせよ、保険とメンテナンスの最低基準は実施されなければならない。❼事故の法的な影響が不明確な状況を容認できる政府はほとんどないだろう。

語句リスト liability 名 法的責任　insure 動 〜を保険に入らせる　foresee 動 〜を予見する
insurance 名 保険　implement 動 〜を実施する、〜を履行する

○ パラグラフの要点

❶［Furthermore：追加］賠償責任に関する懸念
→❷今日：自動車の走行と保険への加入は自動車の運転者と所有者の責任
　　↕［対比］（→p.021 ここがポイント！❷）
→❸ドライバーレスカー：事故の責任の所在が不明確
　　→❹自動車メーカーにだけ責任を負わせるという案
　　　　↕［however：逆接］
　　　コストが上がり車の値段が高くなりすぎる
　　→❺事故をすべては予測できない
　　→メーカーにすべての責任を負わせるべきではない。
❻保険とメンテナンスの最低基準は必要
❼事故の法的効果が不明確→政府は容認できない

8　❶⟨For all the benefits⟩ **and** ⟨despite some real concerns⟩, the true limit (on the
　　　　　　　　For all... と despite... を並列　　　　　　　　　　　　　　S
advancement of driverless cars) is a question of politics. ❷The full effects of self-
　　　　　　　　　　　　　　　　　V　C　　　　　　　　　　　　　　S
driving vehicles will inevitably be met ⟨by resistance from the automotive industry, labor
　　　　　　　　　V
　　　　　　　　　　　　　　　　　　　　　people's lives と their livelihoods を並列
unions, legislative regulations, **and** the perceived dangers to people's lives **and** their
the automotive industry と labor unions と legislative regulations と the perceived dangers... を並列
livelihoods⟩. ❸Nitin Gadkari, India's Transport and Highways minister said, "We won't
　　　　　　　　S₁　　　　　　　　　　　　　　　　　　　　　　　　　　　V₁ O₁ S₂ V₂
　　　　　　　　　　　Nitin Gadkari と同格
allow driverless cars ⟨in India⟩." ❹No government, ⟨especially in a country with high
　　　O₂　　　　　　　　　　　　　　　S
unemployment⟩, will endorse a technology (that ends up taking away jobs).
　　　　　　　　　V　　　　　　O　　　　関係代名詞の that
❺⟨According to a report from Goldman Sachs Economic Research⟩, ⟨there⟩ were four
　　　　　　　　　　　　　　　　　　　　　　　　　　　　　　　　　　　　　V　　S

million driver jobs 〈in the US〉〈in 2014〉, **and** <u>driverless trucks</u> <u>could reduce</u> <u>the number</u>
　　　　　　　　　　　　　　　　　　　　S　　　　　　　　V　　　　　　O

there were ...とdriverless trucks ...を並列

<u>of jobs</u> 〈by as many as 300,000 per year at its peak〉.

❶それらすべての利点といくつかの現実的な懸念はあるけれども、ドライバーレスカーの進歩に対する真の限界は政治の問題である。❷自動運転車の完全な実現が、自動車産業、労働組合、法規制、そして人々の命や生活に対する危険性の認識などからの抵抗に遭うのは必至だ。❸インドのニティン・ガッカーリ陸運高速道路大臣は、「インドではドライバーレスカーを認めない」と発言した。❹どの政府も、特に失業率の高い国では、雇用を奪うことにつながる技術を是認することはないだろう。❺ゴールドマン・サックス経済研究所の報告書によると、2014年には米国で400万人のドライバーの仕事があったが、ドライバーレストラックは、ピーク時には年間30万人分もの仕事を減らす可能性があるという。

語句リスト effect **名** 実効　labor union 労働組合　legislative regulation 法的規制
unemployment **名** 失業（率）　endorse **動** 〜を是認する、〜を支持する

○ パラグラフの要点

❶ドライバーレスカーの進歩を真に抑えているのは政治の問題
→❷自動車産業、労働組合、法規制、生命への危険性への懸念などによる抵抗に遭う
→❸［具体例］インドではドライバーレスカーを認めない
　by インド陸運高速道路大臣　　　　　　　　　　　　　（→p.038 ここがポイント！❸）
→❹失業率の高い国では特に雇用を奪う技術を認めることはない
→❺2014年の米国内のドライバー数は400万人 ［具体例］（→p.044 ここがポイント！❹）
　　→ピーク時には年間30万人の仕事を奪う可能性

9 ❶<u>Some</u> <u>argue</u> [**that** <u>the real impact of driverless cars</u> <u>will be</u> [<u>to improve</u> the more
　　　　S₁　V₁　O₁　　　　　S₂　　　　　　　　　　　V₂　C₂

名詞節を導く接続詞の that　　　　　　　　　　　　　　　　　　名詞的用法

routine driving jobs (which already exist)], 〈allowing drivers to reduce the stress

and danger of their jobs〉]. ❷<u>It</u> <u>is</u> <u>likely</u> [**that** <u>most drivers</u> <u>will still be needed</u>].
　　　　　　　　　　　　　　　　仮S₁ V₁ C₁　真S₁　S₂　　　　　V₂

stressとdangerを並列　　　　　　　　　　　　that節内の内容を意味上の主語にする分詞構文

❸<u>Automation in airplanes,</u> for example, <u>has not reduced</u> <u>the need for pilots.</u> ❹<u>Driverless</u>
　S　　　　　　　　　　　　　　　　　　　V　　　　　　O　　　　　　　　　S

［具体例］

<u>cars</u> <u>will profoundly alter</u> <u>our lives</u>: <u>the question</u> <u>is,</u> <u>who will benefit?</u> ❺Will <u>it</u> <u>be</u> <u>the</u>
　　　V　　　　　　　　O　　　　S　　　　V　　C　　　　　　　　　　　S V　C

average driver or the executives of global automotive companies?
C

❶ドライバーレスカーによる本当の影響は、すでに存在する、より日常的な運転業務を改善し、ドライバーが仕事のストレスや危険を減らすことができるようになることだと主張する人もいる。❷ほとんどのドライバーは依然として必要とされることになるだろう。❸例えば、飛行機の自動化によって、パイロットの必要性が減ったわけではなかった。❹ドライバーレスカーは、私たちの生活を大きく変えるだろうが、問題は、誰が利益を得るだろうか、ということだ。❺一般のドライバーだろうか、それとも世界的な自動車会社の重役たちなのだろうか?

語句リスト alter 動 〜を変える　executive 名 重役

○ パラグラフの要点

❶ドライバーレスカーの本当の影響 ＝ 運転業務の改善

＋ 仕事のストレスや危険の軽減

❷ほとんどのドライバーは依然として必要とされる

→❸ [for example：具体例] 飛行機の自動化でパイロットの必要性は

減っていない

❹ドライバーレスカーは私たちの生活を大きく変える

→誰が利益を得るだろうか?

→❺一般のドライバーか?　自動車会社か?

WRITING

> **A self-driving car is a car which can drive itself. It uses cameras and sensors around its body to "see" its surroundings. Many experts suggest that self-driving cars will become widely used in just a few years. If this does happen, what changes may it cause?**

Choose one area you would like to write about from (1) to (5). Then, think of one change that may occur in the area of your choice. Write the change, reasons for the change, and the effects of the change. Write your answer in 80–100 English words.

(1) the car industry   (2) public transportation

(3) traffic laws   (4) the design of cities

(5) the lives of disabled or elderly people

（金沢大学　改）

○ 使えるキーワード

- self-driving cars 自動運転車
  - ≒ automated vehicles / driverless cars
- (road) traffic laws 道路交通法
- human error and negligence 人間のミスと過失
- traffic violations 交通違反
- manufacturer 製造業者
- software developer ソフトウェア開発者
- be liable for A Aに対して［ついて］責任の所在がある
- policy makers 政策立案者
- urban landscape 都市の風景
- parking lots 駐車場
- infrastructure インフラ、都市基盤
- IoT devices IoT機器
- install ～を取り付ける、～を据え付ける
- residents 住民

◉ 設問の日本語訳

自動運転車はそれ自体が運転できる車です。車体の周りのカメラとセンサーを使って周辺を「見る」ことができます。多くの専門家が、自動運転車はほんの数年のうちに広く普及するだろうと示唆しています。実際にそうなったら、どんな変化が起こるでしょうか？(1)〜(5)から書きたい分野を一つ選びなさい。それから選んだ分野で起こり得る変化を一つ考えなさい。その変化と変化の理由、変化による影響を書きなさい。80〜100語の英語で答えを書くこと。

(1)　自動車業界　　(2)　公共交通　　(3)　交通法　　(4)　都市設計
(5)　体の不自由な人や高齢者の生活

◉ 解答例❶　(3)を選択した場合

Introduction	現行の道路交通法は使えなくなる
Body	**人間のミスや過失を前提にした現行の道路交通法** → 自動運転車によって交通違反はなくなる ↓ 自動運転車を考慮した新しい法律の必要性 → 事故の際の責任の所在を決めるのが難しい
Conclusion	新しい法律を作るのに苦労するだろう

Once automated vehicles are in use, the current traffic laws will no longer be useful. This is because the current traffic laws are based on human error and negligence, but if self-driving cars become widely used, such traffic violations will totally disappear. As a result, it will be necessary to create new laws that take self-driving cars into account. However, it is difficult to determine whether the manufacturer, the software developer, the owner, or the driver is liable for an accident caused by a self-driving car. Policy makers will no doubt struggle to craft new laws.

(96 words)

自動運転車が普及すれば、現行の道路交通法は使えなくなるだろう。なぜなら、現在の道路交通法は人間のミスや過失を前提にしているが、自動運転車が普及すれば、そうした交通違反は全く

なくなるからだ。その結果、自動運転車を考慮した新しい法律を作る必要が出てくる。しかし、自動運転車による事故については、製造者、ソフトウェア開発者、所有者、運転者のいずれに責任があるのかを判断するのは難しい。政策立案者は間違いなく、新しい法律を作るのに苦労するだろう。

◎ 解答例❷ (4)を選択した場合

Introduction	自動運転車の共有 → 都市の風景が大きく変わる
Body	**自動運転車を呼び出せる仕組み** → 自家用車を所有する必要性なし → 駐車場が必要でなくなる
	自動運転車に合わせたインフラの整備 → センサーやIoT機器を備えた道路の設置
Conclusion	今とは全く異なる街になる → 住みやすい街づくりを考えていくことが課題

Sharing self-driving cars within a community will dramatically change the urban landscape. With a mechanism to call a self-driving car, individuals will no longer need to own a car, and this will make parking lots at home and everywhere else disappear. On the other hand, infrastructure suitable for self-driving cars will need to be developed. Roads equipped with advanced technology such as sensors or IoT devices will have to be installed all over the town. Since it will be completely different from what it is today, the most important challenge will be to create a town that is comfortable for its residents. (102 words)

コミュニティ内で自動運転車を共有することで、都市の風景は劇的に変わるだろう。自動運転車を呼べる仕組みがあれば、個人が車を所有する必要はなくなり、このことで自宅やあらゆる場所にある駐車場が消滅するだろう。一方で、自動運転車に適したインフラの整備が必要だ。センサーやIoT機器などを備えた道路が街中に設置される必要があるだろう。今とはまったく違うものになるので、住民にとって住みやすい街づくりが今後の最大の課題となるだろう。

君 は 自 動 運 転 車 に 賛 成 ？ 反 対 ？

　皆さんは自動運転車についてどう思われますか？　私は正直「大賛成」です。な
ぜなら私にとって、車は「楽しい」というよりも「便利なもの」であり、運転が楽
になれば「さらに便利なもの」になってくれるからです。

　でも、世の車好きの多くは「いい車をかっこよく運転する自分が好き」な人たち
で、彼らのほとんどは、運転そのものが大好きです。代ゼミの講師にはそのタイプ
が多く、そういう人の助手席に乗ると、私は100%車酔いします。彼らの多くは大
音量で矢沢永吉を流し、私の愛車・ス○キのス□フトをこき下ろし、カーブで体が
振れるたびに「これこれ」と言って喜び、高速道路では意地でも左車線（ゆっくり走
る車線）を走りません。ちなみに姜君も運転時にはオラつくタイプで、ひとたびハン
ドルを握ると、ふだんの愛くるしいキャラから「ナニワの黒姜」に豹変し、悪い意
味で「オトコ」を前面に出してきます。

　でも世の中が自動運転車ばかりになったら、彼らはつまらないでしょうが、私に
とってはありがたいです。ちなみに自動運転のレベルは5段階あって、レベル1は
自動ブレーキや車線からはみ出さない程度の「運転支援」、レベル2は前の車に付
いて走ったり自動で追い越したりできる「高度な運転支援」、レベル3は高速道路
での自動運転が可能となるが緊急時には人が対応する「条件下での自動運転」、レ
ベル4は高速道路で緊急時も人の対応不要となる「特定条件付き完全自動運転」、
そしてレベル5では、ついに高速道路以外でも人の対応が不要となる「完全自動運
転」が可能となります。

　2024年現在、法整備と車の性能などの点で、日本はなんと「レベル4」まで実
現させています。まだ実用レベルで走行している事例は少ないですが、それにして
もすごいですね。

　警察庁は2018年、レベル3では「走行中のTV・スマホ・パソコン・食事・読書」
などが可能になると言っています。ちなみに私がやりたいのは、車の中で「眠るこ
とと酒を飲むこと」。両方ともまだ認められていませんが、眠ることはレベル4なら
いずれ「条件付きでOK」もあり得ますし、飲酒だってレベル5が実現すれば、認め
られる可能性はあると思います。

　責任の所在などの難しい話はさて置いて、何とも夢のある話です。しかし、あれ
だけ運転が好きだった代ゼミのワイルドドライバーたちが、近い将来みんな運転の
楽しみを奪われて、ふて腐れて車の中で寝たり飲んだりしている姿を想像したら、
面白いですね。

3 | 科学技術の功罪

BACKGROUND

マスメディアの役割と影響力

アナウンスメント効果
コマーシャリズム
センセーショナリズム

　今回はインターネットやソーシャルメディア（SNS）の話ですが、まずは従来型のメディアであるマスメディアの話をしましょう。

　マスは「大衆」、メディアは「媒体」ですから、マスメディアとは新聞・テレビ・ラジオ・雑誌のような「大衆全体に幅広く報道するための情報媒体」のことです。

　マスメディアは、不特定多数を相手に強い情報発信をするため、「第四の権力（立法・行政・司法に次ぐ権力）」と呼ばれるほど強い影響力を持っています。選挙の事前予測の報道が実際の投票に影響を与える「アナウンスメント効果」や、世論調査の対象や報道姿勢に意図を加えて世間の風向きをコントロールする「世論操作」が起こってしまうのも、その

ためです。

　それゆえ彼らには、「正確・中立・公平」な報道姿勢が求められます。しかし、マスメディアの多くは民間企業であるため、利益を追求するあまり、中には利益本位の「コマーシャリズム（商業主義）」に走ったり、「センセーショナリズム（扇情主義）」に満ちた、感情をあおり立てるような報道をしたりする危険をはらんでいるのが現実です。

ソーシャルメディアの功罪

アラブの春
ネット人格
情報リテラシー

　一方、同じメディアでも、「マスメディア」と「SNS」は、かなり違います。大きな違いは、SNSは「誰でも情報発信できる（その分、誤情報も増える）／拡散力が強い（パソコンやスマートフォンで世界とつながる）／双方向性がある（情報伝達が一方通行にならない）」などです。

　特にSNSの拡散力は驚異的で、例えばチュニジア人青年のアラビア語ツイートがアラブ諸国全体に波及したせいで、「アラブの春（アラブ諸国での一連の民主化革命（2010））」が起こったほどです。

　しかし同時に、フェイクニュースやネット人格（匿名の仮想空間だけで見せる、ネガティブで攻撃的な人格）などの問題があり、厄介です。これらに対処するには、私たちがしっかりとした「情報リテラシー（情報を正しく読み解く能力）」を持ち、匿名性の陰に隠れる心の弱さを持たないことが求められます。

次の英文を読み、あとの問いに答えなさい。

1 **❶**The Internet and the smartphone have fundamentally changed the way people interact with each other. **❷**As with the arrival of previous technologies such as the television or the telephone, the effect of digital technologies on social connections has been the subject of significant debate.

2 **❶**Two competing hypotheses exist to describe the effect of the Internet on human interactions. **❷**On the one hand, some researchers have argued that the Internet displaces social interactions from the real to the virtual world (Hypothesis 1). **❸**An early study in the United States used a longitudinal sample of first-time computer users to show that the use of Internet crowded out family time and offline social interactions. **❹**A more recent study also showed that mobile devices have removed pretexts for offline encounters: where people used to meet in person for sharing photos, planning events or gossiping, such functions are now moved to the virtual world.

3 **❶**The competing hypothesis is that the Internet reinforces offline relationships and that computer-mediated communication increases offline contact (Hypothesis 2). **❷**By increasing the overall volume of communication, online communication also facilitates face-to-face interactions. **❸**In this sense, the rise of the Internet has commonalities with the arrival of the telephone, which greatly enhanced social connections. **❹**Various studies have supported this conclusion. **❺**A study of 1,210 Dutch adolescents found that those who spent more time using instant messengers also spend more time in face-to-face

interactions. ❻Also, a positive effect of social network use on face-to-face interactions was found in a longitudinal study using a nationally representative sample of the German population.

4 ❶One way through which the Internet may enhance bridging social capital is through the formation of online communities. ❷By connecting people with a shared interest, regardless of demographic characteristics or geographic location, the Internet allows forging of new bonds and creating new groups of association. ❸This pattern, while destructing previously existing social networks, allows for the formation of new circles of individuals sharing various commonalities. ❹For example, online weight-loss support groups allow individuals to encourage each other in achieving a shared goal. ❺Such networks may complement real-life networks.

5 ❶The opportunity to create bridging social capital extends to new face-to-face encounters between individuals. ❷The Internet emulates the "strangers on the train" phenomenon, where the transient nature of the environment allows individuals who do not know each other to feel more comfortable in engaging in conversation. ❸This does not mean that these encounters are only online. ❹According to data from the US "How Couples Meet and Stay Together Survey", the Internet is displacing traditional venues for meeting partners, such as the neighbourhood, the friends-circle and the workplace. ❺People with Internet access in the United States were found to be more likely to have a romantic partner than people without Internet access, suggesting that more people may meet a partner thanks to new ways of finding someone online.

6 ❶ Although there are mixed research results, substantial evidence supports the idea that online social contact does complement offline interactions, especially when considering the active use of social networks. ❷ To illustrate, in European countries, data from the European Quality of Life Survey highlight a moderately strong cross country correlation between frequent Internet use and people's satisfaction with their social life. ❸ When distinguishing between daily and weekly users, the benefits of Internet use are greater for daily users than for weekly users. ❹ The benefits of the Internet for social connections are most likely the result of online social activity.

7 ❶ One area that should be highlighted as to the benefits of the Internet is in the potential decrease in loneliness among older adults who use digital technologies. ❷ Social isolation is a major and growing problem for the elderly, as a result of higher life expectancy in old age, lower number of offspring, and changes in their patterns of living. ❸ Feelings of loneliness have detrimental effects on the elderly's health outcomes. ❹ To face this problem, a growing body of evidence points to the beneficial role that the Internet and online social networks can play to overcome loneliness among the elderly.

8 ❶ Despite various positive influences of the Internet described above, it also provides a space for negative social interactions given the comparatively lower barrier to participation than is the case for real life interactions. ❷ Because of the Internet's anonymous or detached nature, people may engage in negative social behaviour more easily than in real life. ❸ Online harassment, discrimination against some population groups, or even criminal offences can be facilitated by social media platforms and may be as harmful as offline, if not more. ❹ Such negative

effects are observed in the behaviour of bullying among children.

9 ❶ Bullying can have detrimental consequences for children's mental health and subjective well-being and can, in extreme cases, lead to suicide. ❷ Cyberbullying can be more harmful than traditional forms of bullying because the reach of humiliation is expanded to a large audience online, and because words and images can remain online indefinitely. ❸ The link between cyberbullying and mental health problems has been extensively documented.

10 ❶ Measuring the prevalence of cyberbullying is difficult. ❷ Most surveys rely on self-reported information, which face inherent problems as victims may not be willing or able to report. ❸ According to the Health Behaviour in School-Aged Children survey, on average, 9% of 15-year-olds reports having experienced cyberbullying at least once in their life, with girls reporting victimisation more often than boys in many countries.

（名古屋大学）

英文の内容に関する1〜5の質問に対して、最も適切なものを1〜4の中から一つ選びなさい。

1 What does Hypothesis 1 suggest about the effect of the Internet on human interactions?

1 It encourages more face-to-face social interactions than ever.

2 It is thought to have no impact on offline social interactions.

3 It promotes offline encounters for sharing photos and planning events.

4 It shifts social interactions from the physical to the digital world.

2 What does Hypothesis 2 suggest about the relationship between online communication and offline interactions?

1 Online communication reinforces offline connections and increases offline contact.

2 Online communication replaces offline interactions in a rapid and complete way.

3 Online communication seems to have nothing to do with offline relationships.

4 Online communication tends to have a negative influence on offline contact.

3 How does the Internet contribute to enhancing bridging social capital through online communities?

1 By connecting people based on demographic characteristics or geographic locations.

2 By helping people to meet new partners through old-fashioned meeting opportunities.

3 By promoting the formation of new bonds among individuals with shared interests or goals.

4 By reinforcing real-life social networks through the "strangers on the train" phenomenon.

4 Which of the following is false about the benefits of Internet-based social communities?

1 Internet-based social activities make offline interactions separate from online ones.
2 Internet use can be an effective tool for the elderly, as it reduces their loneliness.
3 The benefits are greater for users who use the Internet daily than for users who do not.
4 There is a strong correlation between Internet usage frequency and social life satisfaction.

5 Which of the following is true about the disadvantages of Internet-based social communities?

1 Anonymity on Internet-based social communities can potentially lead to online harassment and discrimination.
2 Being able to participate more easily than in real-life interactions discourages people from trying to meet others offline.
3 Measuring the prevalence of cyberbullying is less accurate, with reliable self-reported data readily available.
4 The reach of humiliation in online bullying is limited, making it more harmful than traditional forms of bullying.

○ さらに覚えておきたいキーワード+10　〜科学技術の功罪〜

- antisocial 形 反社会的な
- breakthrough 名 大発見、打開、突破
- digital divide 名 情報格差
- drawback 名 欠点
- fact checking 名 事実確認
- information literacy 名 情報リテラシー
- misuse 名 誤用
- pitfall 名 不測の事態、落とし穴
- public opinion 名 世論
- skepticism 名 懐疑的な態度

ANSWERS

1　**4**　2　**1**　3　**3**　4　**1**　5　**1**

1　仮説1は、インターネットが人間関係に及ぼす影響について何を示唆しているか?

1　これまで以上に対面での社会的交流が促進される。

2　オフラインの社会的交流には影響を与えないと考えられる。

3　写真の共有やイベントの企画など、オフラインでの出会いを促進する。

4　社会的交流が物理的な世界からデジタルの世界へとシフトする。

　　仮説1は 2 の❷文に要約されており、この内容に一致するのは **4**。

2　仮説2は、オンラインでのコミュニケーションがオンラインの交流に及ぼす影響について何を示唆しているか?

1　オンライン・コミュニケーションはオフラインでのつながりを強化し、オフラインでの接触を増やす。

2　オンラインでのコミュニケーションは、急激にかつ完全にオフラインの交流に取って代わる。

3　オンラインでのコミュニケーションはオフラインの人間関係とは無関係のようだ。

4　オンラインでのコミュニケーションは、オフラインでの接触に悪影響を及ぼす傾向がある。

　　仮説2は 3 の❶文に概要が述べられているが、その内容と一致するのは **1**。

3 インターネットは、オンライン・コミュニティを通じて、どのように橋渡し型ソーシャル・キャピタルを強化することに貢献するのか?

1 人口統計学的特性や地理的位置に基づいて人々を結びつけることによって。

4の❷文に、人口統計学的特性や地理的位置とは関係なく人々を結びつけるとある。

2 昔ながらの出会いの機会を通じて、人々が新しいパートナーと出会うのを助けることによって。

5の❹・❺文より、オンライン・コミュニティは昔ながらの出会いの機会に取って代わるものであると分かる。

3 共通の興味や目標を持つ個人間の新しい絆の形成を促進することによって。

4の❷・❹文の内容と一致。

4 「電車の中の他人」現象を通じて、現実の社交ネットワークを強化することによって。

5の❷文にある「電車の中の他人」現象は、インターネット上での環境を表すものである。

4 インターネットを利用した社会的コミュニティの利点について、誤っているのは次のうちどれか?

1 インターネットを利用した社会活動は、オフラインでの交流をオンラインの交流と切り離す。

文中に記載なし。

2 インターネットの利用は、高齢者の孤独感を軽減するため、高齢者にとっての有効な手段となりうる。

7の❹文の内容と一致。

3 その利点は、インターネットを毎日利用しているユーザーにとって、そうでないユーザーと比べて大きい。

6の❸文の内容と一致。

4 インターネットの利用頻度と社会生活満足度の間には強い相関関係がある。

6の❷文の内容と一致。

5 インターネットを利用した社会的コミュニティの短所について、正しいのは次のうちどれか?

1 インターネット上の社会的コミュニティにおける匿名性は、ネット上での嫌がらせや差別につながる可能性がある。

8の❷・❸文の内容と一致。

2 現実の交流よりも簡単に参加できるため、オフラインで他の人に会おうとする人々の意欲がそがれる。

8の❶文に参加の障壁が低いことは述べられているが、そのことがオフラインで人に会おうとする意欲をそぐとは述べられていない。

3 ネットいじめの広まりの測定は、信頼できる自己申告データが容易に入手できるため、正確性に欠ける。

10の❷文で、自己申告のデータの入手が容易ではないと述べられている。

4 ネットいじめにおける恥辱の範囲は限定的であり、そのため従来の形態のいじめよりも害が大きくなってしまう。

9の❷文に、広範囲に広がるとある。

EXPLANATIONS

1

❶The Internet and the smartphone have fundamentally changed the way (people
interact with each other). ❷⟨As with the arrival of previous technologies such as
the television or the telephone⟩, the effect of digital technologies on social connections
has been the subject of significant debate.

関係副詞 how の省略
具体例を表す前置詞

❶インターネットやスマートフォンは、人と人が交流する方法を根本的に変えた。❷テレビや電話
といった、それ以前の技術の到来についてと同様に、デジタル技術が人々のつながりに与える影
響も、大きな議論の話題となってきた。

語句リスト smartphone 名 スマートフォン　social connection 名 人と人のつながり

◎ パラグラフの要点

❶インターネット・スマートフォン：人々の交流方法を根本から変えた
→❷デジタル技術の影響が大きな議論の話題になってきた

2

❶Two competing hypotheses exist (to describe the effect of the Internet on human
interactions). ❷On the one hand, some researchers have argued [that the Internet
displaces social interactions ⟨from the real to the virtual world⟩ (Hypothesis 1)]. ❸An
early study (in the United States) used a longitudinal sample of first-time computer
users ⟨to show [that the use of Internet crowded out family time and offline social
interactions]⟩. ❹A more recent study also showed [that mobile devices have removed
pretexts (for offline encounters)]: ⟨where people used to meet in person for sharing
photos, planning events or gossiping⟩, such functions are now moved ⟨to the virtual
world⟩.

Two competing hypotheses を修飾する形容詞的用法
名詞節を導く接続詞の that
[対比]
名詞節を導く接続詞の that
目的を表す副詞的用法
名詞節を導く接続詞の that
[追加]
接続詞の where
sharing...とplanning...とgossiping を並列

❶インターネットが人間の交流に及ぼす影響を説明する二つの相反する仮説が存在する。❷一方では、インターネットは人と人との交流を、現実の世界から仮想の世界へと移行させると一部の研究者が主張している（仮説1）。❸米国で行われた初期の研究では、初めてコンピューターを利用する人の長期間にわたるサンプルを用いて、インターネットの利用が増えると家族の時間やオフラインの人付き合いがその分減ることを示した。❹さらに最近の研究では、モバイル機器がオフラインで出会う口実を奪っていることも示された。以前は、写真を共有したり、イベントを計画したり、うわさ話をしたりするために直接会っていたのに、そうした機能が今や仮想世界に移行しているのだ。

語句リスト hypothesis 名 仮説 ⇒ 複数形は「hypotheses」 displace 動 〜の場所をずらす
human interaction 名 人と人の交流 virtual 形 バーチャルの、仮想空間の
longitudinal 形 長期的な mobile devices 名 モバイル機器 pretext 名 口実、名目

○ パラグラフの要点

❶インターネットによる影響を説明する二つの相反する仮説
→❷仮説1：人々の交流を現実世界から仮想世界へ移行させる
　　[On the one hand：対比]→3の❶文の仮説2との対比
　　　↓
　　　　　　　　　　　　　　　　　　　　　　　　　（→p.021 ここがポイント！❷）
　　❸米国での研究 [具体例]（→p.044 ここがポイント！❹）
　　　インターネットは家族の時間やオフラインでの交流を減らす
　　❹最近の研究 [具体例]（→p.044 ここがポイント！❹）
　　　→モバイル機器がオフラインで出会う口実を奪う
　　　→以前直接会う口実になっていたものが仮想世界に移行している

EXPLANATIONS

3 ❶The competing hypothesis is [that the Internet reinforces offline relationships]
　　S₁　　　　　　　　　　　　　　V₁ C₁　　that節を導く接続詞のthat S₂　　V₂　　O₂
　that節とthat節を並列
　and [that computer-mediated communication increases offline contact
　　　　C₁　　S₂　　　　　　　　　　　　　　　　V₂　　O₂
(Hypothesis 2)]. ❷〈By increasing the overall volume of communication〉, online
　　　　　　　　　　　　　　　　　　　　　　　　　　　　　　　　　　　　S
communication also facilitates face-to-face interactions. ❸〈In this sense〉, the rise of the
　　　　　　[追加]　V　　　O　　　　　　　　　　　　　　　　　　　　　　　　S
Internet has commonalities 〈with the arrival of the telephone, (which greatly enhanced
　　　　　V　　O　　　　　　　　　　　　　　　　　　　　the arrival of the telephoneを先行詞にする関係代名詞
social connections)〉. ❹Various studies have supported this conclusion. ❺A study of
　　　　　　　　　　　　　S　　　　　　V　　　　　O　　　　　　　S₁
　　　　　　　　　　名詞節を導く接続詞のthat
1,210 Dutch adolescents found [that those (who spent more time using instant
　　　　　　　　　　　　　V₁　　O₁　S₂

messengers）also spend more time 〈in face-to-face interactions〉]. ❻Also, a positive
　　　　　　　［追加］ V₂　　　 O₂　　　　　　　　　　　　　　　　　　　　　　［追加］

effect 〈of social network use on face-to-face interactions〉 was found 〈in a longitudinal
　S　　　　　　　　　　　　　　　　　　　　　　　　　　　V

study 〈using a nationally representative sample of the German population〉〉.
　　　　　名詞修飾の分詞

---

❶これに相反する仮説は、インターネットはオフラインの関係を強化し、コンピューターを介したコミュニケーションはオフラインでの接触を増加させるというものである（仮説2）。❷コミュニケーションの全体量を増やすことで、オンラインでのコミュニケーションは、対面での交流を促進することにもなる。❸この意味で、インターネットの台頭は、人と人とのつながりを大きく強化した電話の登場と共通するところがある。❹さまざまな研究がこの結論を裏付けている。❺オランダの若者1,210人を対象にした研究で、インスタントメッセンジャーをより長い時間使う人は、対面での交流時間もより長いことが分かった。❻また、ソーシャルネットワーク利用の対面交流に対するプラス効果をもたらすことが、ドイツ国民の全国を代表するサンプルを用いた長期調査でも判明した。

語句リスト▶ reinforce 動 ～を強化する　computer-mediated 形 コンピューターを介した
facilitate 動 ～を容易にする、～を促進する　commonality 名 共通の性質　adolescent 名 若者

○ パラグラフの要点

❶仮説2：オフラインでの関係を強化 ＋ オフラインの接触を増加
　　→❷コミュニケーションの全体量の増加により対面での交流も促進
　　→❸インターネットの台頭 ＝ 人同士のつながりを強化した電話の登場
　　　　　↓
❹さまざまな研究がこの結論を裏付け （→p.044 ここがポイント！❹）
具体例 ❺オランダの研究：オンラインの交流時間が長い人は対面の交流時間も長い
　　❻［Also：追加］ドイツのサンプル調査：ソーシャルネットワークの利用が対面での交流にプラス

---

4 ❶One way 〈through which the Internet may enhance bridging social capital〉 is
　　　　S　　　　 前置詞＋関係代名詞　　　　　　　　　　　　　　　　　　　　　　　　　V

〈through the formation of online communities〉. ❷〈By connecting people with a

shared interest〉, 〈regardless of demographic characteristics or geographic location〉, the
　　S
　　　　　　　　　　　forging... と creating... を並列
Internet allows forging of new bonds and creating new groups of association. ❸This
　　　　V　　　　O　　　　　　　　　　　　　　　O　　　　　　　　　　　　　　S

pattern, 〈while destructing previously existing social networks〉, allows for the
  　　　　　　S+beの省略　　　　　　　　　　　　　　　　　　　　　　　　V　　　　　O

formation of new circles of individuals (sharing various commonalities). ❹For example,
　　　　　　　　　　　　　　　　　　　　　　individualsを修飾する分詞　　　　　　　　　　　　　［具体例］

online weight-loss support groups allow individuals (to encourage each other in
S　　　　　　　　　　　　　　　　　　　V　　　O　　　　　C

achieving a shared goal). ❺Such networks may complement real-life networks.
　　　　　　　　　　　　　　　　S　　　　　　V　　　　　　　　O

❶インターネットが橋渡し型のソーシャル・キャピタルを強化する一つの形として、オンライン・コミュニティの形成がある。❷インターネットは、共通の関心を持つ人々を結びつけることで、人口統計学的特性や地理的位置に関係なく、新しい絆を築くことを可能にし、新しい社交グループの形成を可能にする。❸このようなパターンは、既存のソーシャルネットワークを破壊する一方で、さまざまな共通点を持つ個人の新しい輪を形成することを可能にする。❹例えば、オンライン上の減量支援グループは、共通の目標を達成するために個人が互いに励まし合うことを可能にする。❺このようなネットワークは、現実生活におけるネットワークを補完するかもしれない。

語句リスト social capital 名 ソーシャル・キャピタル（社会の向上につながる人間同士の結びつき）
demographic 形 人口統計学的な　geographic 形 地理的な　forge 動 ～を築く
bond 名 絆、つながり

○ パラグラフの要点
---
❶インターネットが橋渡し型ソーシャル・キャピタルの強化の方法
　＝ オンライン・コミュニティの形成
　→❷人々を共通の関心で結びつける ＋ 新しい絆や社交グループの形成
　　　　↓
　　❸[For example：具体例] オンラインの減量支援グループ
　　　→共通の目標達成のために励まし合う
　　　→❹現実生活におけるネットワークを補完
---

5 ❶The opportunity (to create bridging social capital) extends 〈to new face-to-face
　　　S　　　　　　　形容詞的用法　　　　　　　　　　　　　　　V

encounters between individuals〉. ❷The Internet emulates the "strangers on the
　　　　　　　　　　　　　　　　　　S₁　　　　V₁　　　　O₁

train" phenomenon, (where the transient nature of the environment allows individuals
　　　　　　　　　　関係副詞のwhere　S₂　　　　　　　　　　　　　　V₂　　　O₂

(who do not know each other) (to feel more comfortable in engaging in conversation)).
　　　　　　　　　　　　　　　C₂

❸ <u>This</u> <u>does not mean</u> [名詞節を導く接続詞の that <u>that</u> <u>these encounters</u> <u>are</u> only <u>online</u>].
S₁ V₁   O₁ S₂   V₂   C₂

❹ ⟨According to data from the US "How Couples Meet and Stay Together Survey"⟩, <u>the Internet</u> <u>is displacing</u>
                                                                                S   V

<u>traditional venues</u> (for meeting partners, 具体例を示す前置詞 such as the neighbourhood, the friends-circle
O

and the workplace). ❺ <u>People</u> (with Internet access in the United States) <u>were found</u> (to
                       S   V   C

be more likely to have a romantic partner ⟨than people without Internet access⟩),

⟨<u>suggesting</u> that more people may meet a partner ⟨thanks to new ways of finding
主節の内容を意味上の主語にする分詞構文

someone online⟩⟩.

❶橋渡し型のソーシャル・キャピタルを生み出す機会は、個人同士の新しい対面による出会いにまで及ぶ。❷インターネットは、「電車の中の他人」現象を模倣しており、その中では、車内環境という一時的な性質によって、見ず知らずの他人同士が気軽に会話を交わすことができる。❸しかし、このような出会いはオンライン上だけだという意味ではない。❹米国の「カップルが出会って付き合う方法調査」のデータによると、隣近所、友人の輪、職場といった従来のパートナーとの出会いの場に、インターネットが取って代わりつつある。❺米国でインターネットにアクセスできる人は、アクセスできない人に比べて恋愛相手がいる可能性が高いということが分かった。このことは、オンラインで相手を探すという新しい方法のおかげで、より多くの人がパートナーと出会うかもしれないということを示している。

語句リスト emulate 動 ～を模倣する　transient 形 一時的な　stay[be] together 付き合っている
venue 名 発生地、現場

○ パラグラフの要点

❶ 橋渡し型のソーシャルキャピタルは個人の新しい対面による出会いにまで及ぶ

　→ **❷** インターネットは「電車の中の他人」現象を模したもの

　　　　　　　　　＝ 見ず知らずの人同士が気軽に話せる環境

　↓

❸ これらの出会いはオンラインだけではない

　→ **❹** 米国の調査（→ p.044 ここがポイント！**❹**）

　　具┌ ・従来の出会いの場にインターネットが取って代わりつつある
　　体│
　　例└ ・**❺** インターネットにアクセスする人の方が恋愛相手がいる

　　　　　　↓

　　　　オンラインで相手探しをすることでより多くの人がパートナーと出会う

6

❶ 〈**Although** there are mixed research results〉(*譲歩を表すalthough節*), substantial evidence [S₁] supports [V₁] the [O₁] idea [**that** (*同格の名詞節を導くthat*) online social contact [S₂] **does** (*強調の助動詞*) complement [V₂] offline interactions [O₂], 〈especially when considering the active use of social networks〉]. **❷** To illustrate [*具体例*], 〈in European countries〉, data [S] (*S+beの省略*) (from the European Quality of Life Survey) highlight [V] a moderately [O] strong cross-country correlation (between frequent Internet use and people's satisfaction with their social life). **❸** 〈When distinguishing between daily and weekly users〉, the benefits of Internet use [S] are [V] greater [C] (*S+beの省略*) 〈for daily users〉〈than for weekly users〉. **❹** The benefits of the Internet for social connections [S] are [V] 〈most likely〉 the result of online social [C] activity.

❶ 研究結果はいろいろと入り混じったものではあるが、特にソーシャルネットワークの積極的な利用を考慮すると、オンラインでの人と人との接触がオフラインでの交流を確かに補完しているという考えを数多くの証拠が示している。**❷** 例えば、欧州諸国では、「欧州における生活の質調査」のデータから、インターネットを頻繁に使用することと、人々の社会生活に対する満足度の間に、各国である程度強い相関関係があることが明らかである。**❸** 毎日利用する人と毎週利用する人を

別々に見ると、毎日利用する人の方が毎週利用する人よりもインターネット利用の恩恵はより大きい。❹人とのつながりに対するインターネットの恩恵は、オンラインでの社会活動の結果である可能性が最も高い。

語句リスト▶ substantial 形 十分な、相当の　highlight 動 〜を強調する、〜を目立たせる
correlation 名 相関関係

○ パラグラフの要点

❶［Although：譲歩］研究結果はいろいろと混ざったもの
　　［主張］オンラインでの接触がオフラインでの交流を補完するという証拠が多い
　→❷［To illustrate & the European Quality of Life Survey］
　　　ヨーロッパ諸国でインターネットの使用頻度と
　　　社会生活への満足度に相関関係　　　　　　（→p.044 ここがポイント！❹）
　具　❸毎日利用する人の方が毎週利用する人より、より大きな恩恵を得る
　体
　例　❹人間関係へのインターネットの恩恵はオンラインでの社会活動の結果

7
❶One area (that should be highlighted as to the benefits of the Internet) is ⟨in the
S　　関係代名詞の that　　　　　　　　　　　　　　　　　　　　　　　　　V
potential decrease in loneliness among older adults (who use digital
technologies)⟩. ❷Social isolation is a major and growing problem (for the elderly), ⟨as a
　　　　　　　　　　　　　　　major と growing を並列
　　　　　　　　　　　　　S　　　　　V　C
result of higher life expectancy in old age, lower number of offspring, and changes in
　　　　　　　　　　　　　higher life expectancy... と lower number... と changes in... を並列
their patterns of living⟩. ❸Feelings of loneliness have detrimental effects (on the elderly's
　　　　　　　　　　　　　　S　　　　　　　　　　V　　　O
health outcomes). ❹⟨To face this problem⟩, a growing body of evidence points to the
　　　　　　　　　　目的を表す副詞的用法　　　S　　　　　　　　　　　　　V　　　　O
beneficial role (that the Internet and online social networks can play ⟨to overcome
　　　　　　　　　　関係代名詞の that　　　　　　　　　　　　　　　　　目的を表す副詞的用法
loneliness among the elderly⟩).

❶インターネットの利点に関して強調すべき一つの点は、デジタル技術を利用する高齢者の孤独感を軽減する可能性があることだ。❷社会的孤立は、高齢期の平均寿命の延伸、子孫の減少、生活パターンの変化などの結果、高齢者にとって大きな、今後さらに増大していく問題である。❸孤独を感じることは、高齢者の健康状態に悪影響を及ぼす。❹この問題に対処するために、ま

すます多くの証拠が指摘しているのは、インターネットやオンライン上のソーシャルネットワークが高齢者の孤独感をなくすために有益な役割を果たしうるということだ。

語句リスト social isolation 名 社会的孤立　life expectancy 名 平均寿命
offspring 名 子孫　detrimental 形 有害な　health outcome 名 健康転起、結果としての健康状態
growing body of 〜 ますます多くの〜

○ パラグラフの要点

❶ インターネットの利点
　＝ デジタル技術を利用する高齢者の孤独感を軽減させる
→ ❷ 平均寿命の延び・子どもの減少・生活パターンの変化による社会的孤立の
　　拡大
→ ❸ 孤独感は高齢者の健康に悪影響
→ ❹ インターネットやソーシャルネットワークが孤独感の軽減に有益な証拠

8 ❶〈Despite various positive influences of the Internet (described above)〉, it also
[名詞修飾の分詞] [S] [追加]
provides a space for negative social interactions 〈given the comparatively lower
[V] [O] [negative social interactionsを修飾する分詞]
barrier to participation 〈than is the case for real life interactions〉〉. ❷〈Because of the
[S+Vの倒置]
Internet's anonymous or detached nature〉, people may engage in negative social
[anonymousとdetachedを並列] [S] [V] [O]
behaviour 〈more easily〉〈than in real life〉. ❸ Online harassment, discrimination against
[S]
[Online harassmentとdiscrimination...とcriminal offencesを並列]
some population groups, or even criminal offences can be facilitated 〈by social media
[V]
[can be...とmay be...を並列]
platforms〉 and may be as harmful 〈as offline〉, 〈if not more〉. ❹ Such negative effects are
[V] [C] [if (they are) not more (harmful)] [S] [V]
observed 〈in the behaviour of bullying among children〉.

❶ 上記のようなインターネットのさまざまなプラスの影響はあるけれども、実生活での交流の場合と比べて参加への障壁が比較的低いことから、インターネットは、マイナスの社会的交流の場を提供することにもなってしまう。❷ インターネットの匿名性や隔絶感から、現実の生活よりも容易に卑劣な社会的行動をとる人がいるかもしれない。❸ ネット上の嫌がらせ、特定の集団に対する差別、さらには犯罪行為までもが、ソーシャルメディアのプラットフォーム上で促進されることがあり、オフラインでの場合以上ではないとしても、同等に有害であるかもしれない。❹ このような悪影響は、子

EXPLANATIONS

TOPIC 04-3　科学技術の功罪　　265

どもの間でのいじめという行動に見られる。

語句リスト barrier 名 障害、障壁　anonymous 形 匿名の　detached 形 分離した
harassment 名 嫌がらせ　discrimination 名 差別　criminal offence 名 犯罪行為
bullying 名 いじめ

○ パラグラフの要点

❶ [Despite：譲歩] 上記のようなインターネットのプラスの影響はある

　　[主張] 参加の障壁が低いインターネットは

　　　　　　マイナスの社会的交流の場にもなりうる

　　→❷匿名性によって反社会的な行動をとる人がいる

　　→❸ネット上での嫌がらせ・差別・犯罪行為などがオフラインと同様にある

　　　　　　　　　　　↓

　　　　❹子どもの間でのいじめに見られる

---

9 ❶<u>Bullying</u> <u>can have</u> <u>detrimental consequences</u> ⟨for children's mental health and

　（S）　　　（V）　　　　　（O）

subjective well-being⟩ **and** <u>can</u>, ⟨in extreme cases⟩, <u>lead to</u> <u>suicide</u>. ❷<u>Cyberbullying</u>

　　　　　　　　　　　　　　　　（V）　　　　　　（O）　　　　（S₁）

can have...と can...lead...を並列

<u>can be</u> <u>more harmful</u> ⟨than traditional forms of bullying⟩ ⟨because <u>the reach of</u>

（V₁）　（C₁）　　　　　　　　　　　　　　　　　　　　　　　　（S₂）

<u>humiliation</u> <u>is expanded</u> ⟨to a large audience⟩ ⟨online⟩⟩, **and** ⟨because <u>words and</u>

　　　　　　（V₂）　　　　　　　　　　　　　　　　　　　　　　（S₃）

because 節と because 節を並列

<u>images</u> <u>can remain</u> ⟨online⟩ ⟨indefinitely⟩⟩. ❸<u>The link</u> (between cyberbullying and

　　　　　（V₃）　　　　　　　　　　　　　　　　　（S）

mental health problems) <u>has been extensively documented</u>.

　　　　　　　　　　　　　（V）

❶いじめは、子どもの精神衛生と主観的幸福感に有害な結果をもたらし、極端な場合には自殺につながることまである。❷ネットいじめは、従来の形態のいじめよりも有害になりうる。なぜなら、恥ずかしめが、オンライン上の多くの視聴者へと広がり、言葉や画像が無期限にネット上に残るからである。❸ネットいじめと精神衛生上の問題との関連は、広範囲に渡って立証されている。

語句リスト detrimental 形 有害な　subjective 形 主観的な ⇔ objective 形 客観的な
suicide 名 自殺　cyberbullying 名 ネットいじめ　humiliation 名 恥をかかせること、屈辱
document 動 ～を立証する

○ パラグラフの要点

- ❶いじめが子どもの精神衛生と幸福感を害し、最悪の場合、自殺にもつながる
- ❷ネットいじめは従来のいじめより有害な可能性
   - ←オンライン上で多くの人に拡散され、言葉や画像はずっと残される
- ❸ネットいじめと精神衛生上の問題との関連は立証されている

---

10 ❶[Measuring the prevalence of cyberbullying] is difficult. ❷Most surveys rely on
　　　S　　動名詞　　　　　　　　　　　　　　　V　C　　　　　　　　　　　　V

self-reported information, (which face inherent problems ⟨as victims may not be
O　　　　　　　　　Most surveysを先行詞にする関係代名詞　　　理由を表すas節

willing or able to report⟩). ❸⟨According to the Health Behaviour in School-Aged
willingとableを並列

Children survey⟩, ⟨on average⟩, 9% of 15-year-olds reports [having experienced
　　　　　　　　　　　　　　　　　　　S　　　　　　V　　O　動名詞

cyberbullying at least once in their life], ⟨with girls reporting victimisation more often
　　　　　　　　　　　　　　　　　　　付帯状況のwith

than boys in many countries⟩.

❶ネットいじめの広まりを測定することは困難である。❷ほとんどの調査は自己申告によるものだが、被害者が申告することを望まない、あるいはできないこともあるため、特有の問題を抱えている。❸「児童における身体活動」の調査によると、15歳の平均9%が今までに少なくとも一度はネットいじめを経験したと報告しており、多くの国で男子よりも女子の方が被害を報告する場合が多いのである。

語句リスト prevalence 名 普及、浸透　inherent 形 内在する、固有の
victim 名 犠牲者、被害者 ⇒ victimisation 名 被害者になること

○ パラグラフの要点

- ❶ネットいじめの広まりの測定は困難
  - →❷自己申告による調査であるため、被害者は申告しにくい
  - →❸[the Health Behaviour in School-Aged Children survey]

(→p.044 ここがポイント！❹)

　具体例 ┌ ・15歳の9%が少なくとも一度はネット上でのいじめを経験
　　　　 └ ・多くの国で女子の被害報告の方が多い

EXPLANATIONS

偉大なるApple

　今日の世界では、めざましい勢いで社会の情報化が進展していますが、その最大の牽引役はスマートフォンです。もちろんそこにはインターネットやパソコンによる下地づくりもありましたが、ブームをつくり、牽引したのは、間違いなくスマートフォンです。なぜならスマートフォンは、簡単に持ち運べ、電話もでき、インターネット接続もでき、アプリで機能を追加することもできる。しかもタップ・ピンチ・スクロールなど、従来なかった感覚的な操作ができる。これはヒットしないはずがありません。それを考えれば、2007年に現在のスマホとほぼ変わらない初代iPhoneを開発したAppleは偉大です。

　さてここで、本書のメイン執筆者・姜君の話をしないといけません。

　実は姜君、かつては代ゼミを代表する「反Apple信者」でした。その信念たるや強固で、私が「何でiPhoneにしないの？」と聞いた時も、「実は僕、アメリカに留学してた時のルームメイトがめちゃめちゃ○○な奴で、そいつがAppleのパソコン使てたんですよ。他のAppleつこてる連中もみーんな○○ばっか。だから僕、Appleなんか使う奴は全員○○やと思てます」と言い切ったほどでした（※○○には関西の罵倒語が入ります）。

　ところが姜君、わずか3週間後の講師室で、何やら黒い物体を手に、ニコニコしているではないですか。覗（のぞ）き込んでみると、なんとiPhone！　マジか、こいつ舌の根も渇かぬうちに…と呆れた目で私が見ても、ほしいオモチャを手に入れて有頂天の彼は気づきません。顔を紅潮させて周りの講師に「やっぱ買うなら、いちばんええもん買わんとね」とかほざいてます。

　あれだけ頑なだった姜君を心変わりさせたAppleは、やはり偉大です。でも姜君は、せっかくの最先端端末で、休憩時間にパズ■ラばっかやってます。

　こら、姜、ルームメイトに謝れ！　お前がいちばん○○じゃ!!

WRITING

Social networks（Facebook、X（旧Twitter）、YouTubeなど）
は人間関係にどのような影響を与えると思いますか。自分の考えを
80語程度の英語で論理的かつ具体的に述べなさい。

（筑波大学　改）

○ 使えるキーワード

- geographical gaps　地理的な差異
- bridge gaps　差異を埋める
- social bonds　社会的な結びつき
- facilitate　〜を容易にする、〜を促進する
- shared interests　共通の興味・関心 ≒ common interests
- a sense of belonging　帰属意識
- interconnected　相互につながり合った
- idealized　理想化された
- cyberbullying　ネットいじめ
- anonymity　匿名性
- undermine　〜をおとしめる、〜をむしばむ
- interpersonal connections　人間同士のつながり

○ 解答例 ❶

Introduction		ソーシャルネットワークは人間関係に良い影響を与える
Body	影響❶	**世界中の友人や家族とつながり続けられる** → 地理的な差異を埋め、結びつきを強める
	影響❷	**共通の興味による新しい人間関係や** **コミュニティの形成** → 他では出会うことのない人との出会い
Conclusion		ソーシャルネットワークは相互の結びつきと帰属意識を強める

Social networks have positive impacts on human relationships. They allow people to maintain connections with friends and family across the globe, which can bridge geographical gaps and strengthen social bonds. Furthermore, they facilitate the formation of new relationships and communities based on shared interests. This enables individuals to expand their social circles and engage in meaningful interactions they might not have encountered otherwise. Ultimately, social networks promote connectivity and a sense of belonging in an increasingly interconnected world.

(78 words)

ソーシャルネットワークは、人間関係に良い影響を与える。ソーシャルネットワークは、世界中の友人や家族とのつながりを維持することを可能にし、地理的な差異を埋め、社会的な結びつきを強める。さらに、共通の興味に基づいた新しい人間関係やコミュニティの形成も促進する。これによって個人は付き合いの輪を広げ、他の方法では出会わなかったかもしれない有意義な交流に参加することができる。結局のところ、ソーシャルネットワークは、相互の結びつきが強まる世界において、つながりを促進し、帰属意識を高めるのである。

WRITING

Introduction	ソーシャルネットワークのマイナス面 ＝ 比較、嫉妬、不安の助長
Body	→ 他人の理想化された生活の描写が 　不満や憤りを引き起こす → ネットいじめや有害な交流が匿名性により増幅される → 中毒性によって現実の人間関係がないがしろにされる
Conclusion	ソーシャルネットワークを慎重に使う必要性 → 信頼やプライバシーや対人関係の質を損なう

Social networks can negatively impact relationships by promoting comparison, jealousy, and insecurity. The constant exposure to idealized portrayals of others' lives can lead to dissatisfaction and resentment. This can also facilitate cyberbullying and toxic interactions, intensified by the anonymity the Internet can provide. Additionally, the addictive nature of platforms like Facebook, X and YouTube can lead to neglect of real-life relationships. Social networks can sometimes undermine trust, privacy, and the quality of interpersonal connections if not navigated carefully.

(78 words)

ソーシャルネットワークは、比較、嫉妬、不安を助長することで、人間関係に悪影響を及ぼす可能性がある。他人の生活の理想化された描写に常に触れることで、不満や憤りが生じることもある。また、ネットいじめや有害な交流が助長されることもあり、それらはインターネットが提供する匿名性によって増幅される。さらに、フェイスブックやエックス、ユーチューブなどのプラットフォームの中毒性は、現実の人間関係をないがしろにすることにもつながる。ソーシャルネットワークは、慎重に利用しないと、信頼やプライバシー、対人関係の質を損なうこともある。

忘れられる権利

「忘れられる権利」というのをご存じですか？

別名「削除権」「消去権」と呼ばれるもので、インターネットにおけるプライバシー保護に関する考え方です。具体的には、グーグルやヤフーなどの検索エンジンや、インスタグラムやX（旧Twitter）などのSNS（全部まとめてオンライン・プラットフォーム）にお願いし、自分に関する特定の個人情報を削除してもらうのです。ただし権利とはいっても、日本国憲法に明記された基本的人権ではなく、憲法に載っていない「新しい人権」の1つである「プライバシーの権利」の発展形です。つまり「公開されてしまった個人情報を、忘れられる権利」という考え方です。

人々の記憶から消し去りたい情報というのは、たくさんあります。ところが、そうした情報（犯罪歴／冤罪で逮捕された時の報道／SNSでの悪口／さらされた住所や顔写真など）は、いったんネット上にアップされると、完全に消すことは困難です。実際日本でも、ある男性がネット上に残る自分の犯罪歴の削除を求めて裁判しましたが、最高裁は「加害者の苦痛を理由に、あらゆる事件の報道記録を残せなくなるのは、社会の利益に反する」として、認めてくれませんでした。

一方EUでは、2014年より「忘れられる権利」が認められており、EU内の検索サイトなどに対してなら、削除請求ができるようになりました。ただしあくまで「EU内だけ」の話であり、あるフランス人がGoogleを相手取って裁判しても勝てなかったことからわかるように、「忘れられる権利」は、EU域外には適用されないのが現状です。

だから、皆さんも気をつけてください。人の恥部や悪口をネット上に書くと、軽い気持ちで書いたものでもその情報は永久にネットの海をさまよい、いつまでも閲覧可能な状態が続いてしまいます。

これ、自分がやられたことを考えたら、ぞっとするでしょう。私も本を書くたびに、Amazonのレビューで多くの方から貴重なご意見をいただきますが、私の不勉強を指摘してくださった愛のあるご意見でも「みんなに見られるの恥ずかしい。消して～!!」と頭を抱えたり、ちょっとしたひと言にダメージを受けて寝込んじゃったりすることもあるくらいですからね。

05

これからの世界

Considering the Future of Us and Our Planet

トピックのポイントはここだ！

　自らの快適さのため、良くも悪くも地球を激変させてきた人類は、地球にとって英雄なのか悪魔なのか!?── ここではめざましい工業化や科学技術の発展と環境問題について見ていきます。

　いずれにしても私たちは、自らが激変させたその地球と「共生」していかなくてはなりません。それも含めて現在進んでいる大きな取り組みが「SDGs（持続可能な開発目標）」です。SDGs は本文中には出てきませんが、今後の時事では間違いなく超重要テーマになりますので、しっかり解説させてもらいます。

　プラスチックごみ問題も新しいテーマですが、時事的注目度は非常に高いです。しっかり学んでください。

英語入試ではこう出る！

　環境問題は、以前から長文読解問題でも自由英作文でも出題されてきた頻出テーマです。今までは、地球温暖化問題や野生生物の絶滅などに関係するテーマの出題が多かったのですが、最近ではプラスチックごみなどの新しいテーマの出題や、「持続可能な社会とは？」を議論する英文など、内容が多様化しており、最新の時事問題についてのインプットが必要不可欠な分野になってきています。

　また、これらのテーマと切っても切り離せないのが科学技術の進歩です。科学技術の進歩とともに、人類は地球環境にどのような影響を与えてきたのか？　人類が直面する問題の解決に科学技術が果たすべき役割とは？　これらのことを意識して背景知識をインプットすることで、自由英作文対策にもなっていくでしょう。

1 人間の時代という区分と環境保護

BACKGROUND

人類が地球に与えた影響

人類の環境破壊
近代的自然観
森林減少・CO_2 の激増・資源の枯渇

「地球にとって最も有害なものは人類か!?」—— その答えは分かりませんが、少なくとも人類が「地球を劇的に変えた」ことは明らかです。確かに人類の営みさえなければ、森林の減少も、CO_2 の激増も、資源の枯渇も、ここまで進むことはありませんでした。

倫理では、今日の環境破壊の出発点を、16 世紀頃に出てきた「近代的自然観」に求めます。この時代、教会の支配力が弱まったことで、「もう神に遠慮する時代は終わって、人間中心の時代になった。だから今後は人間のために、自然を利用・支配しよう」という考え方が出てきました。これが近代的自然観です。

SDGs
MDGs
ESG投資

　しかし、それが今日の環境破壊につながっているならば看過できません。その考えから、1992年の「国連環境開発会議（地球サミット）」では、人類と自然の共生を目指した「持続可能な開発」が叫ばれ、さらに2015年には、それをより包括的に目指す取り組みの目標が立てられました。それが「SDGs（持続可能な開発目標）」です。

　SDGsは、地球上に暮らす人類全員が協力し合って、みんなで豊かになるための取り組みです。そこには2030年までに達成すべき17の目標（貧困や雇用、エネルギー、ジェンダー平等、パートナーシップ（国際協力）、気候変動対策など）が設定され、先進国と途上国が協力し合って「誰一人取り残さない」ことを目指します。

　実はSDGsができる前、その前身として「MDGs（ミレニアム開発目標）」（2000年）というのがありました。これは2015年までに達成すべき8つの目標で、一見すると「大ざっぱなSDGs」というつくりなのですが、こちらは主に「途上国の抱える問題を、先進国の援助で解決」という構図になっており、その点がみんなでゴールを目指すSDGsとの大きな違いと言えます。

　今日は世界中で、このSDGsを目指す取り組みが、政府・民間の両面で進んでいます。また投資のあり方も、「ESG投資」と呼ばれる「環境（Environment）・社会（Social）・企業統治（Governance）」に配慮している企業か否かを選定基準とする投資が生まれています。

| 次の英文を読み、あとの問いに答えなさい。

1 ❶For a species that has been around for less than 1% of 1% of the earth's 4.5 billion-year history, *Homo sapiens* has certainly put its stamp on the place. ❷Humans have had a direct impact on more than three-quarters of the ice-free land on earth. ❸Almost 90% of the world's plant activity now takes place in ecosystems where people play a significant role. ❹We've stripped the original forests from much of North America and Europe and helped push tens of thousands of species into extinction. ❺Even in the vast oceans, among the few areas of the planet uninhabited by humans, our presence has been felt thanks to overfishing and marine pollution. ❻Through artificial fertilizers – which have dramatically increased food production and, with it, human population – we've transformed huge amounts of nitrogen from an inert gas in our atmosphere into an active ingredient in our soil, which has created massive aquatic dead zones in coastal areas. ❼And all the CO_2 that the 7 billion-plus humans on earth emit is rapidly changing the climate – and altering the very nature of the planet.

2 ❶Human activity now shapes the earth more than any other independent geologic or climatic factor. ❷Our impact on the planet's surface and atmosphere has become so powerful that scientists are considering changing the way we measure geologic time. ❸Right now we're officially living in the *Holocene epoch, a particularly pleasant period that started when the last ice age ended 12,000 years ago. ❹But some scientists argue that we've broken into a new epoch that they call the Anthropocene: the age of man. ❺"Human dominance of biological, chemical and geological processes on earth is already an undeniable

reality," writes Paul Crutzen, the Nobel Prize-winning atmospheric chemist who first made the term *Anthropocene* popular. ❻"It's no longer us against 'Nature.' ❼Instead, it's we who decide what nature is and what it will be."

3 ❶Humans have been changing the planet ever since the dawn of agriculture 10,000 years ago, when *Homo sapiens* began altering the land – and the plants and animals growing on it – rather than simply living as hunters and gatherers. ❷Agriculture enabled humans to increase and literally changed the face of the planet; today 38% of the earth's ice-free land has been cleared and cultivated for farming. ❸But it wasn't until the dawn of the Industrial Revolution around 1800 that human growth and its impact on the environment began to explode, and that's the moment when many scientists believe the age of man truly began.

4 ❶Since then our species has ballooned from 1 billion to 7 billion, a rate of reproduction that biologist E. O. Wilson has characterized as "more bacterial than *primate." ❷Today the total human population is a hundred times as large as that of any other large animal species that has ever walked the earth. ❸That growth has been aided by the use of fossil fuels as humans have learned to make use of coal, oil and natural gas, which has steadily warmed the atmosphere and further altered the planet.

5 ❶After World War II we added nuclear power to the mix – making radioactive dust one more physical mark of our presence – and global population and economic expansion went too far. ❷The change has been so rapid that scientists have named the past half century the Great Acceleration – and this period shows little sign of slowing as

economic growth and improved health care extend the life spans and boost the resource use of billions of people in the developing world.

6 ❶ That's why the Anthropocene demands a dramatic change for environmentalism. ❷ Since the days of John Muir – the 19th century Scottish-American naturalist who founded the *Sierra Club – the goal of environmentalism has been the preservation of wilderness. ❸ Muir fought to create some of the U.S.'s first national parks, in Yosemite and the *sequoia forest, with the aim of protecting wild nature from human activity. ❹ People were seen as a threat to wilderness and to naturalness, and isolation was regarded as the solution.

7 ❶ By some measures, conservationists have succeeded. ❷ There are more than 100,000 protected areas around the world, compared with fewer than 10,000 in 1950, and approximately 13% of the planet's land has some form of legal protection. ❸ But we're still losing virgin forests in Africa, Asia and Latin America, while species are going extinct at a rate that is beginning to compare to the great sharp declines of the past. ❹ Nearly one-fifth of existing *vertebrate species are threatened, and if climate change continues at the current pace, that number will surely grow. ❺ In other words, conservationists may be winning the battle for protected areas and losing the war for wildlife.

8 ❶ The reality is that in the Anthropocene, there may simply be no room for nature, at least not nature as we've known and celebrated it – something separate from human beings – something pristine. ❷ For environmentalists, that will mean changing strategies, finding methods of conservation that are more people-friendly and that allow wildlife to coexist with human development. ❸ It means, if not embracing the

human influence on the planet, at least accepting it.

*Holocene 完新世（地質時代の区分の一つ、最も新しい時代）
*primate 霊長類の   *Sierra Club 米国の環境保護団体
*sequoia セコイア杉   *vertebrate 脊椎動物の

（東北大学）

英文の内容に関する1〜4の質問に対して、最も適切なものを1〜4の中から一つ選びなさい。

1 Based on the passage, which of the following statements is true?

1 Artificial fertilizers have created significant improvements in aquatic ecosystems, reducing dead zones.

2 Homo sapiens, representing a mere fraction of Earth's history, have made a substantial imprint on the planet.

3 The current geological epoch, the Anthropocene, began around the same time as the last ice age, approximately 12,000 years ago.

4 The term "Anthropocene" was coined by Paul Crutzen, a Nobel Prize-winning atmospheric chemist, meaning the conflict between man and nature.

2 Which of the following is NOT an effect of the Industrial Revolution?

1 A population increase that a biologist describe as "bacteria-like".

2 The beginning of what many scientists consider the true age of man.

3 The increasing environmental impact of the use of fossil fuels.

4 The transition from hunting and gathering to agriculture.

3 Why is the past half century called the "Great Acceleration"?

1 Because economic growth and improved medical care have enabled people to live longer.

2 Because humans began to use nuclear power in addition to fossil fuels.

3 Because the expansion of the world's population and economy has become so great.

4 Because the use of resources in developing countries has increased rapidly.

4 **Which of the following is true about environmentalism in the Anthropocene?**

1 Finding ways for wildlife to coexist with human development will be important in the future.

2 Human solitude has been viewed as the cause of the threat to wilderness and nature.

3 Humans have failed to increase protected areas, but we have won the battle for wildlife.

4 It seeks to maintain traditional means of protecting pristine nature from human activity.

○ **さらに覚えておきたいキーワード＋10 　〜環境問題〜**

- acid rain 名 酸性雨

- deforestation 名 森林伐採

- emission 名 排出、排気

- extreme weather 名 異常気象

- global warming 名 地球温暖化

- greenhouse gas 名 温室効果ガス

- ozone layer 名 オゾン層

- photochemical smog 名 光化学スモッグ

- renewable energy 名 再生可能エネルギー

- ultraviolet radiation 名 紫外線

ANSWERS

1　文章によれば、次のうち正しいものはどれか?

1　人工肥料は水生生態系に大きな改善をもたらし、死の海域を減少させた。

　　1の❻文の内容と不一致。

2　<mark>ホモ・サピエンスは、地球の歴史のほんの一部しか存在していないが、この惑星に大きな足跡を残した。</mark>

　　1の❶文の内容と一致。

3　現在の地質学的時代区分である「人新世」は、最後の氷河期とほぼ同時期である、約1万2000年前に始まった。

　　2の❸文より、最後の氷河期とほぼ同時期に始まったのは「完新世（Holocene epoch）」であるため不一致。

4　「人新世」という言葉は、ノーベル賞を受賞した大気化学者のパウル・クルッツェンによって作られ、人間と自然の対立を意味している。

　　2の❺文と❻文より、人新世という言葉を作った人物は合っているが、意味しているものが不一致。

2　次のうち、産業革命による影響ではないものはどれか?

1　ある生物学者が「バクテリアのような」と表現する人口増加。

　　4の❶文より、産業革命の影響と考えられる。

2　多くの科学者が真の人間の時代と考える時代の始まり。

　　3の❸文より、産業革命の影響と考えられる。

3　化石燃料の使用による環境への影響の増大。

　　4の❸文より、1の選択肢と並行して起こったことであるため、これも産業革命の影響と言える。

4　<mark>狩猟採集から農業への移行。</mark>

　　3の❶文より、1万年前のことであるため、産業革命の影響であるとは考えられない。

3 なぜ過去半世紀は「大加速期」と呼ばれているのか?

1 経済成長と医療の向上によって長生きができるようになったから。

2 人間が化石燃料に加えて原子力発電を利用するようになったから。

3 世界の人口と経済の拡大があまりにも大きくなったから。

4 発展途上国における資源の利用が急増しているから。

5の**❷**文より、文頭の「The change」が急速であったことが理由と分かる。「The change」は**❶**文の世界の人口と経済の拡大があまりにも大きくなったことを指している。

4 人新世における環境主義について正しいのはどれか?

1 野生生物が人間の発展と共存できる方法を見つけることが今後重要である。

8の**❷**文と一致。

2 人間の孤独が原生地域や自然を脅かす原因だと見なされてきた。

6の**❹**文にあるisolationは人間と自然を切り離すことを意味しており、人間の孤独が原因であると述べているのではない。

3 人間は保護区を増やすことには失敗したが、野生生物のための戦いには勝利した。

7の**❺**文と不一致。

4 人間の活動から手つかずの自然を守るという伝統的な手段の維持を目指している。

8の**❷**文と不一致。

EXPLANATIONS

1

❶⟨For a species (<u>that</u> has been around for less than 1% of 1% of the earth's 4.5
　　　　　　　　関係代名詞の that
billion-year history)⟩, *Homo sapiens* <u>has</u> certainly <u>put</u> <u>its stamp</u> ⟨on the place⟩.
　　　　　　　　　　　　S　　　　　　V　　　　　O

❷<u>Humans</u> <u>have had</u> <u>a direct impact</u> ⟨on more than three-quarters of the ice-free land on
　S　　　V　　　O

earth⟩. ❸<u>Almost 90% of the world's plant activity</u> ⟨now⟩ <u>takes place</u> ⟨in ecosystems
　　　　S　　　　　　　　　　　　　　　　　　　　　　　V

⟨where people play a significant role⟩⟩. ❹<u>We</u>'ve <u>stripped</u> <u>the original forests</u> ⟨from
関係副詞の where　　　　　　　　　　　　S　　V　　　　O
　　　　　　　　　strippedとhelpedを並列　　help to V...のtoが省略
much of North America and Europe⟩ **and** <u>helped</u> [push tens of thousands of species
　　　　　　　　　　　　　　　　　　　　　V

⟨into extinction⟩]. ❺⟨Even in the vast oceans⟩, ⟨among the few areas of the planet
the few areasを修飾する分詞
<u>uninhabited</u> by humans⟩, <u>our presence</u> <u>has been felt</u> ⟨thanks to overfishing and marine
　　　　　　　　　　　　S　　　　　V

pollution⟩. ❻⟨Through artificial fertilizers – <u>which</u> <u>have dramatically increased</u> <u>food</u>
　　　　　　　　　　artificial fertilizersを先行詞にする関係代名詞
　　　　　　　　　　　　　　　　　　　　　S₂　V₂　　　　　　　　　　　O₂
food productionとhuman populationを並列
<u>production</u> **and**, ⟨with it⟩, <u>human population</u> –⟩ <u>we</u>'ve <u>transformed</u> <u>huge amounts of</u>
　O₂　　　　　　　　　　　　　O₂　　　　　　S₁　V₁　　　　O₁

<u>nitrogen</u> ⟨from an inert gas in our atmosphere⟩ ⟨<u>into</u> an active ingredient in our soil,
　　　　　　　　　　　　　　　　　　　　transform A into B（AをBに変える）
⟨which has created massive aquatic dead zones in coastal areas⟩⟩. ❼And <u>all the CO₂</u>
　　　　　　　　　　　　　　　　　　　　　　　　　　　　　　　　　　　　S
文の内容を先行詞にする継続用法の which　　　　　　　changing...とaltering...を並列
⟨<u>that</u> the 7 billion-plus humans on earth emit⟩ <u>is</u> rapidly <u>changing</u> <u>the climate</u> – **and**
関係代名詞の that　　　　　　　　　　　　　　　　　V　　　　　　O

<u>altering</u> <u>the very nature of the planet</u>.
　V　　　O

---

❶地球の45億年の歴史の1%の内のさらに1%にも満たない期間しか存在しなかった種でありながら、ホモ・サピエンスは確実にこの地に痕跡を残してきた。❷人類は、地球上の凍っていない土地の4分の3以上に直接的な影響を及ぼしてきた。❸世界の植物の活動の90%近くが、今では人間が重大な役割を果たしている生態系の中で行われている。❹私たちは、北米やヨーロッパの大部分から原生林をはぎ取り、何万種もの生物を絶滅に追いやることに手を貸してきた。❺地球上で人類が住んでいない数少ない地域である広大な海の中でも、乱獲や海洋汚染によって、私たちの存在が感じられる。❻食糧生産を激増させ、それと同時に人口も激増させた人工肥料によって、莫大な量の窒素を大気中の不活性ガスから土壌の活性成分に変えたが、そのことで沿岸部に巨大な死の海域を作り出した。❼そして、地球上の70億人を超える人類が排出するすべてのCO₂は、気候を急速に変化させ、地球の性質そのものを変えている。

語句リスト Homo sapiens **名** ホモ・サピエンス　ecosystem **名** 生態系
strip **動** 〜をはぎ取る、〜を取り去る　extinction **名** 絶滅　pollution **名** 汚染
artificial fertilizer **名** 人工肥料　nitrogen **名** 窒素　inert **形** 不活性の　soil **名** 土壌
emit **動** 排出する

○ パラグラフの要点

❶ ホモ・サピエンス ＝ 地球の 45 億年の歴史の 1% 中の 1% の存在

　　→ 確実に地球に痕跡を残してきた

　　　　　　↓（→ p.044 ここがポイント！**❹**）

具体化 {
❷ 凍結していない土地の 4 分の 3 以上への影響
❸ 植物の活動の 90% 近くは人間が重大な役割を果たす生態系の中
❹ 北米と欧州の原生林の大部分をはぎ取る ＋ 何万種もの生物を絶滅させる
❺ 人間が住んでいない海の中でも乱獲や海洋汚染の影響が見られる
❻ 人工肥料の使用 → 大量の窒素を土壌の活性成分に変えた
　　　　　　　　 → 沿岸部を死の海域に変えた
❼ 人類が排出する CO_2 → 気候や地球の性質を変化させている
}

---

2 **❶** <u>Human activity</u> 〈now〉 <u>shapes</u> <u>the earth</u> 〈more than any other independent
　　S　　　　　　　V　　　O
geologic **or** climatic factor〉. **❷** <u>Our impact</u> (on the planet's surface and
　　〔geologicとclimaticを並列〕　　　S₁
atmosphere) <u>has become</u> <u>so powerful</u> <u>that</u> <u>scientists</u> <u>are considering</u> [<u>changing</u> the way
　　　　　　　V₁　　　C₁　〔so〜that構文〕　S₂　　V₂　〔動名詞〕O₂
(we measure geologic time)]. **❸** 〈Right now〉 <u>we're</u> officially <u>living</u> 〈in the Holocene
〔関係副詞howの省略〕　　　　　　　S　　　　　V
epoch, <u>a particularly pleasant period</u> (**that** started when the last ice age ended 12,000
　　〔the Holocene epochと同格〕　〔関係代名詞のthat〕
years ago)〉. **❹** **But** <u>some scientists</u> <u>argue</u> [**that** <u>we've broken</u> into a new epoch (**that** they
　　〔逆接〕　S₁　　V₁　〔名詞節を導く接続詞のthat〕O₁ S₂ V₂　　O₂〔関係代名詞のthat〕S₃
<u>call</u> the Anthropocene: the age of man)]. **❺** "<u>Human dominance</u> (of biological, chemical
V₃ C₃〔the Anthropocene の言い換え〕　　　　S₂
and geological processes on earth) <u>is</u> 〈already〉 <u>an undeniable reality</u>," <u>writes</u> <u>Paul</u>
〔biologicalとchemicalとgeologicalを並列〕V₂　　　　C₂　　　　V₁　S₁
<u>Crutzen</u>, the Nobel Prize-winning atmospheric chemist (who first made the term
　〔Paul Crutzenと同格〕
Anthropocene popular). **❻** "<u>It's</u> 〈no longer〉 <u>us</u> against 'Nature.' **❼** **Instead**, <u>it's</u> <u>we</u> who
　　　　　　　S V　　　　　C　　　　　　　〔逆接〕〔強調構文〕S

TOPIC 05-1　人間の時代という区分と環境保護　287

decide [what nature is] and [what it will be]."
V   O   O
　　　　　　　　　what節同士を並列

❶今では、人類の活動は、他のどんな単独の地質学的あるいは気候学的な要因よりも、地球を形作る要因となっている。❷私たちが地球の表面や大気に与える影響は非常に強力で、科学者たちが地質時代の区分法を変えようと考えているほどである。❸現在、私たちは正式には「完新世」と呼ばれる1万2000年前に最終氷期が終わったときに始まった特に快適な時代に生きている。❹しかし、科学者の中には、彼らが「人新世」、つまり人間の時代と呼ぶ新しい時代に私たちは突入したと主張する者もいる。❺「地球上の生物学的、化学的、地質学的プロセスにおける人間の支配は、すでに否定しようのない現実である」と、人新世という言葉を初めて世に広めたノーベル賞受賞者である大気化学者、パウル・クルッツェンは書いている。❻「もはや私たち対『自然』ではない。❼むしろ、自然がどうあるか、自然がこれからどうなるかを決めるのが私たちなのだ」。

語句リスト geologic 形 地質学上の ≒ geological→geology 名 地質学　atmosphere 名 大気　epoch 名 時代、(「紀」の下位区分の) 世　ice age 名 氷河期　term 名 用語

○ パラグラフの要点

❶人類の活動 ＝ どんな地質学的・気候学的要因よりも地球を形成する要因
　　→❷あまりに強力であるため、地質時代の新たな区分法を科学者が考えるほど
　　　　　　　　　　　　　　　　　↓
　　　❸現在は「完新世」＝1万2000年前に氷河期が終わってからの時代
　　　❹ [But：逆接]「人新世」(＝人間の時代) に突入したと主張する科学者もいる
　　　❺ノーベル賞受賞者の大気化学者パウル・クルッツェン [具体例]
　　　　「人間の地球上の生物学的・化学的・地質学的支配は否定できない」
　　　❻「人間対『自然』ではない」　　　　　　(→p.038 ここがポイント！❸)
　　　❼ [Instead：逆接]「自然がどうあり、どうなるかを決めるのが人間」

3
❶Humans have been changing the planet ⟨ever since the dawn of agriculture
　S　　　V　　　　　　　　　O
　　　　　　　　　　　　　　　　　　　the land と the plants and animals を並列
10,000 years ago, (when *Homo sapiens* began altering the land – and the plants and
　　　　　　　　　関係副詞の when
animals (growing on it) – rather than simply living as hunters and gatherers)⟩.
　　　名詞修飾の分詞　　　altering... と simply living... を比較

❷Agriculture enabled humans to increase and literally changed the face of the planet;
　S　　　　V　　　O　　　　　C　　　　　　　　　　O
　　　　　　　　enabled... と literally changed... を並列
⟨today⟩ 38% of the earth's ice-free land has been cleared and cultivated ⟨for farming⟩.
　　　　S　　　　　　　　　　　　　　V

❸ But it wasn't ⟨until the dawn of the Industrial Revolution around 1800⟩ that human
［逆接］ 強調構文   S

growth and its impact on the environment began to explode, and that's the moment
                                                            V   S₁ V₁ C₁
                                          名詞節を導く接続詞の that の省略
⟨when many scientists believe [the age of man ⟨truly⟩ began]⟩.
関係副詞の when   S₂   V₂   O₂   S₃   V₃

❶ ホモ・サピエンスが狩猟や採集をする存在としてだけ生きるのをやめて、土地と、その土地に育つ動植物に手を加え始めた1万年前の農業の黎明期以降ずっと、人類は地球を変え続けてきた。❷ 農業によって、人類は増加することが可能となり、地球の表面は文字どおり変化した。現在では、地球上の凍っていない土地の38%が開墾され、農地として耕作されている。❸ しかし、人類の増加とその環境への影響が爆発的に大きくなり始めたのは、1800年頃に産業革命が起こってからのことだ。多くの科学者が人間の時代が本当の意味で始まったと考える瞬間なのだ。

語句リスト ▶ agriculture 名 農業　clear 動 〜を切り開く、開墾する　cultivate 動 〜を耕す
explode 動 爆発的に増加する

○ パラグラフの要点

❶ 地球への人類の影響の始まり ＝ 狩猟採集生活から農業への移行
❷ 農業による人類の増加 → 凍結していない地球上の土地の38%を開墾
❸ ［But：逆接］産業革命 → 人類の数とその影響が爆発的に増加
　　　　　　　　　　　　　＝ 真の人間の時代の始まり

EXPLANATIONS

4
❶ ⟨Since then⟩ our species has ballooned ⟨from 1 billion to 7 billion⟩, a rate of
                S₁   V₁   from 1 billion to 7 billion の言い換え
reproduction ⟨that biologist E. O. Wilson has characterized ⟨as "more bacterial
関係代名詞の that   S₂   V₂
than *primate⟩)". ❷ ⟨Today⟩ the total human population is a hundred times as large ⟨as
                                S   V   倍数表現   C
= the total population
that of any other large animal species ⟨that has ever walked the earth⟩⟩. ❸ That growth
                                 関係代名詞の that   S
has been aided ⟨by the use of fossil fuels⟩ ⟨as humans have learned to make use of coal, oil
V
and natural gas⟩, ⟨which has steadily warmed the atmosphere and further altered the
                   文の内容を先行詞にする継続用法の which   steadily warmed... と further altered... を並列
planet⟩.

❶それ以降、人類は10億人から70億人へと膨れ上がった。その繁殖率を、生物学者のE・O・ウィルソンは「霊長類というよりはバクテリアのような」繁殖率であると述べている。❷今や、人類の総人口は、これまで地球上を歩いてきた他のどの大型の動物種よりも100倍多い。❸その増加は、人類が石炭、石油、天然ガスを利用することを学んだことで、化石燃料の利用により助長されてきたが、そのことは大気を着実に温め、地球をさらに変化させてきた。

語句リスト balloon 動 急増する、上昇する　reproduction 名 生殖、繁殖
characterize A as B　AをBであると述べる　fossil fuel 名 化石燃料　coal 名 石炭

○ パラグラフの要点

❶産業革命以降、人類は10億人から70億人に
　→「バクテリアのような繁殖率」by E・O・ウィルソン （→p.038 ここがポイント！❸）
❷現在の人類の総人口は、地球上に存在してきたあらゆる大型動物と比べても
　100倍の数 （→p.044 ここがポイント！❹）
　→❸化石燃料の利用によるもの →大気を温め地球を変化させた

5　❶〈After World War II〉 we added nuclear power 〈to the mix〉 – 〈making
radioactive dust one more physical mark of our presence〉 – and global population
and economic expansion went 〈too far〉. ❷The change has been so rapid that scientists
have named the past half century the Great Acceleration – and this period shows little
sign 〈of slowing〉 as economic growth and improved health care extend the life spans and
boost the resource use 〈of billions of people in the developing world〉.

❶第二次世界大戦後、私たちはその組み合わせに原子力を付け足し、放射性の塵（ちり）を私たちの存在を示すもう一つの物理的な痕跡とした。そして、世界の人口と経済の拡大は度の過ぎたものとなった。❷この変化は、科学者が過去半世紀を「大加速期」と名付けたほど急速なものであった。そして、経済成長と医療の向上が寿命を延ばし、開発途上国の数十億人による資源利用を拡大させているため、この過程が減速していく気配はほとんどない。

語句リスト nuclear power 名 原子力　radioactive 形 放射能の

○ パラグラフの要点

❶ 第二次大戦後、化石燃料に原子力が加わる → 放射性の塵というさらなる痕跡

　→ 過度な人口と経済の拡大に

　　　　　　↓

❷ 科学者が「大加速期」と名付けたほどの急速さ

　→ 経済成長と医療の向上による寿命の延び

　→ 発展途上国での資源利用の増加により、減速する気配はない

6
❶ That's [why the Anthropocene demands a dramatic change ⟨for
　S₁　V₁　C₁　　　S₂　　　　　　　　V₂　　　　　O₂
environmentalism⟩]. **❷** ⟨Since the days of John Muir – the 19th century Scottish-
　　　　　　　　　　　　　　　　　　　　　　　　　John Muirと同格
American naturalist ⟨who founded the *Sierra Club⟩⟩ – the goal of environmentalism
　　　　　　　　　　　　　　　　　　　　　　　　　　　S
has been the preservation of wilderness. **❸** Muir fought ⟨to create some of the U.S.'s first
V　　　C　　　　　　　　　　　　　　S　　V
　　　　　　Yosemiteと the sequoia forestを並列　　　　　　目的を表す副詞的用法
national parks, in Yosemite and the sequoia forest, ⟨with the aim of protecting wild
nature from human activity⟩⟩. **❹** People were seen ⟨as a threat to wilderness and to
　　　　　　　　　　　　　　　S　　V
　　People ...と isolation ...を並列　　　　　　　　to wilderness と to naturalness を並列
naturalness⟩, and isolation was regarded ⟨as the solution⟩.
　　　　　　　　S　　　　V

❶ だからこそ、人新世では環境保護主義に劇的な変化が求められる。**❷** 19世紀のスコットランド系アメリカ人の自然主義者であり、シエラ・クラブを創設したジョン・ミューアの時代から、環境保護主義の目標は原生地域の保護だった。**❸** ミューアは、人間の活動から手つかずの自然を守ることを目的に、ヨセミテやセコイア杉の森に米国で最初の国立公園のいくつかを設立するために戦った。**❹** 人間は原生地域や自然らしさを脅かす存在と見なされ、切り離すことが解決策と考えられた。

語句リスト preservation 名 保全、保護　wilderness 名 原生地域　naturalness 名 自然らしさ
isolation 名 孤立、隔離

○ パラグラフの要点

❶ 人新世では環境保護主義者に劇的な変化が求められる

❷ ［具体例］ シエラ・クラブの創設者ジョン・ミューア （→ p.038 ここがポイント！❸）

TOPIC 05-1　人間の時代という区分と環境保護　　291

→ 環境保護主義の目標は原生地域の保護

→ ❸ 手つかずの自然を保護するための米国初の国立公園設立に向けた戦い

→ ❹ 人間は自然らしさを脅かす存在 ＝ 自然と切り離すことが解決策

7

❶〈By some measures〉, conservationists have succeeded. ❷〈There〉 are more than 100,000 protected areas 〈around the world〉, 〈compared with fewer than 10,000 in 1950〉, and approximately 13% (of the planet's land) has some form of legal protection. ❸But we're still losing virgin forests (in Africa, Asia and Latin America), 〈while species are going extinct 〈at a rate (that is beginning to compare to the great sharp declines of the past)〉〉〉. ❹Nearly one-fifth (of existing *vertebrate species) are threatened, and 〈if climate change continues at the current pace〉, that number will surely grow. ❺In other words, conservationists may be winning the battle (for protected areas) and losing the war (for wildlife).

[逆接]

対比を表すwhile節

関係代名詞のthat

条件を表すif節

[言い換え]

winning...とlosing...を並列

❶ある程度は、自然保護活動家たちは成功した。❷1950年には1万もなかったのに対して、現在では世界に10万以上の保護区があり、地球上の土地の約13%が何らかの形で法的に保護されている。❸しかし、私たちは今でもアフリカ、アジア、中南米で原生林を失っており、生物種は過去の急激な減少に匹敵するほどの速度で絶滅している。❹現存する脊椎動物の5分の1近くが絶滅の危機に瀕しており、気候変動が現在のペースで進めば、その数は確実に増加するだろう。❺言い換えれば、自然保護活動家たちは、保護区のための戦いには勝利し、野生生物のための戦いには敗北しているのかもしれない。

語句リスト by some measure 見方によっては、ある程度は　conservationist 名 自然保護活動家　virgin forest 名 原生林　extinct 形 絶滅した　threatened 形 絶滅の危機にさらされた　wildlife 名 野生生物

○ パラグラフの要点

❶ 自然保護活動家はある程度は成功した

→ **❷** 保護区の数 ＝ 1950年の1万以下が<u>現在は世界に10万以上</u>

→ 陸地の約13％に法的保護

（→ p.044 ここがポイント！ **❹**）

❸ ［But：逆接］アフリカ・アジア・中南米の原生林は今でも失われている

生物種は急激な速度で絶滅していっている

→ **❹** 現存する脊椎動物の<u>約5分の1が絶滅の危機</u>

→ 今のままではさらに増える

❺ ［In other words：言い換え］保護区のための戦いは<u>勝利</u>したが、

野生生物のための戦いには<u>敗北</u>

（＝ **❶**・**❷**）

（＝ **❸**・**❹**）

8

❶ The reality is [that 〈in the Anthropocene〉, 〈there〉 may simply be no room (for nature, 〈at least〉 not nature (as we've known and celebrated it) – something (separate from human beings) – something (pristine))].
（S₁ / V₁ / C₁、名詞節を導く接続詞の that、V₂ / S₂、名詞限定の as、＝there may simply not be any room for nature、nature as... の言い換え、something separate... の言い換え）

❷ 〈For environmentalists〉, that will mean changing strategies, finding methods of conservation (that are more people-friendly) and (that allow wildlife to coexist with human development).
（S / V / O、changing strategies の言い換え、関係代名詞の that、that are... と that allow... を並列）

❸ It means, 〈if not embracing the human influence on the planet〉, 〈at least〉 accepting it.
（S / V / O、動名詞、「～ではないとしても」と譲歩を表し、embracing... と accepting... を並列）

❶ 実際は、人新世には、自然が存在するための余地はもはやないのかもしれない。少なくともこれまで私たちが知っていて称賛してきたような自然、つまり人間から切り離された、手つかずの自然が存在する余地はないのかもしれない。**❷** 環境保護活動家にとって、それは戦略を変え、より人に優しく、野生生物が人間の発展と共存できるような環境保護の方法を見つけることを意味している。**❸** それは、地球に対する人間の影響を喜んで迎え入れるとまではいかなくても、少なくとも許容するということを意味している。

語句リスト ▷ pristine **形** 初期のままの、手つかずの　coexist **動** 共存する
embrace **動** ～を両手を広げて迎え入れる、積極的に受け入れる

EXPLANATIONS

TOPIC 05-1　人間の時代という区分と環境保護　　293

○ パラグラフの要点

❶人新世には手つかずの自然が存在する余地はない

❷環境保護活動家は戦略を変え、野生生物と人間の発展の共存を探る必要あり

→❸人間の地球への影響を少なからず受け入れることを意味

SDGs （持続可能な開発目標）

　くどいですが、かなり重要なテーマなので、SDGsについて、もっと詳しく説明しておきます。

　SDGsは、2015年に国連総会で採択された国際目標で、2030年までに持続可能でよりよい社会を作るため、先進国と途上国が力を合わせ、多方面から社会問題に取り組んで、みんなで豊かになるための試みです。

　SDGsは簡単に言うと「自分たちと将来世代の幸せのために、全人類で行う地球の大そうじ」です。そこでは17の目標を掲げていますが、この17の目標が、先進国と途上国で共有すべき「大そうじの分担・計画表」です。また「みんなで」といいましたが、このみんなには国家だけでなく、企業も個人も含みます。SDGsのスローガンが「誰一人取り残さない」である以上、地球上にSDGsの当事者でない人はいないのです。

　本文中にも書いた通り、SDGsの前身に「MDGs（ミレニアム開発目標）」というものがありました。こちらは「2015年までに、途上国の抱える問題を、先進国の援助で解決しよう」というものでしたが、なぜこれがSDGsに発展したのでしょう？

　それは私たちが、MDGsに取り組んでいる時気づいてしまったからです。地球の抱える問題は、途上国を豊かにするだけでは解決できないということに。だからSDGsでは、「先進国も取り組むべき課題」を設定しました。また途上国の課題にしても、先進国の援助だけで解決できる幅は限られます。だからSDGsは、途上国の自助努力も求める内容になっているのです。

　SDGsの骨格は、以上です。ここではページの関係上、具体的な17の目標には触れませんでしたが、骨格がわかっていれば17の目標も頭に残りやすいので、後でご自分で調べてみてください。

　残念ながらSDGsへの取り組みは、国によってかなり温度差があるのが現状です。でも2030年は、思っているよりも「近い将来」です。そこまでに地球の大そうじを完了させられるかどうかは、私たちの自覚にかかってきます。陳腐な表現で恐縮ですが、皆さんも当事者意識をもって「地球をきれいに」しましょう。

WRITING

地球温暖化（**global warming**）対策について我々が日常生活ですべきことを二つ提案し、それらを選んだ理由とともに、80語程度の英語で述べよ。

（釧路公立大学）

○ 使えるキーワード

- energy consumption　エネルギー消費
- energy-efficient appliances　エネルギー効率の良い電化製品（いわゆる「省エネ家電」）
- electronics　電化製品
- cut down　～を削減する
- greenhouse gas　温室効果ガス
- emission　排出
- forest conservation　森林保護
- environmentally friendly　環境にやさしい ≒ eco-friendly
- curb　～を抑制する
- biodiversity　生物多様性
- carbon footprint　二酸化炭素排出量
- public transportation　公共交通機関
- livestock farming　畜産
- methane　メタンガス

○ 解 答 例 ❶

Introduction		地球温暖化に取り組むための二つの重要な行動がある
Body	行動❶	**エネルギー消費の削減に努める** → 省エネ家電を使用する → 使っていない照明や電化製品の電源を切る
	行動❷	**森林保護に努める** → 環境にやさしい林産物を選ぶ → 紙や木材の使用を減らす
Conclusion		地球温暖化の抑制のみならず、 環境と生物多様性の保護にもつながる

 To tackle global warming, two key actions can be taken. First, we can reduce home energy consumption by using energy-efficient appliances and switching off unused lights and electronics. This can help cut down greenhouse gas emissions linked to energy production. Second, participating in forest conservation by choosing environmentally friendly forest products or reducing paper and wood use is crucial, because forests are vital for absorbing carbon dioxide. These steps can not only curb global warming but can promote a healthier environment and biodiversity.

(83 words)

 地球温暖化に取り組むために、二つの重要な行動をとることができる。第一に、エネルギー効率の良い電化製品を使用し、使用していない照明や電化製品のスイッチを切ることで、家庭でのエネルギー消費を削減することができる。これは、エネルギー生産に関連する温室効果ガスの排出削減につながる。第二に、環境にやさしい林産物を選んだり、紙や木材の使用を控えたりすることによって、森林保護に参加することが重要である。なぜなら、二酸化炭素を吸収するために森林は不可欠であるからだ。これらの措置は、地球温暖化を抑制できるだけでなく、より健全な環境と生物多様性を促進することができる。

○ 解答例❷

Introduction	日常生活の中で地球温暖化に対処する

Body	行動❶	二酸化炭素の排出量を減らす
		→ 車に乗らず公共交通機関や自転車や徒歩で移動
		→ 地球温暖化の主な原因の二酸化炭素削減につながる
	行動❷	植物主体の食生活にする
		→ 畜産は温室効果ガスの一つであるメタンガスを大量に排出する
		→ 肉の消費を減らすことで畜産で使用される資源の削減になる

To address global warming in our daily lives, we should firstly reduce our carbon footprint by using public transportation, cycling, or walking instead of driving. This significantly cuts down CO_2 emissions, a major contributor to global warming. Secondly, we should adopt a plant-based diet as much as possible. Livestock farming is a top source of methane, another powerful greenhouse gas. By eating less meat, we can reduce the demand for the extensive resources used in livestock farming, which in turn lowers greenhouse gas emissions.

(84 words)

　日常生活の中で地球温暖化に対処するためには、まず、自動車を使わず、公共交通機関を利用したり、自転車に乗ったり、徒歩で移動するなどして、二酸化炭素排出量を削減すべきである。これにより、地球温暖化の主な原因であるCO_2の排出量を大幅に削減することができる。第二に、できるだけ多く植物主体の食事を取り入れることである。畜産はメタンガスの主要な発生源であり、これも強力な温室効果ガスである。食べる肉を減らすことで、畜産で使われる膨大な資源の需要を減らし、そのことで温室効果ガスの排出量を減らすことができる。

2 | プラスチックごみ問題

BACKGROUND

プラスチックごみと環境への影響

年間800万トンのごみ
マイクロプラスチック
海洋生物への影響

　海洋プラスチックごみ問題が注目され始めたのは、2010年からです。その年に発表された論文に「年間800万トンものプラスチックごみが海に流れ込んでいる」とあり、世界に衝撃を与えたのです。

　プラスチックごみは、海で分解されません。しかも、ポリ袋やペットボトルなどだけでなく、微小なマイクロプラスチックもあります。マイクロプラスチックとは、レジ袋やペットボトルが砕けて直径5ミリメートル以下になったものですが、これが特に問題で、これを多くの生物やプランクトンが食べると、海洋生物の死滅や生態系への悪影響、漁獲高の減少、人体への間接的影響などが起こります。

サーキュラーエコノミー
廃プラスチックの輸入規制
大阪ブルー・オーシャン・ビジョン

　この問題に対しては、世界中で対策が始まっています。まずEUの取り組みは、「サーキュラーエコノミーに向けた投資とイノベーションの拡大」です。サーキュラーエコノミーとは「循環型の経済システム」のことで、今までごみだったものを資源としてリサイクル等で循環させる、新しい経済システムです。重要なのは「製造段階からリユースやリサイクルしやすい設計にすること」で、そのための投資や技術革新を、現在進めている最中です。

　またアメリカでは、使い捨てプラスチック製品の使用禁止や、プラスチック製レジ袋の配布禁止などを行っています。

　アジア諸国の主な取り組みは、「廃プラスチックの輸入規制」です。廃プラスチックは、アジア諸国が大量輸入していた「低コストプラスチックの原材料」でしたが、最終的には質の悪いプラスチックごみを、大量廃棄することになります。そのせいで、世界の海洋プラスチックごみ排出量ワースト3が「1位：中国／2位：インドネシア／3位：フィリピン」と、アジアに集中していたのです。

　また日本は、2019年のG20大阪サミットで「大阪ブルー・オーシャン・ビジョン」を発表し、「2050年までに、海洋プラスチックごみによる新たな汚染ゼロを目指す」と宣言しました。そして翌2020年からは、レジ袋の有料化が始まったのです。

　私たちが個人レベルでできることは、「ごみの分別／使い捨てをなくす／ポイ捨てしない」などです。すぐに実行できることばかりですね。

次の英文を読み、あとの問いに答えなさい。

1 ❶In the hierarchy of human needs, good health is right at the top. ❷There's a reason we say, "to your health," whenever we clink glasses.

2 ❶In the complicated world of politics, therefore, with numerous competing issues coming at us 24 hours a day, it's not surprising that concerns clearly relevant to our health and that of our families regularly rise to the top of our society's priority list. ❷The effect of plastic on our health should be at the top of that list today.

3 ❶As Bruce Lourie and I explain in our book *Slow Death by Rubber Duck*, once an issue transforms into a human health concern, it becomes far more likely to be taken up by our elected leaders, noticed by the general public and consequently solved.

4 ❶The smoking debate followed this path. ❷Once the focus became the damaging effects of second-hand smoke, i.e., it's not just the health of smokers at risk but the health of all those around them, the momentum for change became impossible for even the most defiant cigarette companies to resist.

5 ❶What we are witnessing now is the genesis of another human health problem that I believe has the potential to dominate public debate over the next decade: the discovery that tiny plastic particles are permeating every human on earth.

6 ❶Plastic, it turns out, never really disappears. ❷In response to time

and sunlight, or the action of waves, it just gets mushed into smaller and smaller bits. ❸These microscopic particles then enter the food chain, air and soil. ❹In the past couple of years, scientists have started to find these particles in an astonishing range of products including table salt and honey, bottled and tap water, shellfish and ... beer. ❺In one recent study, 83 per cent of tap water in seven countries was found to contain plastic micro-fibres.

7 ❶When the snow melts in Canada to reveal a winter's worth of Tim Hortons' cups and lids, every person in this country notices the plastic litter that surrounds us. ❷Many of us know of the vast and accumulating patches of garbage in the ocean. ❸I hear shoppers in the produce aisles of my local grocery store grumbling at the increasing size of the plastic that encases the organic arugula.

8 ❶None of this, really, matters much. ❷Do I care that sea turtles are choking to death on the plastic grocery bags I use every day? ❸Sort of. ❹But certainly not enough to inconvenience myself.

9 ❶But if it turns out that my two boys have a dramatically increased chance of contracting prostate cancer because of all the plastic particles that are implanted in their growing bodies, now you've got my attention. ❷Make it stop, please.

10 ❶Forget recycling. ❷We can't recycle ourselves out of this problem. ❸The issue is our society's addiction to plastic itself. ❹Those plastic micro-fibres I mentioned? ❺Scientists are now saying that one of the primary sources in our drinking water is the lint that comes off the synthetic fabric of our clothing. ❻It's not just the plastic we're throwing

away that's the problem; it's the plastic items we surround ourselves with every day.

11 ❶The new science on plastic micro-particles is stunning and I'm guessing only the tip of a toxic iceberg.

（上智大学）

英文の内容に関する1〜5の質問に対して、最も適切なものを1〜4の中から一つ選びなさい。

1 **What is implied by the sentence "The effect of plastic on our health should be at the top of that list today." in the second paragraph?**

1 That in politics, the issue of plastic is discussed 24 hours a day.
2 That plastic may be the most critical issue for our health right now.
3 That we should always use plastic glasses when clinking glasses.
4 That we should focus more on the plastic issue than on the health issue.

2 **What does the smoking example in paragraph 4 illustrate?**

1 That political pressure can be too powerful for even the most disobedient tobacco companies to resist.
2 That problems addressed as health issues are more likely to be noticed and solved by politicians and citizens.
3 That the kind of harm that smoking does to the health of those around us threatens the political rights of others.
4 That we should focus on the harmful effects of smoking on those around us, like those of secondhand smoke.

3 In the 5th and 6th paragraph, which of the following is NOT mentioned about plastics?

1 It is used for various daily products because it is a light and strong material.

2 No matter how much it is shattered and reduced in size, it never disappears.

3 Tiny particles of plastic can be found both in the food chain and in the air and soil.

4 Tiny particles of plastic may be found in what we eat and drink on a daily basis.

4 Which of the following can be read from the sentence "But certainly not enough to inconvenience myself" in the 8th paragraph?

1 Knowing that there is a lot of plastic waste floating in the ocean does not make us feel comfortable.

2 Though some organisms will die because of plastic litter, we don't think it will affect us that much.

3 We don't really feel inconvenienced by the larger packaging of vegetables we buy at the supermarket.

4 We have Tim Hortons in Canada, so we don't feel inconvenienced by the food we eat to survive the winter.

5 Which of the following does the author consider to be the root cause of the health hazards caused by plastics?

1 Plastic is contained in the lint from the synthetic fabric.

2 Plastic is just the tip of the iceberg of health hazards we face.

3 Plastic particles are one of the causes of prostate cancer.

4 Our society is too dependent on plastic to do without it.

1 **2** 2 **2** 3 **1** 4 **2** 5 **4**

---

1 **第2段落の「プラスチックが私たちの健康に与える影響は、今日、そのリストの首位になるべきである。」という文は何を伝えようとしているか?**

1 政治の世界では、1日24時間プラスチックの問題が議論されているということ。

2 プラスチックは、私たちの健康にとって今最も重大な問題かもしれないということ。

3 乾杯する際にはいつもプラスチックのグラスを使うべきということ。

4 健康の問題よりもプラスチックの問題にもっと焦点を当てるべきだということ。

2の❷文中にある「that list」とは、直前の文にある社会の優先順位のリストを指している。このリストの上位に健康上の問題がくることから、プラスチックが私たちの健康に大きく関わっていることを述べていると分かる。

---

2 **第4段落の喫煙の例は何を説明しているか?**

1 政治的な圧力はあまりにも強力で、最も従順でないたばこ会社でさえ抵抗ができないことがあるということ。

2 健康問題として取り上げられる問題は、政治家や市民によって注目され、解決される可能性が高いということ。

3 喫煙が周囲の人々の健康に与える類いの害は、他者の政治的権利を脅かすものであるということ。

4 副流煙のように、喫煙が周囲の人々に及ぼす有害な影響に注目すべきであるということ。

4の❶文の「followed this path」より、喫煙の問題が3で述べられている内容を示す例として用いられていることが分かるため、3の内容に合致する2が正解である。

3 第5・6段落において、プラスチックについて述べられていないものはどれか?

1 軽くて丈夫な素材なので、さまざまな日用品に使われている。
プラスチックの特徴としては正しいが、本文中で言及されていない。

2 いくら粉々になって小さくなっても、消えてなくなることはない。
6の❶文と❷文に一致。

3 プラスチックの微粒子は食物連鎖の中にも、大気中や土壌中にも存在する。
6の❸文に一致。

4 日常的に飲食するものの中にも、プラスチックの微粒子が含まれている可能性がある。
6の❹文の内容に一致。

4 第8段落の「しかし、確かに自分自身が不便を感じるほどではない」という文から読み取れるのは次のうちどれか?

1 海にプラスチックごみがたくさん浮いていることを知っても、気持ちが楽にはならない。
8の❶文で「実際はそれほど重要な問題ではない」とあり、気持ちが楽になるかどうかの話ではないため不適。

2 プラスチックごみのせいで死んでしまう生物はいるが、私たちにはそれほど影響はないと考えている。
8の❷文の疑問文に対して、❸文で「多少は気にする」と言いながらも、それほど不便を感じるほどの問題ではないという趣旨であるため一致。

3 スーパーで買う野菜のパッケージが大きくなっても、あまり不便を感じない。
7の❸文より、パッケージが大きくなることが不便かどうかを論じているわけではないため不適。

4 カナダにはティムホートンズがあるので、冬を乗り切るための食事に不便は感じない。
7の❶文より、ティムホートンズのカップや蓋は大量のプラスチックごみの例として述べられているものであるため不適。

5 次のうちどれが、プラスチックによる健康被害の根本的原因であると筆者は考えているか?

1 プラスチックが、合成繊維から出る糸くずの中に含まれている。

2 プラスチックは、私たちが直面している健康被害の氷山の一角に過ぎない。

3 プラスチック粒子は、前立腺がんの原因の一つである。

4 私たちの社会はプラスチックに依存しすぎており、それなしではやっていけない。

10の❸文より、筆者は問題は私たちの社会がプラスチック中毒になっていることだと述べており、その内容と一致するのは**4**である。

○ さらに覚えておきたいキーワード+10　〜プラスチックごみ〜

- alternative energy 图代替エネルギー

- decarbonization 图脱炭素化

- degradable 形(化学的・生物学的に) 分解できる

- e-waste 图(乾電池や電子機器などの) 電子廃棄物

- landfill 图埋め立て地

- lead 图鉛

- mercury 图水銀

- microplastic 图マイクロプラスチック、微細プラスチック

- plastic debris 图プラスチックの破片

- shopping bags 图レジ袋

1

❶〈In the hierarchy of human needs〉, <u>good health</u> <u>is</u> 〈right〉〈at the top〉.
　　　　　　　　　　　　　　　　　S　　　　V

❷〈There〉's a reason (we say, "to your health," 〈whenever we clink glasses〉).
　　V S
　　　　　　関係副詞 why の省略

❶人間の欲求の順位において、健康は首位に位置する。❷私たちがグラスを交わすときにいつも「健康に乾杯」と言うのには理由があるのだ。

語句リスト hierarchy **名** 階層制度、優先度

○ パラグラフの要点

❶人間の欲求の順位のトップは健康
❷「健康に乾杯」と言うのには理由がある

2

❶〈In the complicated world of politics〉, <u>therefore</u>, 〈<u>with</u> numerous competing
　　　　　　　　　　　　　　　　　　　　　　　[因果]　　付帯状況の with

issues coming at us 24 hours a day〉, it's not <u>surprising</u> [<u>that</u> <u>concerns</u> 〈clearly
　　　　　　　　　　　　　　　　　　　仮S₁ V₁　　C₁　　真S₁ S₂
　　　　　　　　　　　　　　　　　　　　　　　名詞節を導く接続詞の that

relevant to our health <u>and</u> that of our families〉 〈regularly〉 <u>rise</u> 〈to the top of our
　　our health と that of our families を並列　　　　　　　　　V₂

society's priority list〉]. ❷<u>The effect</u> (of plastic on our health) <u>should be</u> 〈at the top of
　　　　　　　　　　　　　　　S　　　　　　　　　　　　　　　V

that list today〉.

❶したがって、1日24時間、数々の対立する問題が私たちに押し寄せる複雑な政治の世界では、私たちや家族の健康に明らかに関係する問題が、いつも社会の優先リストの上位にくるのは驚くことではない。❷プラスチックが私たちの健康に与える影響は、今日、そのリストの首位になるべきである。

語句リスト priority **名** 優先、優先事項　relevant **形** 関連のある

○ パラグラフの要点

❶ [therefore：結果]
　複雑な政治の世界において健康の問題が上位にくるのは当たり前
　→❷プラスチックによる健康への影響がトップになるべき

---

3 ❶〈疑似関係代名詞の as
As Bruce Lourie and I explain in our book *Slow Death by Rubber Duck*〉, 〈 時を表す once 節
once an issue transforms into a human health concern〉, it becomes far more likely to be
　　　　　　　　　　　　　　　　　　　　　　　　　S　V　　　　　　　　C
taken up 〈by our elected leaders〉, noticed 〈by the general public〉 and consequently
　　　　　　　　　　　　　　　　　　　　　　　　taken up... と noticed by... と consequently solved を並列
solved.

❶ブルース・ラウリーと私が著書『ラバーダックによる緩慢な死』で説明しているように、ひとたびある問題が人間の健康に関する懸念に変われば、選挙で選ばれた指導者に取り上げられ、一般市民に注目され、結果として解決される可能性がはるかに高くなる。

語句リスト concern 名 不安、懸念

○ パラグラフの要点

❶著書『Slow Death by Rubber Duck』［具体例］(→p.038 ここがポイント！❸)
　→健康への懸念となった話題は政治家と市民に注目され解決される可能性が高まる

EXPLANATIONS

4 ❶The smoking debate followed this path. ❷〈 時を表す once 節
　　　S　　　　　　　　　V　　　　　O　　　　　　　Once the focus became the damaging
　　　　　　　　　　　　　　　　　　　　　　　　　　　　　　　　　S₂　　V₂
effects 〈of second-hand smoke〉, i.e., it's not just the health 〈of smokers〉 〈at risk〉
C₂　　　　　　　　　　　　　　　　　　　S₂ V₂　　　　　C₂
but the health 〈of all those around them〉〉, the momentum 〈for change〉 became
　　　C₂　　　　　　　　　　　　　　　　　　　　S₁　　　　　　　　　　　　　V₁
the health of smokers... と the health of all... を並列
impossible 〈for even the most defiant cigarette companies to resist〉.
C₁
　　　不定詞の意味上の主語を表す for　　　　　　　　　形容詞限定の副詞的用法

❶喫煙の議論もこのような経過をたどった。❷焦点が副流煙、つまり喫煙者の健康だけでなく周囲の人々の健康も危険にさらすことに焦点が当てられると、変化への勢いは、最も反抗的なたばこ会社でさえ抵抗できないものとなった。

語句リスト second-hand smoke 名 副流煙　momentum 名 はずみ、勢い　defiant 形 反抗的な

○ パラグラフの要点

❶喫煙も同じ経過をたどった

> ❷副流煙の有害性（＝周囲にも危害を及ぼす）に焦点
> →変化への勢いは抵抗できないものに

---

5 ❶[What we are witnessing now] is the genesis of another human health problem
 S₁   V₁ C₁
 関係代名詞のthat   "I believe it has the potential to ..." のitが関係代名詞に変形
(that I believe has the potential (to dominate public debate over the next
 S₂ V₂   V₃ O₃   the potentialを修飾する形容詞的用法
another human health problemと同格

decade)): the discovery [that tiny plastic particles are permeating every human on
                              同格の名詞節を導くthat

earth].

❶今、私たちが目の当たりにしているのは、今後10年間にわたり、世の中の議論を支配する可
能性を秘めていると私が信じている、また新たな人間の健康問題の発生である。それは、小さな
プラスチック粒子が地球上のすべての人間に浸透しているという発見である。

語句リスト genesis 名 起源、発生　particle 名 粒、粒子　permeate 動 ～に浸透する

○ パラグラフの要点
❶今後10年の世の中の議論を支配しうる健康問題の発生を目の当たりにしている
↓
プラスチック粒子が人間の体内に浸透している

---

6 ❶Plastic, it turns out, never really disappears. ❷⟨In response to time and sunlight,
        S＋Vの挿入
 S   time and sunlightとthe action of wavesを並列   V
or the action of waves⟩, it ⟨just⟩ gets mushed ⟨into smaller and smaller bits⟩.
                          S   V   C

❸These microscopic particles ⟨then⟩ enter the food chain, air and soil. ❹⟨In the past
 S   V   O

couple of years⟩, scientists have started to find these particles ⟨in an astonishing range of
                  S   V   O

products (including table salt and honey, bottled and tap water, shellfish and ... beer)⟩.
                    具体例を表す前置詞

❺⟨In one recent study⟩, 83 per cent of tap water (in seven countries) was found to
                        S   V   C

contain plastic micro-fibres.

❶プラスチックは、実際に消えることが決してないと判明している。❷時間の経過や日光、波の作用に反応して、粉々になってどんどん小さな欠片になっていくだけだ。❸そして、これらの微細な粒子が食物連鎖や大気、土壌に入り込んでいくのだ。❹ここ数年、科学者たちは、食塩や蜂蜜、ボトル入りの飲料水や水道水、甲殻類、そしてビールなど、驚くほどさまざまな製品の中でこれらの微粒子を発見し始めた。❺最近のある研究では、7か国の水道水の83％にマイクロプラスチックファイバーが含まれていることが判明した。

語句リスト　mush 動 ～を粉々にする、～をつぶす　bit 名 小片、破片　microscopic 形 微細な
food chain 名 食物連鎖　soil 名 土壌　tap water 名 水道水　fibre 名 繊維

○ パラグラフの要点

❶プラスチックは決して消えない
→❷時間の経過と日光や波によって粉々になる
→❸粉々になったプラスチックが食物連鎖や空気や土壌に入り込む
→❹科学者たちが驚くほどさまざまな製品の中にこれらの微粒子を発見
　　→❺最近のある研究［具体例］：7か国の水道水の83％に含まれている

（→ p.044 ここがポイント！❹）

7
❶〈When the snow melts 〈in Canada〉 〈to reveal a winter's worth of Tim Hortons'
　　　　　　　S₂　　V₂　　　　　　　　結果を表す副詞的用法
cups and lids〉〉, every person in this country notices the plastic litter (that
　　　　　　　　　　　　　S₁　　　　　　　　　　　　V₁　　　O₁
　　　　　　　　　　　　　　　　　　　　　　　　　　　　　関係代名詞のthat
surrounds us). ❷Many of us know 〈of the vast and accumulating patches of garbage in
　　　　　　　　　　S　　　　V　　　　　　　　vastとaccumulatingを並列
the ocean〉. ❸I hear shoppers (in the produce aisles of my local grocery store) grumbling
　　　　　　　　S V　　O　　　　　　　　　　　　　　　　　　　　　　　　　　　　　C
〈at the increasing size of the plastic (that encases the organic arugula)〉.
　　　　　　　　　　　　　　　　　　　　　関係代名詞のthat

❶カナダで雪が解け、ひと冬分のティムホートンズのカップや蓋が姿を現すと、この国に住む誰もが、自分たちを取り囲むプラスチックごみの存在に気づく。❷海には膨大に堆積したごみが広がっていることを、私たちの多くが知っている。❸私の地元のスーパーの野菜売り場にいる買い物客が、有機栽培のルッコラを包装するプラスチックのサイズが大きくなっていることに不満を漏らしているのを耳にする。［⇒ティムホートンズはカナダの大手カフェチェーン］

語句リスト　litter 名 ごみ　accumulate 動 積もる、積み上がる
aisle 名 （スーパーの）商品列、売り場　grocery store 名 日用品店　grumble 動 不満をもらす
organic 形 有機の、有機栽培の　arugula 名 ルッコラ

EXPLANATIONS

○ パラグラフの要点

❶ カナダで冬の後のティムホートンズのカップや蓋
　→ プラスチックごみに囲まれていると気づく　(→p.038 ここがポイント！❸)

❷ 海に膨大なプラスチックが浮かんでいると私たちの多くが知っている

❸ ルッコラのプラスチック包装が大きくなっているという客の不満を耳にする

8

❶<u>None of this</u>, 〈really〉, <u>matters</u> 〈much〉. ❷<u>Do</u> <u>I</u> <u>care</u> [名詞節を導く接続詞の that <u>that</u> <u>sea turtles</u> <u>are choking</u>
S　　　　　　　　　V　　　　　　S₁ V₁ O₁　　　　　　S₂　　　　　V₂

〈to death〉〈on the plastic grocery bags (I use every day)〉]? ❸Sort of. ❹But
　　　　　　　　　　　　　　　関係代名詞の省略　　　　　　　　　　　　　　　　[逆接]

certainly not **enough** 〈to inconvenience myself〉.
　　　　　　　enough to V...(... するほど)

❶実は、このようなことはいずれもそれほど重要ではない。❷毎日使っているスーパーのビニール袋でウミガメが窒息死していることを私は気にするか？　❸多少は気にする。❹しかし、確かに自分自身が不便を感じるほどではない。

語句リスト ▶ choke 動 窒息する　inconvenience 動 〜に不便を感じさせる

○ パラグラフの要点

❶ このことは実際それほど重要な問題ではない

❷ スーパーのビニール袋でウミガメが窒息死することを気にするか？

[疑問 ＝ 筆者からの話題の提示]

(→p.060 ここがポイント！❺)

❸ 多少は気にする ⟷ ❹ [But：逆接] 不便を感じるほどではない

[答え ＝ 筆者の意見・言いたいこと]

9

❶<u>But</u> 〈if it turns out that <u>my two boys</u> <u>have</u> <u>a dramatically increased chance</u> (of
[逆接]　　　　　　　　　　　　　　S₂　　　　　V₂　　O₂

contracting prostate cancer) 〈because of all the plastic particles (<u>that</u> <u>are</u>
　　　　　　　　　　　　　　　　　　　　　　　　　　　　　　　　関係代名詞の that

implanted in their growing bodies)〉〉, 〈now〉 <u>you've got</u> <u>my attention</u>. ❷<u>Make</u> <u>it</u> <u>stop</u>,
　　　　　　　　　　　　　　　　　　　　　　S₁　　V₁　　　　O₁　　　　　V　O　C

please.

it turns that + S + V...(...だと判明する)

❶しかし、もし私の２人の息子が、成長していく体にプラスチックの粒子が溜まっていくせいで、前立腺がんにかかる確率が劇的に高くなると判明すれば、もう私は気になってしまう。❷お願いだからそれをやめてくれ、と。

語句リスト contract 動 ～（病気）にかかる prostate cancer 名 前立腺がん
implant 動 ～を移植する、～を注入する

○ パラグラフの要点

❶［But：逆接］わが子の体内にあるプラスチック粒子ががんを発症するリスクを高めるなら大きな関心だ
❷すぐにやめてほしい

---

10 ❶Forget recycling. ❷We can't recycle ourselves 〈out of this problem〉. ❸The issue is our society's addiction 〈to plastic itself〉. ❹Those plastic micro-fibres (I mentioned)? ❺Scientists are now saying [that 名詞節を導く接続詞のthat one of the primary sources (in our drinking water) is the lint (that 関係代名詞のthat comes off the synthetic fabric of our clothing)]. ❻It's not just the plastic (we're throwing away) that's 関係代名詞の省略 / 強調構文 the problem; it's the plastic items (we surround ourselves with every day). 関係代名詞の省略 / 強調構文 ⇒ 文末に"that's the problem"が省略

❶リサイクルは忘れてくれ。❷リサイクルではこの問題から逃れることはできないのだ。❸問題は、私たちの社会がプラスチックそのものに中毒になっていることだ。❹私がすでに述べたプラスチックのマイクロファイバーとは？ ❺私たちの飲料水に含まれる主な原料の一つは、私たちの衣服の合成繊維から出る糸くずであると、科学者たちは述べている。❻問題になるのは、私たちが捨てているプラスチックだけではない。私たちの周りを毎日取り囲んでいるプラスチック製品も問題なのだ。

語句リスト recycle 動 ～をリサイクルする addiction 名 中毒 lint 名 糸くず、繊維のほこり
synthetic 形 合成物質の item 名 品目、品物

○ パラグラフの要点

❶リサイクルは忘れろ
→❷この問題はリサイクルでは解決しない

↓

❸問題は社会がプラスチック中毒であること

→❹すでに述べたプラスチックのマイクロファイバーのことを覚えているか？

[疑問 ＝ 筆者からの話題の提示]

(→ p.060 ここがポイント！❺)

❺飲料水に含まれるプラスチック粒子は合成繊維の糸くずが原因

❻私たちの捨てるプラスチックだけでなく、身の回りのプラスチック製品も問題

[答え ＝ 筆者の意見・言いたいこと]

11

❶The new science (on plastic micro-particles) is stunning and I'm guessing only
the tip of a toxic iceberg.

❶プラスチックの微粒子に関する新しい科学は驚くべきものであり、有毒な氷山の一角に過ぎないと私は推測している。

語句リスト iceberg 名 氷山

○ パラグラフの要点

---

❶プラスチックの微粒子に関する新しい科学は驚くべきもの

→氷山の一角に過ぎない

海洋プラスチックごみ問題をまじめに考える

　海洋プラスチックごみは、年間800万トンもの量が海に流れ込んでいます。800万トンといえば「ジャンボジェット5万機分」の重さ、大変な量です。しかもプラごみは、自然の中で分解されませんから、海の中にたまる一方です。そのため、このペースで増え続けると、2050年の海の中は「魚よりもプラごみの方が多くなる」とまで言われています。

　また、海洋生物に与える被害も大きく、打ち上げられたマッコウクジラの腹から100キロものプラスチックなどのごみの塊が出てきたり、打ち上げられたウミガメの死骸すべてからプラスチックが検出されたりしています。クジラやウミガメの寿命が長い（70～80年ぐらい）ことを考えると、長寿の海洋生物の体内にどんどん蓄積される被害も、憂慮すべき問題だと言えそうです。

　この問題への本格的な取り組みは、2018年から始まりました。この年、カナダで開かれたG7サミットで「海洋プラスチック憲章」が採択され、まず主要国の取り組みとして、プラスチックごみ全般に関する規制強化の方針が決まったのです。

　ところが残念なことに、日本とアメリカは、この憲章に参加していません。当時のトランプ米大統領は環境問題への取り組みに懐疑的だった上、日本の安倍首相はトランプ氏と仲が良く、誘いを断れませんでした。

　「私はこんなものには署名しない。シンゾー、君もしないよな?」——　トランプ氏にこう言われれば、断れません。しかも日本は海洋プラごみ問題に対し、圧倒的に準備不足でもありました。そういう流れで、日米はこの憲章に参加しなかったのです。

　しかしさすがにこのままだと、日米はこの問題に関して、国際社会で孤立します。だからそれを補うため、日本は2019年のG20大阪サミットで「大阪ブルーオーシャン・ビジョン」を発表し、今後真剣に取り組むことをアピールしました。そしてそれを受け、2020年以降は「レジ袋の有料化／プラごみの回収と再資源化／途上国への指導」などを始めたのです。

　海洋プラスチックごみの70～80%は、街で発生したごみが、河川を伝って海に流入したものです。そして街で発生するプラごみの多くは使い捨て食器や包装用のラップ、ペットボトルやレジ袋で、これらがプラごみ全体の61%を占めています。ということは、海洋プラごみは、私たち一人一人の意識改革で、大幅に減らせるはずです。真面目な話になりましたが、この問題は他人事と考えず、気を引き締めて取り組みましょう。

EXPLANATIONS

WRITING

次の設問を読み、英作文により解答しなさい。

In English, write your opinion regarding the plastic pollution problem in approximately 80 words.

（九州大学　改）

○ 使えるキーワード

- break down　分解される ⟶ break down into A　分解されて A になる
- accumulate　堆積する
- endanger　～を危険にさらす、～を絶滅の危機にさらす
- tiny particles　微粒子
- pose threats [risks] to A　A に脅威／危険を及ぼす
- overconsumption　過剰消費
- disposal　廃棄 ⟶ dispose of A　A を処分する
- practical　実用的な
- cost-effective　費用対効果の高い
- invest　投資する
- sustainable　持続可能な
- single-use　使い捨ての
- eco-friendly　環境にやさしい

○ 設問の日本語訳

プラスチック汚染問題に関するあなたの意見を80語程度の英語で書きなさい。

○ 解答例 ❶

Introduction		プラスチック汚染は大きな影響を与える重大な環境問題だ
Body	影響❶	**自然に分解されないので自然環境に蓄積する** → 野生生物が食べたり、 　　絡まって動けなくなったりして危険
	影響❷	**微粒子になって食物連鎖に入り込む** → 人間の健康に害を及ぼす可能性
Conclusion		**プラスチックの過剰消費で状況が悪化している** → 削減・再利用・責任のある廃棄に 　　焦点を当てた行動が不可欠

Plastic pollution is a critical environmental issue that significantly impacts our oceans, wildlife, and health. Plastic, unable to break down naturally, accumulates in the natural environment. As a result, plastic endangers wildlife when animals eat it or when animals get entangled in it. Since microplastics break down into tiny particles, they enter into the food chain and pose risks to human health. The situation worsens due to overconsumption of plastics. Immediate action focusing on reduction, reuse, and responsible disposal is crucial to address this ecological crisis.

(86 words)

　プラスチック汚染は、私たちの海洋、野生生物、健康に大きな影響を与える重大な環境問題である。プラスチックは自然に分解されることができず、自然環境に蓄積する。その結果、プラスチックは野生生物に食べられたり、野生生物を絡めたりすることで危険にさらす。マイクロプラスチックは微粒子に分解されるため、食物連鎖の中に入り込み、人間の健康にリスクをもたらす。プラスチックの過剰消費により、状況は悪化している。この生態系の危機に対処するためには、削減、再利用、責任ある廃棄に焦点を当てた早急な行動が不可欠である。

○ 解答例 ❷

Introduction	プラスチック汚染は世界的な問題だが、その使用をやめることはできない → プラスチックは実用性と費用対効果に優れている
Body	**状況が絶望的であることにはならない** → 政府や企業による持続可能なプラスチックやリサイクル技術の開発 → 消費者が意識的にプラスチックの使用を減らし環境にやさしい製品を選ぶ
Conclusion	プラスチックの恩恵を手にしながら悪影響の軽減は可能なはず

Plastic pollution is an urgent global issue, but plastic's use in modern society is often indispensable, considering how practical and cost-effective it is. However, this doesn't mean the situation is hopeless. Governments and corporations can invest in research for sustainable plastics and efficient recycling technologies. At the same time, consumers can contribute by consciously reducing single-use plastics and choosing eco-friendly products. With collaborative efforts, we can lessen the negative impacts of plastic pollution while still benefiting from plastic's uses.

(79 words)

プラスチック汚染は差し迫った世界的問題だが、現代社会におけるプラスチックの使用は、実用的で費用対効果に優れていることを考えれば、不可欠なものであることが多い。しかし、だからといって状況が絶望的というわけではない。政府や企業は、持続可能なプラスチックや効率的なリサイクル技術の研究に投資することができる。同時に消費者も、使い捨てプラスチックを意識的に減らし、環境にやさしい製品を選択することで貢献できる。協力し合うことで、その利用から恩恵を受けながらも、プラスチック汚染の悪影響を軽減することができるのだ。

姜ちゃんと僕の共通点③ 身内に弁護士がいる

　姜ちゃんは弟が弁護士で、僕は妻が弁護士だ。だから、もしお互い敵味方の訴訟沙汰になったとしても、両方とも「こいつには絶対負けない」と思っている。

3 | IoTの可能性

BACKGROUND

IoTとは何か？

次世代デジタル革命
Society5.0
AI・ロボットによる労働代替

　IoTとは「Internet of Things」、つまり「モノのインターネット」です。これは、従来ネットワークにつながっていなかったものがつながること、例えばスマートフォンを使って、会社からテレビの録画予約をしたり、帰宅前にエアコンをオンにしておいたりすることなどです。

　このIoTは、安倍内閣が2017年に発表した「Society5.0」で実現を目指す、次世代デジタル革命の目玉の一つです。Society5.0とは、IoT、ビッグデータ、AIなどを駆使して、仮想空間と現実空間を高度に融合させた社会です。例えば「ドローンによる無人配送」「トラックの無人自動走行」「単純労働をAIやロボットで肩代わり」などの実現は、すべてSociety5.0の具体化と言えます。ちなみに5.0とは、来るべき新た

な社会が「狩猟社会→農耕社会→工業社会→情報社会」に次ぐ「5番目の社会」という意味です。

　現在の情報社会（Society4.0）には、情報処理能力や労働者の年齢・数など、さまざまな限界がありました。理由は、仮想と現実の橋渡しを「人間」が行っていたからです。しかしそれを、AIやビッグデータ、IoTで行えば、人間の能力の限界をはるかに超えた成果が期待できるのです。しかもSociety5.0が実現すると、社会全体が高度にデジタル化されるため、その恩恵が社会全体にもたらされて、地域格差などの解消につながることも期待されます。

Society5.0の懸念と展望

高度な機械化とデジタル化
雇用への影響
ベーシックインカム

　ただ、一つだけ気になる点があります。「雇用の減少」です。ここまで高度に機械化とデジタル化が進むと、機械に仕事を奪われて、失業者が増大することが懸念されますが、これへの対策として考えられているのが「ベーシックインカム」の導入です。これは最低限所得保障制度と呼ばれるもので、簡単に言えば「全国民対象の生活保護」みたいな制度です。よく考えたら、雇用は減ってもAIやIoTのおかげで国全体の所得は増えるわけですから、その稼ぎを人間様で割っちゃえばいいじゃんという考え方ですね。

　働かなくていい高度な社会 ── それが幸せかどうかは分かりませんが、案外こういうのが『ドラえもん』なんかで見た「夢の未来」なのかもしれませんね。

次の英文を読み、あとの問いに答えなさい。

1 ❶ The advance of consumer technology has been nothing short of breathtaking – even if we don't always recognize it. ❷ What's more, the introduction of consumer electronics – and in recent years powerful computational capabilities built into devices – has profoundly changed the way we watch movies and television, communicate, shop for goods, gather information, and navigate a huge amount of other tasks. ❸ It's safe to say that the world is a much better place as a result of technology innovation. ❹ It has delivered leisure time and helped drive societal gains. ❺ It has made our machines and cars safer, our medicine better, and created comforts that past generations could only dream about.

2 ❶ Some sociologists and cultural anthropologists, including Alvin Toffler and Daniel Bell, have advanced the idea that we're heading into a postindustrial age that places an emphasis on information and services rather than the mere consumption and use of goods. ❷ There's plenty of evidence to support this notion. ❸ According to various market research reports, consumers now have about seven connected devices per household in the United States. ❹ However, the Organization for Economic Cooperation and Development (OECD) estimates that the figure will reach twenty by 2020. ❺ What's more, the technology surrounding these devices is increasingly important. ❻ Market research firm NPD Group found that 88 percent of mobile device owners are now aware of home automation systems. ❼ What's more, a growing percentage of individuals with smartphones, e-readers, Blu-ray players, and other devices, say that Internet connectivity and the ability to view content – in some cases across multiple devices – is a primary appeal.

3 ❶Connected devices change the way we think about products and things, and they drive enormous changes in behavior as well. ❷A quarter century ago, the primary way to view a movie was to head to the movie theater and pay cash for each ticket. ❸Today we purchase or rent movies from streaming media players attached to television sets or watch them wirelessly through tablets, smartphones, and gaming consoles. ❹We view films and listen to music downloads on airplanes and in coffee shops. ❺No less significant: social media reviews and recommendations increasingly influence thinking and buying decisions.

4 ❶Connected devices translate into connected people – along with entirely different relationships among groups of people. ❷Yet these human connections, however important and profound, are only a piece of the *IoT (Internet of Things) puzzle. ❸An individual device or thing connected to the Internet increases the power of that particular device – and often adds substantial value for the person using it. ❹However, the ability to connect devices into a vast network – essentially the Internet of Things – rapidly increases the possibilities and capabilities.

5 ❶For instance, a light switch that is Internet enabled not only allows a homeowner to program on and off times with a smartphone and manually control it from the same phone, but it also can be connected to software that analyzes electrical consumption across all lights in the house and, by offering recommendations, save money. ❷Scaling up even further, the same data could be used by a *utility to better understand consumption patterns and establish rates and incentives that drive more efficient usage patterns across a customer base. ❸It's not difficult to identify similar possibilities in many other industries, including automobiles, health care, and financial services.

6 ❶Moreover, attaching *RFID tags and other sensors to various objects and packages introduces remarkable capabilities. ❷Suddenly it's possible for a kitchen cupboard to recognize when the supply of rice or salsa is low. ❸A refrigerator can determine that the bread or butter has run out and it's time to buy more. ❹A bathroom cabinet can alert a homeowner to buy more toilet paper or toothpaste — and even automatically add the items to a shopping list. ❺Then, when the consumer steps into a grocery store and approaches the aisle with the desired product, he or she receives a smartphone alert or message — and perhaps even a coupon.

7 ❶Of course, a greater number of connected devices translate into more data intersection points — and far more impressive possibilities. ❷Realistically we've only begun to enter the age of connected devices. ❸Although home networks and Wi-Fi have been widely used for more than a decade — and fast cellular connectivity is increasingly common — the platform and infrastructure for supporting all these devices is only now beginning to mature. ❹Too often in the past, various systems and devices did not communicate or play nicely with one another. ❺What's more, without clouds that make sharing and connecting data far less complicated, fast and seamless data sharing simply wasn't possible.

8 ❶Today the pace of innovation is accelerating rapidly and digital technologies are maturing. ❷As data platforms take hold, analytics advances, clouds become a standard part of information technology, mobile applications grow in power and sophistication, and prices for RFID and other sensors go down, the foundation for the Internet of Things is taking shape. ❸Clearly, our world will never be the same. ❹We

are entering a new era that promises to revolutionize everything we do.

*IoT（Internet of Things）　さまざまな装置やセンサーなどがインターネットに接
続され情報交換する仕組み
*utility　電気、ガス、水道などの供給会社
*RFID tags　情報を埋め込んだタグ

（東北大学）

○ さらに覚えておきたいキーワード＋10〜IoT〜

- asset management 名 資産管理
- compatibility 名 互換性
- credential 名 認証情報
- electronic payment 名 電子決済
- facial recognition 名 顔認証 （＝ face recognition）
- gadget 名 機器、機械装置
- interface 名 インターフェイス
- optimization 名 最適化
- pattern recognition 名 パターン認識
- virtual reality 名 仮想現実

英文の内容に関する 1 〜 5 の質問に対して、最も適切なものを 1 〜 4 の中から一つ選びなさい。

1 Which of the following is **NOT** mentioned in the text as a benefit of the technological innovation?

  1 Improved safety and medical advances.

  2 More comfortable lives than ever before.

  3 More convenient access to goods and information.

  4 World peace brought about by the Internet.

2 Which of the following is true of the impact of Internet-connected devices on consumers?

  1 They come to be influenced in their thinking and judgment by information available on the Internet.

  2 They come to place more emphasis on how functional the device is than on how many devices they have.

  3 They come to think that the most important function of the devices is its ability to connect to the Internet.

  4 Watching movies online makes people realize that movies seen in theaters have greater impact.

3 Which of the following is a good example of the benefits provided by the ability to connect devices into a vast network?

  1 You can control the turning on and off of lights in your home on your smartphone.

  2 You can eliminate the need to visit hospitals by receiving medical treatment on the Internet.

  3 You can reduce your electricity, gas and water bills by completing procedures online.

  4 You can use an app on your smartphone to find out how to save electricity across your home.

4 **Which of the following is made possible by attaching RFID tags and other sensors to various items?**

1 Alerts from smartphones to avoid forgetting to use coupons.

2 Automatic ordering of items on your shopping list.

3 Management of food stocked in cupboards and refrigerators.

4 Suggestions for ideal stock levels of daily necessities.

5 **Which of the following is true about modern digital technology?**

1 Digital technology has matured and innovation is beginning to settle down.

2 Mobile applications are underperforming compared to other devices.

3 Platforms and infrastructure for various devices have been established.

4 We have access to cloud services, which make it easy to share and connect data.

SHORT COLUMN

姜ちゃんと僕の共通点④ ガイコツが好き

　姜ちゃんと僕は、ガイコツに目がない。姜ちゃんはウサギとガイコツの絵でおなじみの「サイコバニー」というブランドのファンで、毎日違ったサイコバニーの服を着ている。一方僕はバンドTシャツマニアで、昨日はメタリカ、今日はブラックサバスと、毎日違う趣のガイコツを楽しんでいる。

ANSWERS

$$1\ \boxed{4}\quad 2\ \boxed{1}\quad 3\ \boxed{1}\quad 4\ \boxed{3}\quad 5\ \boxed{4}$$

1　次のうち、技術革新の恩恵として本文中に述べられて**いない**ものはどれか？

1　安全性の向上と医療の進歩。
1の❺文の内容と一致。

2　かつてないほど快適な暮らし。
1の❺文の内容と一致。

3　商品の購入や情報の入手のさらなる利便性。
1の❷文の内容と一致。

4　インターネットによってもたらされる世界平和。
本文中に言及なし。

2　次のうち、インターネットに接続されたデバイスが消費者に与える影響として正しいものはどれか？

1　ネット上で得られる情報によって、考えや判断を左右されるようになる。
3の❶・❺文の内容に一致。

2　デバイスの所持台数よりも、デバイスの機能性により重きを置くようになる。
2の❸・❹・❺文が所持台数や技術について言及しているが、どちらを重視しているかということは述べられていない。

3　デバイスがインターネットに接続できることが最も重要な機能であると思うようになる。
2の❼文によれば、単に接続するだけでなく、コンテンツの閲覧の利便性が重要視されている。

4　ネット上で映画を見るよりも、映画館で見る方がより迫力があるのだと気付く。
3の❷・❸文が過去と現在の映画視聴の違いについて言及しているが、どちらの方がより迫力があるかどうかは述べられていない。

3 次のうち、デバイスを広大なネットワークに接続できることによってもたらされる利点の好例として正しいのはどれか?

1 家の照明の点灯や消灯をスマートフォン上で操作できる。

2 ネット上で治療を受けることによって、病院に足を運ぶ必要性がなくなる。

3 ネット上で手続きを済ませることで、電気、ガス、水道の料金が安くなる。

4 スマートフォン上のアプリで、家中の電力を節電する方法を調べられる。

デバイスを広大なネットワークにつなぐ具体例は、5 に述べられており、一致するのは 1。

4 次のうち、RFIDタグやその他のセンサーをさまざまなものに取り付けることで可能になるのはどれか?

1 クーポンの使い忘れを避けるためのスマートフォンからの警告。

2 ショッピングリストに入っている商品の自動注文。

3 戸棚や冷蔵庫にストックされている食材の管理。

4 理想的な生活必需品の在庫量の提案。

RFIDタグなどのセンサーによる可能性は、6 に述べられており、一致するのは 3。

5 次のうち、現代のデジタル技術について正しいものはどれか?

1 デジタル技術が成熟し、技術革新が落ち着き始めている。

8 の❶文の内容と不一致。

2 モバイルアプリケーションの性能が他のデバイスに比べて物足りない。

8 の❷文の内容と不一致。

3 さまざまなデバイスのためのプラットフォームとインフラが確立した。

7 の❸文の内容と不一致。現在ようやく成熟しつつある段階。

4 データの共有や接続を容易にしてくれるクラウドサービスを利用できる。

7 の❺文の内容と一致。過去にはクラウドがなく高速でシームレスなデータ共有が不可能だったことから、現在はその逆であると判断できる。

EXPLANATIONS

1

❶The advance (of consumer technology) has been nothing short of breathtaking
– 〈even if we **don't always** recognize it〉. ❷What's more, the introduction (of
　　　　　　　　　部分否定　　　　　　　　　　　　　　　　　[追加]
consumer electronics – and 〈in recent years〉 powerful computational capabilities (built
consumer electronics と powerful computational capabilities... を並列　　　　　名詞修飾の分詞
into devices)) – has profoundly changed the way (we watch movies and television,
　　　　　　　　　　　　　　　　　　　　関係副詞の how 省略　　　movies と television を並列
communicate, shop for goods, gather information, and navigate a huge amount of other
　　　　　　　　　　　　　　watch... と communicate と shop... と gather... と navigate... を並列
tasks). ❸It's safe [to say [that the world is a much better place 〈as a result of technology
　　　　仮S V C 　真S 　　　V—O
　　　　　　　　　　　　　　　　　　　　　delivered... と helped... を並列　　help to V...のto省略
innovation〉]]. ❹It has delivered leisure time and helped drive societal gains. ❺It has
　　　　　　　　　S V　　　　　　　O　　　　　　　　O
　　　　　　　　　　　　　　　　　　　　　　　made... と created... を並列
made our machines and cars safer, our medicine better, and created comforts (that past
　O　　　　　　　　　　C 　O　　　　　C 　　V　　　O
　　　　　　　　　　　　　　　　　　　　　　　　　　　関係代名詞の that
generations could only dream about).

❶消費者向けの技術の進歩は、私たちが必ずしもそのことを認識していなくとも、まさに息をのむ
ほどすさまじいものだった。❷さらに、家電製品の導入、近年ではデバイスに組み込まれた高度
なコンピューター性能の導入によって、映画やテレビの視聴方法、通信の方法、商品の購入方
法、情報収集の方法、その他の膨大な作業を操作する方法が、大きく変化してきた。❸技術革
新の結果、世界はより良い場所になったと言ってもよいだろう。❹技術革新は余暇を生み出し、
社会の利益を促進することに寄与してきた。❺現代の機械や車をより安全に、医療をより良いも
のにし、過去の世代が夢見ることしかできなかった快適さを生み出してきた。

語句リスト▶ consumer 名 消費者　nothing short of ～ まさに～な
breathtaking 形 息をのむほどの、驚異的な　consumer electronics 名 家電
device 名 デバイス、装置　innovation 名 革新

○ パラグラフの要点

❶消費者向けの技術の進歩はめざましい

❷[What's more：追加] 家電製品の導入によりさまざまな物事のやり方が大きく
　変化

→❸技術革新の結果、世界はより良い場所になったと言える

　　　　↓

　❹余暇と社会の利益が生み出された

2
❶Some sociologists and cultural anthropologists, (including Alvin Toffler and Daniel Bell), have advanced the idea [that we're heading into a postindustrial age
同格の名詞節を導くthat
(that places an emphasis on information and services rather than the mere consumption
関係代名詞のthat　　　　　　　　information and servicesとthe mere consumption and use of...を比較
and use of goods)]. ❷〈There〉's plenty of evidence (to support this notion).
形容詞的用法の不定詞
❸〈According to various market research reports〉, consumers 〈now〉 have about seven
connected devices (per household in the United States). ❹However, the Organization
[逆接]
for Economic Cooperation and Development (OECD) estimates [that the figure will
reach twenty 〈by 2020〉]. ❺What's more, the technology (surrounding these devices) is
[追加]　　　　　　　　　　　　名詞修飾の現在分詞　　　　　　　名詞節を導く接続詞のthat
increasingly important. ❻Market research firm NPD Group found [that 88 percent of
mobile device owners are now aware of home automation systems]. ❼What's more, a
[追加]
growing percentage of individuals (with smartphones, e-readers, Blu-ray players, and
名詞節を導く接続詞のthat
other devices), say [that Internet connectivity and the ability (to view content – 〈in
the abilityを修飾する形容詞的用法
some cases〉〈across multiple devices〉) – is a primary appeal].

❶アルビン・トフラーやダニエル・ベルをはじめとする社会学者や文化人類学者の一部の人たちは、私たちは単にモノを消費して使用するのではなく、情報とサービスに重点を置いた脱工業化時代に向かっているという考えを示してきた。❷この考えを裏付ける証拠はたくさんある。❸さまざまな市場調査報告によると、米国の現在の消費者は、1世帯あたり約7台のインターネットに接続されたデバイスを所有している。❹しかし、経済協力開発機構（OECD）は、この数字が2020年までに20台に達すると推定している。❺さらに、これらのデバイスを取り巻く技術の重要性も増している。❻市場調査会社NPDグループによると、モバイル機器所有者の88%が現在ホームオートメーションシステムを認知していることが分かった。❼さらに、スマートフォン、電子書籍リーダー、ブルーレイプレーヤーなどのデバイスを持っている人のうち、インターネットに接続できることと、コンテンツを場合によっては複数のデバイスで同時に閲覧できることが主な魅力であると言う人の割合

が増えている。

語句リスト cultural anthropologist 名 文化人類学　postindustrial 形 脱工業化の　automation 名 自動化　Internet connectivity 名 インターネットに接続できること

○ パラグラフの要点

---

❶ 脱工業化時代へ向かっている by 社会学者・文化人類学者

（＝ モノの消費よりも情報やサービスを重視する時代）（→p.038 ここがポイント！❸）

　↑

❷ 証拠はたくさんある

　　❸［According to：具体例］米国：1世帯あたり約7台のネットに接続されたデバイス（→p.044 ここがポイント！❹）

具体化

　　❹［However：逆接］2020年までには20台に by OECD

　　❺［What's more：追加］デバイスを取り巻く技術の重要性も増している

　　　❻ ホームオートメーションシステムの認知の高まり

　　　❼［What's more：追加］

　　　ネットへの接続性とデバイス間での共有性を重視

---

3 ❶Connected devices change the way (we think about products and things), and
　S　　　　　　　V　　　O
　　　　　　　　　　　　　　　関係副詞の省略
they drive enormous changes in behavior ⟨as well⟩. ❷⟨A quarter century ago⟩, the
S　V　　　O　　　　　　　　　　　　　　　　　　　　　　　　　　S

primary way (to view a movie) was [to head to the movie theater and pay cash for each
　　　　　　形容詞的用法の不定詞　V　C　名詞的用法の不定詞　　head...とpay...を並列

ticket]. ❸⟨Today⟩ we purchase or rent movies ⟨from streaming media players (attached
　　　　　　　　S　　V　　　　O　　　　　　　　　　　　　　　名詞修飾の過去分詞
　　　　purchase or rent...とwatch...を並列

to television sets)⟩ or watch them ⟨wirelessly⟩ ⟨through tablets, smartphones, and
　　　　　　　　　　V　　O　　　　　　view ...とlisten to ...を並列

gaming consoles⟩. ❹We view films and listen to music downloads ⟨on airplanes⟩ and ⟨in
　　　　　　　　　S　V　O　　V　　　　O　　　　　　　　on airplanesとin coffee shopsを並列

coffee shops⟩. ❺No less significant: social media reviews and recommendations
　　　　　　　　「同様に重要なことは」　　　　S

⟨increasingly⟩ influence thinking and buying decisions.
　　　　　　　　V　　　　O

❶ インターネットに接続されたデバイスは、私たちの商品やモノについての考え方を変え、行動に

も大きな変化をもたらす。❷四半世紀前には、映画を見る主な方法は、映画館に足を運び、現金を払ってチケットを買うことだった。❸今日では、テレビに取りつけられた配信メディアプレーヤーで映画を購入・レンタルしたり、タブレットやスマートフォン、ゲーム機でワイヤレスで映画を見たりする。❹飛行機内やコーヒーショップで、映画を見たり、ダウンロードした音楽を聴いたりする。❺同じように重要なことは、ソーシャルメディアのレビューやおすすめが、考えや購入の判断に影響を与えることが多くなっていることだ。

語句リスト gaming console 名 ゲーム機

○ パラグラフの要点
----
❶ネットに接続されたデバイスが消費者の考え方や行動に影響
　　❷［過去］映画を見る ＝ 映画館に行きチケットを買って見る
　　　　↕［対比］（→p.021 ここがポイント！❷）
　　❸［現在］映画を見る ＝ ┌テレビのメディアプレーヤーで購入・レンタル
　　　　　　　　　　　　　　┤ワイヤレス機器で視聴
　　　　　　　　　　　　　　└❹飛行機内やコーヒーショップでも見られる
❺SNSのレビューやおすすめが消費者の考えや判断に影響
　［No less significant で❷～❹文の消費者の行動への影響と同様］
----

4 ❶Connected devices translate into connected people – 〈along with entirely
　S　　　　　　　　　　V　　　　　　O
different relationships 〈among groups of people〉〉. ❷Yet these human
　　　　　　　　　　　　　　　　　　　　　　　　　　［逆接］　　 S
connections, 〈however important and profound〉, are only a piece 〈of the IoT (Internet
　　　　　　　　　　　　　　　　　　　　　　　　　V　　C
they areの省略
of Things) puzzle〉. ❸An individual device or thing 〈connected to the Internet〉 increases
　　　　　　　　　　S　　　　　　　　　　　　　　名詞修飾の過去分詞　　　　　V
the power of that particular device – and 〈often〉 adds substantial value 〈for the person
　O　　　　　　　　　　　increases... とoften adds... を並列　V　　O
〈using it〉〉. ❹However, the ability 〈to connect devices into a vast network – essentially
名詞修飾の現在分詞　［逆接］ S　　　形容詞的用法の不定詞　　　　　　　　　　　［言い換え］
the Internet of Things〉 – 〈rapidly〉 increases the possibilities and capabilities.
　　　　　　　　　　　　　　　　　　　V　　　O

❶デバイスがつながるということは、人と人がつながることになり、同時に人々の集団同士の関係もまったく異なるものとなる。❷しかし、こうした人と人のつながりは、どんなに重要で深いものであっても、IoT（モノのインターネット）というパズルのほんの1ピースに過ぎない。❸インターネット

EXPLANATIONS

に接続された個々の機器やモノは、その特定の機器の能力を高め、それを使う人にとっても大きな価値をもたらすことが多い。❹しかし、デバイスを広大なネットワーク、つまりモノのインターネットに接続することができることで、その可能性と能力が急速に大きくなる。

語句リスト▶ translate into 〜　〜へと変わる、（結果として）〜になる
IoT 名 (=Internet of Things) モノのインターネット

○ パラグラフの要点

❶デバイスを介して人と人がつながる →集団の中での異なる人間関係
→ ❷［Yet：逆接］IoT のほんの一部にすぎない
　　↓
　❸デバイスをネットに接続 →デバイスの性能向上 →使用者に価値をもたらす
　❹［However：逆接］デバイスを広大なネットワークに接続
　　　　　　　　　　　→ 可能性と能力が急激に向上

5

❶For instance, a light switch (that is Internet enabled) not only allows a homeowner to program on and off times 〈with a smartphone〉 and manually control it 〈from the same phone〉, but it also can be connected to software (that analyzes electrical consumption across all lights in the house) and, 〈by offering recommendations〉, save money. ❷〈Scaling up even further〉, the same data could be used 〈by a utility〉 〈to better understand consumption patterns and establish rates and incentives (that drive more efficient usage patterns across a customer base)〉 ❸It's not difficult [to identify similar possibilities in many other industries, (including automobiles, health care, and financial services)].

❶例えば、インターネットに接続できる照明のスイッチにより、居住者はスマートフォンで点灯と消灯の時間を設定できるようになり、同じスマートフォンから、手動で照明の操作ができるようにもなるが、それだけでなく、その照明スイッチは、家中のすべての照明の電力消費を分析するソフトウェ

アに接続することができ、推奨事項を提示することで、電気代を節約することもできる。❷さらに規模を拡大すれば、同じデータを電気会社が使用して、消費パターンをより理解し、顧客ベース全体でより効率的な使用パターンを促進する料金やインセンティブを設定することもできるだろう。❸自動車、医療、金融サービスを含めた他の多くの業界においても、同様の可能性を見いだすのは難しいことではない。

語句リスト▶ Internet enabled **形** インターネット接続機能が内蔵された
incentive **名** インセンティブ、優遇制度　financial services **名** 金融サービス

○ パラグラフの要点

❶ ［For instance：具体例］ネットに接続された照明のスイッチ
- ・スマートフォンで点灯・消灯の時間を設定
- ・スマートフォンから手動で操作
- ・ソフトウェアに接続して照明による電力消費を分析
  - →電気代の節約を推奨

❷ ［even further：具体例］業者が同様のデータを利用
- ・消費パターンが分かる
- ・よりよい料金体系やインセンティブを設定

❸他の多くの業界でも同様の可能性が見いだせる

6

❶Moreover, [attaching RFID tags and other sensors ⟨to various objects and packages⟩] introduces remarkable capabilities. ❷⟨Suddenly⟩ it's possible ⟨for a kitchen cupboard⟩ [to recognize [when the supply of rice or salsa is low]]. ❸A refrigerator can determine [that the bread or butter has run out and it's time ⟨to buy more⟩]. ❹A bathroom cabinet can alert a homeowner to buy more toilet paper or toothpaste – and ⟨even⟩ ⟨automatically⟩ add the items ⟨to a shopping list⟩. ❺⟨Then⟩, ⟨when the consumer steps ⟨into a grocery store⟩ and approaches the aisle ⟨with the desired product⟩⟩, he or she receives a smartphone alert or message – and ⟨perhaps⟩ ⟨even⟩ a coupon.

❶さらに、さまざまなモノやパッケージにRFIDタグやその他のセンサーを取り付けることで、驚くべき機能が生まれる。❷突然、キッチンの戸棚が、お米やサルサの残りが少なくなっていることを認識できるようになる。❸冷蔵庫は、パンやバターがなくなったので、買い足す頃合いだということを判断できる。❹バスルームのキャビネットは、居住者にトイレットペーパーや歯磨き粉の買い足しを知らせることができ、買い物リストに自動的に追加することさえできる。❺そして、消費者がスーパーに足を運び、目的の商品がある売り場に近づくと、スマートフォンのアラートやメッセージが届き、さらにクーポンが手に入ったりもする。

語句リスト item 名 モノ、商品　grocery store 名 日用品店、スーパーマーケット
aisle 名 通路、（店の）売り場

○ パラグラフの要点

❶［Moreover：追加］RFIDタグなどのセンサーを取り付けることで生まれる可能性

具体化
- ❷キッチンの戸棚：米やサルサの残量をチェック
- ❸冷蔵庫：パンやバターの残量をチェック
- ❹バスルームのキャビネット：トイレットペーパーや歯磨き粉の残量をチェック→自動的に買い物リストに追加
- ❺スーパーで必要品に近づくとスマートフォンにアラートやクーポンが届く

7

❶Of course, a greater number of connected devices translate into more data intersection points – and far more impressive possibilities. ❷Realistically we've only begun to enter the age of connected devices. ❸〈Although home networks and Wi-Fi have been widely used 〈for more than a decade〉 – and fast cellular connectivity is 〈increasingly〉 common – the platform and infrastructure 〈for supporting all these devices〉 is only now beginning to mature. ❹〈Too often in the past〉, various systems and devices did not communicate or play 〈nicely〉 〈with one another〉. ❺What's more, 〈without clouds 〈that make sharing and connecting data far less complicated〉〉, fast and

seamless data sharing ⟨simply⟩ <u>wasn't possible</u>.
　　　　　　　　　　　　　　V　　C

❶もちろん、接続された機器の数が増えれば、データの交点も増え、はるかに素晴らしい可能性が広がる。❷現実的には、私たちはデバイス同士が接続される時代にまだ足を踏み入れ始めたばかりである。❸家庭用ネットワークやWi-Fiが広く利用されるようになって10年以上になり、高速の携帯電話接続もますます一般的になっているが、これらすべてのデバイスをサポートするためのプラットフォームとインフラは、今ようやく成熟してきたところだ。❹過去には、さまざまなシステムやデバイスが互いにうまく通信したり、連携したりできないということが多々あった。❺さらに、データの共有や接続をはるかに簡単にしてくれるクラウドがなかった頃は、高速でシームレスなデータ共有はとても不可能なものだった。

語句リスト▶ infrastructure **名** インフラ　cloud **名** クラウド　seamless **形** シームレスな、途切れない simply **副** （否定文で）絶対に、まったく

○ パラグラフの要点

- -
❶ネットに接続される機器が増える →データの交点が増える →さらなる可能性
現在
❷デバイス同士が接続される時代に突入したばかり
❸ [Although：譲歩] 家庭用ネットワークやWi-Fiの普及
（主張）プラットフォームやインフラは成熟し始めたばかり

↕ (→p.021 ここがポイント！❷)

過去
❹システムやデバイス間の通信や連携がうまくいかなかった
❺ [What's more：追加]
　クラウドがなく、高速でシームレスなデータ共有が不可能だった
- -

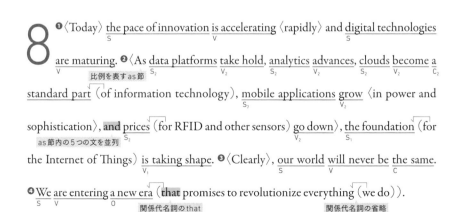

8
❶⟨Today⟩ <u>the pace of innovation</u> <u>is accelerating</u> ⟨rapidly⟩ and <u>digital technologies</u>
　　　　　　S　　　　　　　　　V　　　　　　　　　　　S
<u>are maturing</u>. ❷⟨As <u>data platforms</u> <u>take hold</u>, <u>analytics</u> <u>advances</u>, <u>clouds</u> <u>become</u> <u>a</u>
　V　　　　　　比例を表すas節　S₂　　　V₂　　　S₂　　V₂　　S₂　　V₂　　C₂
<u>standard part</u> ⟨of information technology⟩, <u>mobile applications</u> <u>grow</u> ⟨in power and
　　　　　　　　　　　　　　　　　　　　　　S₂　　　　　V₂
sophistication⟩, **and** <u>prices</u> ⟨for RFID and other sensors⟩ <u>go down</u>, <u>the foundation</u> ⟨for
as節内の5つの文を並列　S₂　　　　　　　　　　　　　　V₂　　　S₁
the Internet of Things⟩ <u>is taking shape</u>. ❸⟨Clearly⟩, <u>our world</u> <u>will never be</u> <u>the same</u>.
　　　　　　　　　V₁　　　　　　　　　　　　　S　　　V　　　C
❹<u>We</u> <u>are entering</u> <u>a new era</u> (**that** promises to revolutionize everything (we do)).
　S　　V　　　O　　　関係代名詞のthat　　　　　　　　　　関係代名詞の省略

❶今日、技術革新のペースは急速に加速し、デジタル技術は成熟しつつある。❷データプラットフォームが定着し、データ解析学が進歩し、クラウドが情報技術の標準となり、モバイルアプリケーションの性能が向上し洗練され、RFIDやその他のセンサーの価格が下がるにつれて、モノのインターネットの土台が形成されつつある。❸明らかに、私たちの世界はこれまでと同じではなくなるだろう。❹私たちは、私たちの行動すべてを変革することを約束する新しい時代に突入しているのだ。

語句リスト innovation 名 革新　accelerate 動 加速する　take hold 根付く、定着する
analytics 名 分析　applications 名 アプリケーション（「apps」と短縮することも多い）
sophistication 名 精巧さ、洗練　revolutionize 動 ～に革命を起こす

○ パラグラフの要点

----

❶技術革新の加速とデジタル技術の成熟が進む今日

→❷ ┌ データプラットフォームの定着
　　│ 分析システムの進歩
　　│ クラウドの標準化　　　　　　　　　　　→IoT の土台の形成
　　│ モバイルアプリケーションの性能向上
　　└ RFID タグなどのセンサーの低価格化

↓

❸世界はこれまでと同じではなくなる

❹すべてが変革する時代へと突入している

姜ちゃんと僕の共通点⑤ 人見知り体質

　姜ちゃんは明るく社交的に見えるが、意外なことに人見知り体質だ。だから初めて東京で本部校デビューした時、講師室でのあまりの〝借りてきた猫〟っぷりに驚いた。そこにはふだん大阪の講師室で「俺がなにわの英語王じゃ〜!」とうそぶく尊大な姜ちゃんの姿はなく、その今にも消え入りそうな背中と声は、もはや肉眼で見えないほど小さかった。特に声の小ささは尋常でなく、「あれ?　姜ちゃん、ミナミに声帯忘れてきた?」と思ったほどだ。

　でも、かくいう僕も、相当な人見知り体質だ。だから10年前、初めて2人で食事に行った時は、お互い何を話していいかわからず途方に暮れた。結局その時は、お互い目も合わせずに、2時間ぐらい延々と、気象庁の予報士レベルにお天気の話ばかりした。

WRITING

Answer the following question in English in 120-150 words.

How does the mass media, including TV, newspapers, the Internet and social media, affect the behavior of young people? Give specific examples to support your opinion.

（京都工芸繊維大学　改）

○ 使えるキーワード

- social media　ソーシャルメディア
- continuous exposure to A　Aへの持続的な接触
- online trends　ネット上のトレンド・流行
- platforms like Instagram　インスタグラムのようなプラットフォーム
- be susceptible to A　Aを受けやすい
- excessive social media use　過剰なソーシャルメディアの利用
- decreased attention spans　集中力の低下
- peer pressure　同調圧力
- have one's personal information misused or stolen
  個人情報を悪用されたり盗まれたりする
- mental health issues　精神衛生上の問題

○ 設問の日本語訳

次の質問に120〜150語の英語で答えなさい。
テレビ、新聞、インターネット、ソーシャルメディアといったマスメディアは、若者の行動にどのような影響を与えるか。意見の裏付けとなる具体例を挙げなさい。

○ 解答例❶

Introduction	マスメディアは若者の行動に大きな影響を与えている
	→ 若者の認識や社会規範の形成に影響
	→ ネット上のトレンドや意見に態度や行動が左右される
Body 例❶	インスタグラムなどのインフルエンサー文化
	→ 人気者のライフスタイルや意見を模倣
	→ 消費行動や政治的意見まで模倣
例❷	コミュニケーションや情報の入手の即時性
	→ 多くの情報を得る一方で情報に影響されやすくなる
	→ 誤った情報にさらされる危険とトラブルに巻き込まれる危険
Conclusion	IoTやメディアは大きなメリットをもたらした
	⟷ バランスのとれた批判的精神を育む必要性

The mass media, including TV, newspapers, the Internet, and social media, significantly influences young people's behavior. The Internet and social media often shape youths' perceptions and social norms. The constant connectivity offered by IoT devices like smartphones facilitates continuous exposure to online trends and opinions, which can mold young people's attitudes and actions.

A notable example is that the rise of influencer culture on platforms like Instagram often leads young audiences to emulate the lifestyles and opinions of popular figures. This imitation can extend to consumer behavior and political opinions. Moreover, instant communication and

WRITING

access to information has led to a more informed but also more easily influenced young people. They are susceptible to the spread of misinformation and are at great risk of getting into trouble.

Thus, while IoT and media connectivity offer great benefits, they also pose challenges in nurturing young minds in a balanced and critical manner.

(150 words)

テレビ、新聞、インターネット、ソーシャルメディアなどを含めたマスメディアは、若者の行動に大きな影響を与えている。インターネットやソーシャルメディアは、若者の認識や社会規範を形成することが多い。スマートフォンのようなIoTデバイスが提供するネットへの常時接続によって、ネット上のトレンドや意見に継続的に触れることが容易になり、このことが若者の態度や行動を形成する可能性がある。

顕著な例としては、インスタグラムのようなプラットフォームにおけるインフルエンサー文化が盛んになったことで、若者の視聴者は人気のある人物のライフスタイルや意見を模倣することが多くなる。この模倣は、しばしば消費行動や政治的意見にまで及ぶ。さらに、即座にコミュニケーションができたり、情報にアクセスできたりすることによって、若者たちはより多くの情報を得るようになったが、また影響を受けやすくもなっている。彼らは誤った情報の拡散にさらされやすく、トラブルに巻き込まれる危険性が高い。

このように、IoTとメディアの接続性は、大きなメリットをもたらす一方で、バランスのとれた批判的な方法で若者の心を育む上での課題も抱えている。

○ 解答例 ❷

Introduction		マスメディアは若者の行動に悪影響を与えている → 利便性の一方で多くの懸念がある
Body	例❶	Wi-Fiの普及によってソーシャルメディアを過剰に利用 〉注意力の低下 → 同調圧力を受けやすくなる
	例❷	RFID技術搭載のデバイス → 個人情報の悪用や盗難
	例❸	非現実的な基準や否定的なニュース → 不安や鬱といった精神的問題
Conclusion		メディアは情報を与えてくれて便利 ⟷ その悪影響や危険性は常に意識することが重要

　Mass media, including TV, newspapers, the Internet, and social media, negatively impacts young people's behavior. Despite the convenience of the media, various concerns are raised about its negative effects on the youth.

　For instance, the widespread use of Wi-Fi can lead to excessive social media use. Some studies suggest that this often results in problems like decreased attention spans and increased susceptibility to peer pressure. Moreover, the prevalence of RFID technology in smartphones and other devices has heightened concerns about privacy and security. By using such technology, young people are at great risk of having their personal information misused or stolen. Furthermore, the continuous exposure to unrealistic standards and negative news on TV and the Internet can contribute to mental health issues like anxiety and depression.

　While the media is certainly informative and useful, it is important to always be aware of its negative effects and dangers. (147 words)

　テレビ、新聞、インターネット、ソーシャルメディアなどのマスメディアは、若者の行動に悪影響を与える。メディアの利便性にもかかわらず、若者への悪影響についてはさまざまな懸念が生じる。

　例えば、Wi-Fiの普及はソーシャルメディアの過剰利用につながる可能性がある。その結果、注意力の低下や同調圧力への感受性の高まりといった問題が生じることが多いと指摘する研究もある。さらに、スマートフォンなどのデバイス内のRFID技術が普及したことで、プライバシーやセキュリティに対する懸念が高まっている。このようなテクノロジーを使用することで、若者は個人情報が悪用されたり盗まれたりする大きなリスクを負うことになる。さらに、テレビやインターネットで非現実的な基準や否定的なニュースにさらされ続けることは、不安や鬱といった精神衛生上の問題につながりかねない。

　メディアは確かに情報を与えてくれて有益ではあるが、その悪影響や危険性を常に意識することが重要である。

仕 事 の 意 義 と ベ ー シ ッ ク イ ン カ ム

　本文中でもお伝えした通り、ベーシックインカムは、Society5.0で実現する「夢の未来」を所得面で支えることが期待される、素晴らしい制度です。確かによく考えたら、AIやIoTの普及による高度な自動化・効率化の進展は、「日本人の雇用は減らすが、日本の国民所得は増やす」わけですから、もしこの制度が導入されれば、私たちはその稼ぎを全国民で山分けでき、働かなくても金がもらえる夢の未来の住人になれるのです。

　でも「働かなくていい」は、本当に幸せなのでしょうか？　ちょっとここで「仕事の意義」について考えてみましょう。

　私たちが仕事をする根本理由は、もちろん「稼ぐため」です。しかし仕事には、他にも意義があります。それは「楽しさ／自己実現／社会の役に立っている充実感(やりがい)」などです。つまり人間は、まず稼げるようになると、仕事に楽しさや夢や達成感を求めるのです。例えば私は代ゼミ講師をしていますが、その理由を正直に順位を付けると、「①金がもらえる、②この仕事が好きで楽しい、③生徒に感謝されるのが嬉しい、④本を書ける (昔からの夢の実現)、⑤頑張ればもっと稼げる」になります。ところがベーシックインカムが導入されると、②から⑤が全部なくなります。これでは、生活には困りませんが、メンタルがやられちゃいそうです。

　ひょっとしたら、『ドラえもん』の世界の22世紀の住人たちも、銀色のピチピチ服で空飛ぶ車に乗りながら、メンタルはボロボロかもしれません。

　皆さん、仕事には意義を求めましょう。ベーシックインカムが導入されても、人が人らしくあるためには、「働くという行為そのもの」が大事なのです。ラクして稼げる仕事は「ラクして稼げる地獄」です。決して「宝くじで5億円当たったら仕事やめる！」とか思わないように。

TOPIC01　グローバル化

1 「グローバリズム」2013年　小樽商科大学
出典：大学オリジナル問題

2 「日本社会と移民問題」2013年　北海道大学
出典：大学オリジナル問題

3 「EUと移民問題」2015年　静岡県立大学
出典：Anthony D. Smith, Nations and Nationalism in a Global Fra, Polity Press, 1995

TOPIC02　社会問題

1 「機械化の進展と雇用・失業問題」2016年　関西学院大学
出典：© 2015 Council on Foreign Relations, publisher of Foreign Affairs. All rights reserved. Distributed by Tribune Content Agency

2 「父親の育児休業」2021年　岡山大学
出典：The Japan Times (July 7, 2020) "Swedish ambassador to Japan offers hints on making the best of paternity leave (KYODO)

3 「格差社会」2014年　慶應義塾大学
出典：オリジナル問題

TOPIC03　高齢化社会と医療

1 「出生率の低下と少子化対策」2015年　学習院大学
出典：Michael Hoffman, Mini-revolutions may add up to a change, The Japan Times LTD, Apr 26, 2014

2 「平均寿命の延長と高齢化対策」2016年　西南学院大学
出典：Why is Ageing Important?, invigorate.royalsociety.org, The Royal Society

3 「生命倫理」2013年　岐阜大学
出典："Medical Ethics Manual"〈2009, World Medical Association〉

TOPIC04　科学・メディア

1 「情報化と個人情報保護」2016年　上智大学
出典：Republished with permission of Taylor and Francis Group LLC Books, from Oversharing: Presentations of Self in the Internet Age, Ben Agger, 2012; permission conveyed through Copyright Clearance Center, Inc.

2 「自動運転車の導入の是非」2021年　慶應義塾大学
出典：大学オリジナル問題

3 「科学技術の功罪」2020年　名古屋大学
出典：Adapted from "OECD (2019), How's Life in the Digital Age?: Opportunitiesand Risks of the Digital Transformation for People's Well-being, OECD Publishing, Paris, https://doi.org/10.1787/9789264311800-en."

TOPIC05　これからの世界

1 「人間の時代という区分と環境保護について」2013年　東北大学
出典：Greengard, Samuel., The Internet of Things, pp. 81-87, © 2015 Massachusetts Institute of Technology, by permission of The MIT Press.

2 「プラスチックごみ問題」2020年　上智大学
出典：Rick Smith, We must kill plastic to save ourselves, The Globe and Mail, April 21, 2018

3 「IoTの可能性」2020年　東北大学
出典：From TIME. © 2012 TIME USA LLC.. All rights reserved. Used under license.

───── 著者 ─────

姜昌和
MASAKAZU KYO

代々木ゼミナール英語科講師。大阪府出身。
現在の職場である代々木ゼミナールで自身も受験生時代に浪人生活を送る。
どん底にいる受験生を救う、さながらヒーローのような代ゼミ講師の姿に憧れ
を抱き、「自分もいつか代ゼミの講師に!」と将来の目標を見つける。その想
いの強さは「代ゼミの先生にはどうやったらなれるんですか?」と浪人時代に
講師室で質問したほどだった。
見事に夢を叶えた現在では、高校1年生から既卒生を対象に、基礎クラスか
ら最難関クラスまでオールラウンドに授業を担当。授業では常に生徒の目線
に立って授業をすることをモットーとしており、生徒からは「授業を受けるごと
に長文が読めるようになる」「解説がとにかく分かりやすい」と評判。その授
業は「代ゼミサテライン」(衛星放送授業)を通して全国に配信されている。
本書が待望のデビュー作。

蔭山克秀
KATSUHIDE KAGEYAMA

代々木ゼミナール公民科講師。愛媛県出身。
早稲田大学政治経済学部経済学科卒業。学生時代はバブル期だったが、
時代に逆行するかのように激安の学生寮に住みむさ苦しくも早大生らしい青
春を謳歌する。大学は授業以外のすべてが楽しく、3年留年。その間にバブ
ルが崩壊し、就職活動で凍死。さすがにこの時期、大いに人生に悩む。し
かし、それらがすべて今日代ゼミで教壇に立つ上での糧になっていると信じて
いる。授業では政治分野、経済分野の区別なく、受験に必要なすべての範
囲を偏りなく、しかもわかりやすく教えることをモットーとしている。生徒からは
「先生の政治・経済のわかりやすさとおもしろさは別次元!」と熱烈に支持さ
れている。著書に『改訂第4版 大学入試 蔭山克秀の 政治・経済が面白い
ほどわかる本』(KADOKAWA)、『蔭山の共通テスト政治・経済』『蔭山の共
通テスト倫理』『人物で読み解く倫理』(いずれもGakken)など多数。

───── 英文校閲 ─────

Kathryn A. Craft

───── 編集協力 ─────

挙市玲子、エデュ・プランニング合同会社
日本アイアール株式会社、渡辺泰葉、秋下幸恵

───── データ作成 ─────

株式会社四国写研

───── ブックデザイン ─────

chichols